Bec<u>h'</u>

<u>B^sR</u>

Ein halbes Jahrhundert nach dem Kriegsende werden im Rückblick zwei Welten lebendig: die nordböhmische Heimat des Autors und des Bayern, in dem er nach Kriegsgefangenschaft und Inhaftierung in einem tschechischen Arbeitslager ein neues Zuhause fand. Das Buch ist eine Autobiographie – doch geht es dem Autor nicht um seine individuelle Lebensgeschichte; er will vielmehr erzählen, was Tausenden von Deutschen, die in Böhmen aufgewachsen sind und die dann nach Deutschland vertrieben wurden, auch hätte widerfahren können oder widerfahren ist. Ein Buch nicht der Ressentiments oder der Anklage, sondern ein Buch der Erinnerung, das am persönlichen Schicksal Zeitgeschichte lebendig werden läßt. Ein Buch vor allem, das Brücken schlägt zwischen Deutschen und Tschechen.

Friedrich Prinz, geb. 1928 in Tetschen, war Professor für Mittelalterliche Geschichte und Vergleichende Landesgeschichte an der Universität München.

FRIEDRICH PRINZ

Szenenwechsel

Eine Jugend in Böhmen und Bayern

VERLAG C.H. BECK

Die Deutsche Bibliothek – CIP-Einheitsaufnahme

Prinz, Friedrich:
Szenenwechsel: eine Jugend in Böhmen und Bayern /
Friedrich Prinz. – Orig.-Ausg. – München: Beck,
1995
   (Beck'sche Reihe ; 1136)
   ISBN 3 406 39236 9
NE: GT

Originalausgabe
ISBN 3 406 39236 9

Umschlagentwurf: Uwe Göbel, München
Umschlagabbildung: Foto Wolfgang Müller, Oberried/St. Wilhelm
© C. H. Beck'sche Verlagsbuchhandlung (Oscar Beck), München 1995
Gesamtherstellung: C. H. Beck'sche Buchdruckerei, Nördlingen
Gedruckt auf säurefreiem,
aus chlorfrei gebleichtem Zellstoff hergestelltem Papier
Printed in Germany

Inhalt

Warum dieses Buch geschrieben wurde. 7

Geruch der Erinnerung. 10

Vom Herkommen 31

Die Rückblende 41

Eltern und Geschwister, Verwandte und ein Hausgeist 56

Die Bibliothek meines Vaters 87

Schul- und Abwege. 93

Schloß und Haus 103

Behaust und Unbehaust 118

Tschechen und Deutsche. 125

Lagerleben und Freiheit 138

Passauer Barock und Puritanische Erfahrungen 148

Poesie und Leben oder Ikarus auf dem Flug zum
    Parnaß 156

Zeit zwischen den Zeiten 163

Der Club Junger Autoren (CJA) oder ein poetisches
    Intermezzo 172

Fragmente 183

Abschied von der Boheme 201

Am Tor der Zukunft 208

„Die Stürme der Jugend sind von strahlenden
Tagen umgeben"

Vauvenargues (1715–1747)

„Mit dem Alter nimmt man zu an Torheit und
Weisheit"

La Rochefoucauld (1613–1680)

Warum dieses Buch geschrieben wurde

Ich bin am 17. November 1928 in Tetschen an der Elbe, dort,
wo der Strom bald Böhmen verläßt, in der Kudlichstraße Nr.
928 zur Welt gekommen. Nicht weit von uns, in Losdorf, gab
es ein Kudlich-Denkmal, an dessen Einweihung 1893 der
österreichische Bauernbefreier und Revolutionär des Jahres
1848 selbst teilgenommen haben soll. Ob dies alles mich veran-
laßt hat, als erstes Buch eine Kudlich-Biographie zu schreiben,
vermag ich nicht mit Sicherheit zu sagen, eine Rolle hat diese
Heimaterinnerung sicher gespielt. Daneben aber auch die
Überzeugung, daß es wichtig sein könnte, das politische Bewußtsein meiner sudetendeutschen Landsleute stärker, als dies
bis 1945 geschehen, auf ihre rühmlichen liberalen und demokratischen Traditionen hinzuweisen: Schließlich waren sie im
19. Jahrhundert – neben der Hauptstadt Wien – die wichtigsten Träger sowohl freiheitlich-bürgerlicher Ideen als auch der
demokratischen Arbeiterbewegung in der Donaumonarchie.
Aus ihren Reihen kam zuerst der Gedanke des Selbstbestim-
mungsrechts der Völker und des kulturellen und politischen
Schutzes nationaler Minderheiten – Ideen, die heute weltweit
brandaktuell geworden sind. Dies sollte nicht vergessen werden.
Es bedrückt mich, wenn die Sudetendeutschen von gewisser
Seite als blind-folgsame Lemminge Adolf Hitlers abgestempelt

werden, und es bedrückt mich noch mehr, wenn sich ein verschwindend kleines, aber lautstarkes Häuflein meiner Landsleute mit dummdreistem Stolz zu diesem Verderber des deutschen Volkes „bekennt" und auf solche Weise böswillige Vorurteile am Leben hält. Denn so, wie ich meine Landsleute kenne, sind sie alles andere als Fanatiker, sondern eher nüchtern, fleißig, zu Spott und Skepsis neigend, aber auch mit einem Hang zu übermäßigem Selbstmitleid behaftet, den sie, wie manche andere Eigenschaft, mit den Böhmen tschechischer Zunge teilen.

Böhmen galt nicht umsonst als eine Bastion von Aufklärung und Bildungspatriotismus; auch weite kirchliche Kreise waren von dieser Mentalität geprägt: Man war zumeist läßlich-römisch-katholisch – zumindest im industriellen Nordböhmen – oder, wie man untereinander sagte, böhmisch-katholisch, und dies meinte recht genau eine Geisteshaltung, wie sie im 19. Jahrhundert der aufklärerische Philosoph, Mathematiker und Geistliche Bernhard Bolzano in seinem Kreis gepflegt hatte, dem Deutsche wie Tschechen angehörten. Das fromme Südböhmen und Teile Mährens unterschieden sich allerdings deutlich von dieser Mentalität; hier war man eher so, wie Adalbert Stifter die Menschen seiner böhmerwäldischen Heimat geschildert hat: fromm und konservativ.

Es gab „musikalische Landschaften" wie das Erzgebirge und den Schönhengstgau in Mähren, und ein wesentlicher Teil des Wiener Jugendstils wie der Wiener Moderne – ich nenne für letztere nur Adolf Loos – wurde von Deutsch-Böhmen getragen. Daß sie bis 1918 in den altösterreichischen Regierungen eine wichtige Rolle spielten und dort als „die Preußen Österreichs" galten, sei nicht vergessen, denn gerade dies erweckte tschechische Befürchtungen, von den deutschen engeren Landsleuten über die Reichszentrale Wien dominiert zu werden; damit hatten die Tschechen gar nicht so unrecht.

Fast erübrigt es sich, darauf hinzuweisen, daß meine Erinnerungen nicht in den Höhen von Politik und Gesellschaft angesiedelt sind, wo Weichen der Zeitgeschichte gestellt werden, sondern einem normalen bürgerlichen Milieu – wenn auch mit

Bildungsansprüchen – angehören, einer Gesellschaftsschicht also, die Geschichte eher erleidet als mitgestaltet. Dies sei ohne Larmoyanz vermerkt, doch läßt sich andererseits nicht leugnen, daß zumeist von der Gesamtnation – also von allen – die großen und oft schrecklichen Rechnungen beglichen werden müssen, die anderswo durch Hochmut, Leichtsinn oder Skrupellosigkeit aufgelaufen sind und dann nach unten weitergereicht werden. Wenn der Autor nicht von Beruf Historiker wäre und daher wüßte, daß Erfolg und Versagen immer auch tiefe Wurzeln in der Gesamtgesellschaft haben, sich also niemand aus der Verantwortung wegstehlen kann, hätte er es wohl nicht gewagt, am Mikrokosmos seiner Lebenserfahrung aufzuzeigen, „wie es denn" – um ein berühmtes Wort Leopold von Rankes zu gebrauchen – „eigentlich gewesen sei." Daß dies eine heilende Kraft sein kann, ist des Autors Hoffnung und Ansporn.

Schließlich sei nicht verschwiegen, daß es dem Verfasser, nachdem er einmal zu schreiben begonnen hatte, einfach Vergnügen bereitete sich zu erinnern. Auch wollten meine Kinder wissen, woher ich eigentlich komme, denn meine Frau konnte ein weites und tiefgestaffeltes Verwandtschaftsnetz aufweisen, das auch sorgfältig gepflegt wird, während ich kaum dazu gebracht werden konnte, ausführlicher „von daheim" zu erzählen. So gibt es mehrere Anstöße zu diesem Buch, doch hoffe ich sehr, daß mir nicht Altersgeschwätzigkeit die Feder geführt hat.

Deisenhofen bei München, im März 1995

Geruch der Erinnerung

Präludium einer Jugendgeschichte

Sehen, Hören und Riechen: Auge, Ohr und Nase hat uns die Natur zur Orientierung in der Welt mitgegeben, auch zu Schutz oder Angriff im Daseinskampf. Aber unsere Sinne schlagen auch Brücken in die Vergangenheit, öffnen deren Schatzkammern oder Verliese. Als Erinnerungen können sie Kräfte unserer Lebensgeschichte werden, ganz gleich, ob wir sie willentlich abrufen oder ob sie sich ohne unser Zutun wieder aufdrängen oder uns gar überwältigen.

In meinem Fall ist es etwa Schnee, früh gefallen, gleißend, fast schmerzend für das Auge. Ich sehe die vom Rauhreif gebeugten, grellweiß schimmernden Fichten und Tannen bei den endlosen Wanderungen mit Vater und Bruder im echolosen Tiefschnee auf der Hochebene von Hochdobern und Parlosa. Nur das Klappern der Skistöcke begleitete uns. Eine Sonne aus Weißgold; sie zauberte aus den Kristallen die Farben des Regenbogens. Ab und zu blaffte die Hündin Susi, die bei allzu hohen Schneeverwehungen in den Rucksack verstaut werden mußte. Mein Bruder hatte das Behältnis an ihrem Hals vorsichtig zugeschnürt, so daß sie neugierig in die Runde sehen konnte. Dann: Die warme Gastwirtschaft, in der es nach Bier und Gulasch roch und wo auch Susi nahrhafte Knochen bekam, die sie am Flur knackte. Von Hochdobern herab gab es auch eine wundervolle, nicht ungefährliche Schlittenbahn, die mein Bruder und sein Freund Holdi mit einem selbstgebauten Bob in rasenden Fahrten befuhren. Dafür wurde ich als angstvoller Bremser am Rücksitz mitgenommen. Ich war stolz. Natürlich gab es einmal eine Ausweichkatastrophe, bei der ich über Karli und Holdi hinweg auf eine Böschung geschleudert wurde. Ich brüllte, als ich mein blutiges Schienbein sah, aber

die beiden erkauften mein Schweigen zuhause mit dick[
geln guter „Rüger"-Schokolade.

Schnee, weiche Vorhänge fallender Flocken, ein [
Bild: Ich sehe mich am Fenster unseres Wohnzimmer[
und stundenlang in das herabgeschüttete Weiß starren, höre
die Totenstille, die den Schritt der Vorübergehenden ein-
schluckt. Am Fenster die zarten Muster des Eises, Jugendstil-
ornamente fast, pflanzenartig verschlungen hier, mathema-
tisch präzis dort, ein ästhetischer Rahmen von vergänglichem
Reiz. Es war unterhaltsam, vielleicht etwas böse, daß man
Nachbarn, Freunde und Fremde so lautlos an sich vorüberzie-
hen sah wie im Panorama, daß man aber selbst hinter dem
Gitterwerk der Eisblumen unsichtbar blieb, nicht sprechen
mußte, während man im Rücken die knisternde Wärme des
dunkelgrünen Kachelofens spürte, in dem Bratäpfel schmor-
ten. Deren Duft war vielversprechend und der Inbegriff win-
terlicher Freuden, zugleich aber ein Aroma, das Erinnerungen
an Dispute mit dem streng ökonomischen Vater weckte. Das
ging schon mit dem sorgfältigen, vom Vater beaufsichtigten
Pflücken der Äpfel los, bei dem das Fruchtholz des nächsten
Jahres nicht beschädigt werden durfte – sonst gab es
„Kopfnüsse". Dann die Einlagerung auf breiten Holzgestellen
im Keller. Das ganze Haus roch wochenlang nach frischem
Obst, ein fast berauschendes Parfüm. Leider galt auch die
strenge väterliche Order, daß jeweils nur die anfälligen Äpfel
verzehrt werden durften, die großen, makellosen Prachtstücke
jedoch möglichst bis ins Frühjahr aufgespart werden mußten,
selbst auf die Gefahr hin, daß dann ihre Haut schlaff und unansehnlich, das Fleisch schon etwas trocken war. Genau das
gab den jährlich sich wiederholenden Streitpunkt ab, denn
mein ästhetischer Sinn empörte sich gegen diese Art hausvä-
terlicher Ökonomie, oder war es eher kindlicher Hedonismus?
Wie dem auch sei, da ich lieber frisches Obst aß als welkes,
scheute ich keine Auseinandersetzung, auch wenn der Vater
nicht mit sich reden ließ. Die Folge war, daß ich heimlich dann
doch die besten Äpfel im Keller verzehrte und durch immer
lockerer werdende Anordnung des verbleibenden Obstes die

Lücken zu kaschieren suchte. Irgendwann kam aber auch diese Missetat ans Licht, die Folgen waren schrecklich und wurden, aller pestalozzisch-menschenfreundlicher Pädagogik ungeachtet, hart bestraft.

Aber ich sehe, daß ich mich bereits meinem eigentlichen Erzählziel, der Erinnerungskraft von Düften, annähere, jenen „fleurs d'autrefois" und ihrer Schlüsselgewalt über das medusenhafte, sich unablässig wandelnde Wesen unserer Seele – ein altmodisches Wort freilich, an dem ich aber trotz oder gerade wegen der inzwischen abgegriffenen Denkbilder der Psychoanalyse festhalte.

Rosendorfer Sommertage

Jedesmal, wenn mir der warme Duft reifen Getreides in die Nase steigt, muß ich die Augen schließen: Dann bin ich wieder ein zehnjähriger Bub und in Rosendorf, im Elbsandsteingebirge. Sommertage, die dahinflogen wie weiße Wolken überm heißen Land, Ferientage auch, die ich bei meiner Schwester verbrachte, die an diesem Ort Lehrerin war und bei einer munteren alten Bäuerin wohnte. Und da stellt sich bei mir schon das nächste Dufterlebnis ein, das den Guckkasten der Erinnerung aufspringen läßt: Der Geruch frischer Milch, ofenwarmen Brotes und sonnenwarmen Holzes, ab und an gewürzt mit dem Rüchlein des stattlichen Misthaufens hinterm Haus. Dazu kamen die Aromata von Rosen, Reseda und Nelken aus dem Garten hinterm Haus, die gegen Abend sich fast betäubend entfalteten, wenn der Mond aus dem nahen Wald emporstieg. Das war für mich Rosendorf, der Inbegriff von Land.

Es gab einen großen Balkon, den meine Schwester benutzen durfte und wo sich zum Abendessen die anderen Junglehrer von Rosendorf und benachbarter Orte einfanden; Tomaten waren das ganz Neue, dessen andächtiger Genuß geradezu zelebriert wurde. Mein Vater hegte als Botaniker ein wissenschaftlich fundiertes Mißtrauen gegenüber diesem verdächtigen Nachtschattengewächs; das war auch des öfteren einer der vielen Streitpunkte, die zwischen ihm und meiner Schwester sorgfältig gepflegt wurden. Sein Hinweis, daß Giftkräuter wie die Tollkirsche – mit deren Saft die Damen Roms künstlich und erotisierend ihre Pupillen erweitert hatten – oder das giftige Bilsenkraut ebenfalls zur Familie der Nachschattengewächse gehören, stand allerdings auf schwachen Füßen, und er wußte es auch, denn war nicht auch die Kartoffel ein Nachtschattengewächs? Jene nahrhafte Pflanze also, deren Import aus Amerika wesentlich dazu beigetragen hatte, im nördlichen Europa, somit auch in unseren Breiten, die Hungersnöte zu beenden oder wenigstens zu lindern. Allerdings soll die Kartoffel auch nicht ganz unschuldig sein an jener Leibeswölbung, die man in anderen, südlicheren Ländern für ein Geburtsmerkmal des reisenden Deutschen zu halten geneigt ist. Schlimmer noch: Zu dieser von Herrn Linné erfundenen Pflanzenfamilie (Solanaceae) gehört schließlich auch der Tabak, jenes schädliche, aber offenbar genußreiche Gewächs (gibt es überhaupt unschädliche Genüsse?), das mein Vater behaglich in seine lange Pfeife zu stopfen pflegte und dessen Anbau während des Krieges zu einem jährlich erbitterter werdenden Kampf mit meiner Mutter führte, die ihre so dringend notwendigen Gemüsebeete von diesem indianischen Teufelskraut bedroht sah.

Aber ich bin durch die harmlose Tomate, bei uns „Paradeiser" genannt, zu sehr abgeschweift, obwohl der Geruch des Kartoffelkrauts und die herrlich weißblauen Fahnen frühherbstlicher Kartoffelfeuer auch zu meinen Ferien in Rosendorf gehören; wenn auch an ihr Ende, wo ich mich bereits wieder auf die Schule freute. Ich gestehe, daß ich immer gern in die Schule gegangen bin: Etwas Neues zu hören und zu wissen, empfand ich keineswegs als eine Form der „Repression", wie dies wissenschaftlich getarnte Faulheit vor nicht allzu langer Zeit zu nennen pflegte ... Kurz, wir saßen abends bei warmem Sonnenschein auf dem Balkon meiner Schwester, tranken kuhwarme Milch, aßen frisches Bäckerbrot und ab und an auch Braunschweiger Wurst, letzteres für mich das

Nonplusultra: ich schob die Wurstscheiben immer ans Ende der Brotscheibe, um dann ein schön geschichtetes Wursttürmchen andächtig-genießerisch zu verzehren – vorausgesetzt, daß nicht mein älterer Bruder mir im letzten Moment das Genußobjekt entriß und gierig verschlang. Dann allerdings ließ ich meinen Tränen vollen Lauf, denn ich war sicher, daß die gute Schwester hier zur Rachegöttin wurde oder – was zumeist der Fall war – seufzend um des lieben Friedens willen ihre eigenen Wurstscheiben auf meinen Teller schob. Wie gerne aber würde ich auf alle Wurst der Welt verzichten, könnte ich meinen lieben Bruder aus der russischen Erde hervorholen und wieder zum Leben erwecken und meine früh dahingegangene Schwester auch.

Das Schönste war aber bei diesen Abendessen, daß danach gesungen und musiziert wurde: Lieder zur Gitarre oder zu Blockflöten, aus dem „Zupfgeigenhansel", dann alte Weisen in den Sätzen Walther Hensels, von dem ich allerdings nicht wußte, daß er eigentlich Julius Janiczek hieß, womit wir mit unserm Gesang weitaus böhmischer waren, als wir damals meinten. Am besten gefiel mir ein Minnelied aus dem sechzehnten Jahrhundert, vor allem die erste Strophe, und noch heute gebe ich Berge von Lyrik gegen die Zeilen:

„Ich hort' ein Sichelin rauschen,
Wohl rauschen durch das Korn,
Ich hort' ein fein Maged klagen,
Die hätt ihr Lieb verlorn."

Warum dieses Lied und gerade diese vier Zeilen dem Zehnjährigen die Augen schwimmen machten, kann ich kaum sagen. Vielleicht war es die unbewußte Ahnung, daß das Leid der große Generalnenner unseres Lebens ist, ganz gleich, ob wir es wahrhaben wollen oder nicht. Kindhaftes Wissen war wohl auch am Werk, daß ich spürte, wie sehr meine Schwester einen der am Tische Sitzenden liebte, wie jedes Lied eigentlich ihm galt, ihn ansprechen sollte, den ich übrigens selbst am liebsten mochte. Es ist dann nichts daraus geworden, aber in dem alten Volkslied ist jene Zeit und das Gewebe der Empfindungen so klar und unzerstörbar aufbewahrt wie winzige Lebewesen im Bernstein.

Wenn das Wetter schön war – und die böhmischen Sommer waren meistens heiß und strahlend –, zogen wir alle durch die duftenden Weizenfelder ins ferne Waldbad. Später, im August, standen schon die „Kornmandeln", in die man hineinschlüpfen konnte, wenn es auch die Bauern nicht gern sahen. Eine Windmühle krönte die letzte Anhöhe vor dem Dorfe, und rings um die gelben Tafeln der reifen Getreidefelder schloß sich dicht und blaugrün der endlose Wald, die „Rosenkämme", hinter denen es steil zum bizarren „Cañon" des Elbdurchbruchs abfiel. Heidelbeeren sammeln, in großen Milchkannen, angetan mit hohen Schnürschuhen, denn in den sonnigen Waldschlägen blitzte die harmlose, grausilberne Ringelnatter ebenso auf wie die giftige Kreuzotter mit den gelben Backenflecken, die raschelnd durchs Heidelbeergesträuch zuckte. Panische Angst in panischer Sonnenstille, nur ab und zu der tiefe Signalton der Elbschiffe, die Obst und Getreide bis Hamburg brachten.

Aus dem milchkaffeebraunen Tannennadelteppich des Waldbodens wölbten sich kniehohe Ameisenhaufen mit ihrem lautlos geschäftigen Leben. Man konnte stundenlang zusehen und meinte dessen „Straßenverkehrsordnung" zu erahnen. Da überkam einen öfters die böse, menschliche Urlust zu zerstören, das geordnete Leben der Insekten mit dem Stock zu verwirren, Missetaten, die mein Vater aufs strengste verurteilte; doch durften wir manchmal mit seiner riesengroßen Lupe das Ameisenleben in fast gefährlicher Vergrößerung beobachten und dessen Ordnung mit jener Andacht wahrnehmen, die von jeher das Wort Ordnung den Deutschen eingeflößt hat – vielleicht gerade deshalb, weil dieses Volk so viel Chaos in der Seele hegt.

Viele, viele Jahre später dachte ich wieder an die Ameisenhügel der Rosenkämme, als sich bei einer Alpenwanderung meine Tochter Ulrike still über einen solchen beugte und beim lautlosen Transport der weißen Ameisenlarven auf der Sonnenseite des Baus so ihre Gedanken hatte. Lange blieb sie stumm, dann zog sie das Resümee ihrer Beobachtung, schlug ihre großen blauen Augen zu uns auf und meinte zögernd: „Die bringen ihre Babies in die Kirche – zur Taufe." Taufen hatte sie nämlich schon bei ihren jüngeren Geschwistern erlebt, aber so eine Massenprozession wie im stummen Reich der Insekten schien sie doch nachdenklich zu stimmen.

Das schilfreiche Rosendorfer Waldbad, das uns regelmäßig nach den Mühen der Beeren- und Pilzesuche lockte, war eine sehr schlichte „Anstalt". Ein paar Bretterbuden zum Umkleiden, zwei roh zementierte Becken von verschiedener Tiefe, weite Liegewiesen und – als Hauptattraktion – eine kleine Gastwirtschaft, in der es grellfarbige, picksüße Brauselimonaden gab, die einem prickelnd in die Nase fuhren. Dazu, als Angebot der Natur, Geschwader von blaublitzenden Libellen überm Wasser, kurz, ein Ort, wo sich jene kindliche Langeweile entfalten konnte, die zum eigenen Denken, zum Nach-Denken führt, der ersten Stufe jeder Kreativität. So achtete ich auch nur wenig darauf, als im Sommer 1938 meine Schwester und ihre Kollegen sich mit heißen Köpfen halblaut lesend über ein Buch beugten, worin in begeisterten Worten von der „Heimkehr der Ostmark ins Reich" berichtet wurde; eine trügerische Lektüre, wie sich bald auf erschreckende Weise zeigen sollte... Ging ein tschechischer Badegast vorbei, schwieg man, ich ahnte wohl warum, doch berührte mich dies alles kaum, denn ich hatte Hauffs Märchen dabei und Saids Schicksale fesselten mich mehr als die geflüsterten Wünsche der Großen, die in ihren fiebrig glänzenden Augen standen; auch in denen meiner guten Schwester, wodurch sie mir etwas fremd und seltsam vorkam. Damals wußte ich noch nicht, daß es – wie im Märchen – auch die Schrecknisse erfüllter Wünsche gab, die wir nur allzubald bis zur bitteren Neige auskosten sollten.

Meine Jugend, die so eng mit Rosendorf verbunden war, endete im Frühsommer 1940, als unsere Nachbarn die Nachricht vom Kriegstod ihres einzigen Sohnes erhielten und die Frau den ganzen Tag wie ein tödlich verwundetes Tier ohne Unterlaß schrie, daß es gräßlich durch alle Gärten hallte. Das Entsetzen trieb mich durch alle Räume unseres Hauses, kein Wort wurde mit den versteinerten Eltern darüber gewechselt, ich jagte in den Wald und war von Schmerz überwältigt. Mein Herz pochte rasend, aber die brennenden Augen blieben trocken. Nun war der Zyklon da, der uns alle vernichten oder zerstreuen würde, nun war alles nur noch durch Blut und Eisen geschenkte Zeit, und das wußten wohl auch jene, die sich halluzinatorisch an eine mirakulöse Siegesvision klammerten und sich selbst zur „Zuversicht" prügelten. – Rosendorf habe ich nie mehr gesehen, alle meine Freunde und Spielkameraden in der langen Straße, in der wir wohnten, hat der Krieg verschlungen – meinen älteren Bruder auch –, und bis 1945 und danach sollte des Schreiens und Weinens kein Ende sein.

Häusliche Gerüche

Ganz andere Bilder drängen heran, denke ich an den grünen Kachelofen im Wohnzimmer, der nach Backäpfeln und Holzfeuer roch. Um ihn herum spielte sich nicht nur das Winterleben ab; denn früher wurde aus Sparsamkeitsgründen außer der Küche höchstens noch der Wohnraum geheizt –, sondern vor allem auch das Weihnachtsfest. In dessen Vorfeld mußte meine Mutter seit ihrer gut katholischen Jugenderziehung erst meinem agnostischen Vater, der den lieben Gott durch Ernst Haeckel ersetzt hatte, die Erlaubnis abringen, daß es überhaupt nach altem Brauch gefeiert werden durfte. Er berief sich nämlich nicht ohne Konsequenz auf den Grundsatz, daß man keine religiösen Feste feiern dürfe, an deren Botschaft man nicht mehr glaube. Aber mein Vater setzte sich in diesem Punkte gegen meine Mutter *nicht* durch, so sanft und nachgiebig sie auch sonst in anderen Dingen war. Ebensowenig hatte der Vater allerdings mit den neuheidnischen „Julfeiern" im Sinn, die vom NS-Regime propagiert wurden und für die meine ältere Schwester zeitweise schwärmte. „Germanisches Affentheater" – das war sein Kommentar, und so blieb dank der mütterlichen Hartnäckigkeit das Weihnachtsfest – von einigen gleichsam pflichtmäßigen Sarkasmen des Haushaltsvorstandes begleitet –

unangetastet; ein schönes Beispiel für die so gern zitierte „normative Kraft des Faktischen". Daß ich von Streitgesprächen solcher Art vieles lernte, auch wenn ich nicht alles verstand, sei am Rande erwähnt; vor allem die Verknüpfung genereller Standpunkte mit eigenen Herzensanliegen, eine wirkungsvolle Art, sich durchzusetzen.

Die Duftorgie der Weihnachtszeit selbst zu beschreiben, übersteigt meine Kraft: Der Wachsgeruch der Kerzen, das Harz des Christbaums, die festlichen Aromata aus der Küche, Freudenbotschaften an den Gaumen, die Nuß- und Mandelgebäcke Wiener Art auf den Tellern, alles grundiert vom Rüchlein Bohnerwachs aus den sorgfältig gereinigten Fußböden – man konnte die Augen schließen und wußte doch: Es ist Weihnachtszeit. Aber das ist nur ein Teil der Weihnachtserinnerungen – der frühere und bessere. Später kamen die immer dichter werdenden Schatten des Krieges dazu, die Gedanken an den „im Felde stehenden" Bruder, – eine verlogene Formel für die blutige Wirklichkeit des Winterkriegs im Osten – die Sorge um ihn, schließlich die lähmende Gewißheit seines Verlustes. Dies alles verdunkelte dann auch das festliche Wohnzimmer: der Krieg griff in jedes Haus, in jede Familie.

Ein Weihnachtsfest um 1941 oder 1942 ist mir besonders erinnerlich. Da hatte ich am Heiligen Abend in eisiger sternklarer Nacht mein Kasperltheater bei einer Bauernfamilie in Loosdorf gegen Eier, Speck und Mehl einzutauschen. Jede Puppe war mir ans Herz gewachsen, für jede hatte ich Theaterstücke geschrieben, und nun mußten die kleinen Freunde in die Fremde, heimlich, im Schutz der Dunkelheit, weil es ja um „Schwarzhandel" ging; kalt leuchteten die Sternbilder von Kassiopeia und Großem Bären. Auf dem Rückweg heulte ich los; mein Vater schwieg und drückte mir nur die Hand; das war ein weiterer Abschied von der Kindheit.

Im Wohnzimmer stand ein Jugendstilschrank in mattem Holz mit sparsamen, ornamenthaften Intarsien. Darin wurden traditionsgemäß die Weihnachtsgeschenke hinter der Tischwäsche versteckt, manchmal auch die Schokolade, die leider bei längerer Lagerung einen Lavendelgeruch annahm. Warum meine Mutter meinte, dieser Schrank sei gewissermaßen sakrosankt, bleibt mir bis heute rätselhaft. Mein Bruder und ich kontrollierten schon in der Adventszeit die „Neuzugänge" an Paketen und Büchern. So begreife ich auch nicht, warum meine Eltern erstaunten, daß ich schon am Heiligen Abend ganze Bildergeschichten aus dem dicken, eben erhaltenen Wilhelm-Busch-Album rezitieren konnte, und zwar vor allem jene Geschichten, in denen es um verstohlene Liebe ging („Eugenius bemerkt mit Schmerzen das Einverständnis dieser Herzen, er fühlt, wenn auch noch unbewußt, ein süßes Ahnen in der Brust . . .").

Lavendel war zugleich eine der Ingredienzen, die den Duft ausmachten, von dem meine Mutter umgeben war, aber sie roch auch sehr gut nach Milch, nach Gebackenem, besonders nach Vanille und Linzertorte und jenen Powidlbuchterln, die bekanntlich ein Gütezeichen der böhmischen wie der Wiener Küche sind und derentwegen ich regelmäßig, wenn ich in der Donaumetropole bin, ins Café Hawelka gehe – gleichsam ein duftiges Muttermal in meiner Seele pflegend: Buchterlgeruch!

Bücherduft und Freundschaft

Seit frühester Kindheit war ich von Büchern umgeben, sehr alten und neuen, bunten und schlichten, und da mein Vater als starker Pfeifenraucher seine große Bibliothek mit Tabaksqualm reichlich beizte, liebe ich, obwohl Nichtraucher, bis heute den Tabakgeruch dieser besten und dauerhaftesten Freunde des Menschen. Bücher: Sie sprechen mit dem Knasterduft vieler Bibliothekspfeifen aus vielen Jahrhunderten zu uns, trösten und belehren uns, machen sich durch ihr jeweiliges Aroma sinnlich bemerkbar und manchmal sind sie sogar Requisiten dramatischer Augenblicke unseres Lebens: Da gibt es Gottfried Kellers „Grünen Heinrich", den ich las, als uns ein tschechisches Verhaftungskommando holte und ins Gefängnis brachte. Ich weiß genau die Stelle, an der ich das heute noch nach Vaters Tabak riechende Buch aus der Hand legen mußte:

Es ist die bezaubernde Liebesgeschichte des gescheiterten Künstlers Heinrich mit Dortchen Schönfund, dem aristokratischen Findelkind. Wie durch ein Wunder besitze ich den eher unansehnlichen Band noch heute.

Tabakduftend war aber auch die Erstausgabe von Kurt Pinthus' berühmter Lyriksammlung des Expressionismus: „Menschheitsdämmerung – Symphonie jüngster Dichtung", erschienen bei Ernst Rowohlt im Jahre 1920. Dieser schmale Band wurde die Wonne meiner Gymnasialzeit, vor allem deshalb, weil mein längst verstorbener Jugendfreund Heinz Naeve mit mir zusammen viele Gedichte auswendig lernte. Wir wußten recht wohl, daß diese Art Literatur im „Dritten Reich" verpönt war, aber aus einer seltsamen Mischung von Aufsässigkeit gegen den „Geist der Zeit" und Amüsement über die nur halb verstandenen zerrütteten Verse und O, Mensch!-Aufschreie trieben wir einen expressionistischen Lyrik-Kult, der Mißtrauen wecken mußte. Eine Belustigung war er für uns in jedem Fall, aber zugleich Faszination durch die krausen Botschaften dieser Gedichte. So zitierten wir, durch die Stadt gehend, Verse auf offener Straße oder vor unserer erstaunten Schulklasse. Wollten wir nur exzentrisch sein, uns wichtig machen, unbewußt gegen jene Gleichschrittpoesie à la Will Vesper protestieren, die uns im Unterricht eingelöffelt wurde? Ich weiß es nicht, aber es wird doch Ergriffenheit mit im Spiel gewesen sein, denn solche spüre ich heute noch bei vielen Gedichten, die gegen eine Zeit geschrieben worden sind, die unaufhaltsam heraufzog, im August 1914 mit frenetischem Jubel anbrach und dann in Elend und Katzenjammer endete. Besonders hatte es mir August Stramms Gedicht „Untreu" angetan:

> Dein Lächeln weint in meiner Brust
> Die glutverbissnen Lippen eisen
> Im Atem wittert Laubwelk!
> Dein Blick versargt
> Und
> Hastet polternd Worte drauf.
> Vergessen

Bröckeln nach die Hände!
Frei
Buhlt dein Kleidsaum
Schlenkrig
Drüber rüber!

Ja, es ist wahr, wir lachten auch darüber, aber ist nicht Lachen oft der Weg, auf dem man später, sich zurücknehmend, zum Verständnis findet? Jedenfalls brauchte ich mir bei meinem späteren Germanistik-Studium keine ideologisch beflügelte Mühe zu geben, um diese Lyrik zu verstehen. Auf immer aber sind die zerbrechlichen und zerbrochenen Wortgebilde mit der Erinnerung an meinen Freund Heinz verbunden, der so gern Musiker werden wollte, aber von seinem Vater gezwungen wurde, eine große Baumschule zu übernehmen, die 1945 dann doch verlorenging. In Schweswig-Holstein bei Neumünster baute er dann aus dem Nichts wiederum den Betrieb auf, zog sich jedoch durch ständigen Umgang mit Spritzmitteln und Pestiziden Leukämie zu; so starb er in jungen Jahren. In unserem Garten wachsen und blühen noch die Bäume und Sträucher, die er uns schenkte, als wir arm wie die Kirchenmäuse 1960 in unser neues Haus einzogen – Geld für eine Gartenbepflanzung hätten wir damals und noch Jahre danach nicht gehabt. So ist der Freund mit seinen grünen Geschenken bis heute unter uns, und wenn ich die inzwischen stattlichen Stämme befühle, ist mir oft, als spürte ich seine rauh gewordenen Gärtnerhände, die einst, in unserer Jugend, so zart und schlank über die Klaviertasten glitten.

Schule

Keiner wird wohl den typischen Geruch alter Schulen vergessen, ein Odeur, das sich aus Kreide, Fußbodenöl, Knabenschweiß, Desinfektionsmittel und Urin bildet und dessen unangenehmere Variante der Kasernenmief ist. Offen gestanden, ich ging gern zur Schule, vielleicht auch deshalb, weil mit

Kriegsbeginn, als ich ins Gymnasium eintrat, die jüngeren Lehrer zum Militär mußten und daher die alten, schon pensionierten Originale wieder bei uns Einzug hielten. Da gab es den hageren Physiklehrer, einen Freund meines Vaters, der uns mit greisenhaft stockender Stimme die Fallgesetze zu erklären suchte. Zu diesem Zwecke mußte sich die Klasse im Schulhof versammeln, während er mühsam das oberste Stockwerk des Schulgebäudes erklomm, um vom höchsten Flurfenster eine bunte Holzkugel in den Hof fallen zu lassen. Der Klassensprecher hatte die mit wachsender Fallgeschwindigkeit immer kürzer werdenden Zeitabstände zu stoppen, in denen die Kugel jeweils ein Stockwerk durchmaß. So jedenfalls war das Experiment gedacht, aber der Physiker hatte nicht damit gerechnet, daß ich – ein Stockwerk unter ihm am gleichen Fenster stehend – die Kugel abfing und erst zwei Sekunden später unter dem Feixen der Klasse weiterfallen ließ. Die Stoppuhr verzeichnete genau die Zeiten, und unsere Heiterkeit kannte keine Grenzen, als der Lehrer schweißüberströmt Tafel um Tafel vollschrieb, um aus den seltsamen Zeitmessungen dennoch das Fallgesetz herauszudestillieren. Es ging nicht, und am Schluß – ich fühlte inzwischen Mitleid – erklärte er mit tonloser Stimme, es müsse wohl am Seitenwind gelegen haben, daß der Versuch mißlungen sei.

Der Deutschlehrer litt wiederum an einem typisch nordböhmischen Sprachübel: der Entrundung. Aus ö und ä wurde e, aus ü entsprechend i. Merksatz: „Die Remer waren ein Kistenvolk." Jeder Gedichtvortrag wurde ein verzweifeltes und leider oft erfolgloses Ringen um den richtigen Vokal. Als ein anerkannter Goebbels-Imitator irritierte ich ihn obendrein damit, daß ich Gedichte im rheinischen Tonfall des nationalsozialistischen Propaganda-Ministers rezitierte; aber dagegen konnte er aus guten Gründen nichts Deutliches sagen, mochten sich die Mitschüler auch in den Bänken biegen. Der Mathematiker wiederum, der eine panische Angst vor offenen Fenstern hatte, entzückte uns durch folgenden Warnruf an einen Schüler, der sich zu weit aus dem Fenster des dritten Stockwerks gebeugt hatte: „Da fällt einer aus dem Fenster und ist tot, und am nächsten Morgen will es wieder niemand gewesen sein." Vom Geschichtsprofessor, einem würdigen Gelehrten, erbaten wir uns dringend, unter Hinweis auf unsere baldige Einberufung zum Militär, sexuelle Aufklärung. Dies tat er auch, und die böse Schülermeute weidete sich an seiner altväterlichen Verlegenheit, mit der er sich dieser Aufgabe ebenso gründlich wie abstrakt unbeholfen unterzog.

Der Musiklehrer, noch wesentlich jünger als die anderen Pädagogen, aber „kriegsuntauglich", paukte uns zwar pflichtgemäß und dementsprechend mißmutig die NS-Pflichtlieder ein („Panzer rollen in Afrika vor" oder das Legion Condor-Lied „Wir flogen jenseits der Grenzen"), viel lieber aber setzte er sich auf den Katheder und erzählte uns von seinem Aufenthalt in Capri, den ihm vor zehn Jahren ein tschechoslowakisches Staatsstipendium ermöglicht hatte. Er war eigentlich Komponist, Schüler von Fidelio Finke am Prager deutschen Konservatorium, und sang uns besonders gern und mit Bravour am Klavier die Partituren klassischer Opern vor. Nur einige von uns hörten ihm begeistert zu, die anderen erledigten inzwischen ihre Schulaufgaben oder spielten in den hinteren Bänken „Mariasch". Aber sein Bohemien-Leben in Capri fand bei allen ungeteilte Aufmerksamkeit, und als ich viel später selbst Wochen in Capri verbrachte, konnte ich ihn verstehen und ebenso die Verzauberung, die von den rauschenden Grotten und der Tiberius-Villa am östlichen Inselgipfel ausging.

In meinem letzten Schuljahr, vor meinem Abmarsch zum Kommiß, kam aus München eine junge Sportlehrerin zu uns, die unsere erwachenden erotischen Energien und Phantasien nachhaltig aktivierte: Fräulein Girster. Wir liebten sie alle, nicht nur weil sie sehr hübsch war, sondern auch ein klangvolles Oberbayrisch sprach, das mir besonders ans Herz ging. Im Frühherbst 1944 begleitete sie unsere Klasse zum „Kartoffelernteeinsatz" aufs Land; es gab lange Abende im Quartier, in denen Liebe und Eifersucht in unseren Herzen rasten. Aber sie wußte dies alles auf gut bayerische, nämlich unverklemmte Art im Zaum zu halten. Kein Wunder, daß sie mir beim Geruch frisch geernteter Kartoffeln immer noch einfällt, doch weiß ich

nicht, ob sie über diese prosaisch-aromatische Assoziation begeistert wäre. Wenige Wochen später kam für mich mit 16 1/2
Jahren die Einberufung zum „letzten Aufgebot". Ich hatte gerade ein klassisches Drama in Jamben beendet (Goethes
„Iphigenie" läßt grüßen), aber es erregte in der Schule doch
Aufsehen, so daß es sogar der Schuldirektor bei meinem Abschied lobend erwähnte. Das war auch ein Abschied vom vertrauten Schulgeruch, so meinte ich jedenfalls damals, 1944.
Aber als ich Jahre später an der Münchner „Frühlings-Ober-
realschule" in Giesing meinen Dienst als „königlich-bayeri-
scher Studienreferendar" antrat, wehte mir erinnerungsträchtig
schon im Treppenhaus dieselbe vertraute Luft-Melange entgegen: Kreide, Fußbodenöl, Knabenschweiß, Desinfektionsmittel
und Urin. Die Vergangenheit hatte mich eingeholt, und wiederum mußte ich sagen, daß ich auch jetzt gern in die Schule
ging, denn was kann es Schöneres geben, als mit jungen, meist
munteren Menschen umgehen zu dürfen? Nur Misanthropen
können da anderer Meinung sein.

Leder

Misanthropisch stimmt mich hingegen Ledergeruch, allerdings
nicht der dezente Duft schöner italienischer Schuhgeschäfte
oder Boutiquen mit eleganten Handtaschen und Necessaires,
saloppen Jacken oder opulenten Reisekoffern. Nein, ich meine
vielmehr jenen schweren Lederdunst von Koppel und Riemen,
von Schweißbändern der Stahlhelme und vor allem von jenen
steifen Knobelbechern der Wehrmacht, die sich so unvorteil-
haft von den weichen amerikanischen Halbstiefeln der GI's
mit den dicken, lautlosen Kreppsohlen unterschieden, die ich
dann in der Kriegsgefangenschaft bewunderte. Die Knobelbecher, traurige Symbole des preußisch-deutschen Militarismus,
sind mehr gewesen als eine mißratene Fußbekleidung. Sie
drücken die Menschenverachtung jener aus, die Millionen in
solches plumpe Schuhwerk zwangen. Hört man heute die
Kriegserzählungen älterer Männer am Stammtisch, so will es

scheinen, als hätten die Knobelbecher nicht nur die Füße deformiert, sondern oft auch das Hirn. Da leuchten trüb gewordene Augen wieder auf, die Geschichten von „damals" werden immer opulenter, ganz gleich, ob es um den Mittelabschnitt der Ostfront geht oder um das Afrika-Korps. Doch will ich nicht ungerecht sein: Auch bei Kriegserinnerungen spielen andere Dinge hinein: Als man Madame Récamier, die den berühmtesten Pariser Salon führte, einmal fragte, ob sie die Zeit des Directoire oder die darauffolgende Ära Napoleons mehr schätze, antworte sie lachend: „Natürlich bin ich für das Directoire, denn da war ich siebzehn!" Es sind die strahlenden Gewitter der Jugend, die den Wert einer Epoche ausmachen, weniger die Umstände, und seltsamerweise gilt das auch für die Kriegsjahre einer schrecklich dezimierten Generation. Wer wollte sie darum schelten? Die Altgewordenen suchen im Gespräch ihre Jugend, nicht den blutigen Schatten Hitlers.

Ölfarben

Der Geruch reinen Leinöls, klaren Terpentins und vor allem von Ölfarben, die man aus schmalen Tuben auf die Palette preßt, das gehörte zu meiner Jugend wie die Bücher des Vaters. Bei einem Freizeitmaler, von dem noch zu reden sein wird, hatte ich mir etwas angeeignet, was ich für die Technik der Ölmalerei hielt. Viele Hobbymaler gehen heute – dank der Volkshochschule – sachkundiger zu Werke als ich mit meinen zehn Jahren. Dennoch war die „Pinselei" – so der Vater – ein großes Glück in der kindlichen Einsamkeit. Bei schönem Wetter packte ich meine Malutensilien auf den Gepäckträger des Fahrrads und fuhr ziellos ins Blaue, bis mich ein Motiv zum Anhalten zwang: Der Sperlingstein hoch über der Elbe, die kleinen Dörfer mit den schwarzbunten Fachwerkhäusern, die herbstlichen Täler mit weiten Durchblicken in das Elbsandsteingebirge, – was immer es war; ich kam stets glücklich und mit farbbeschmierten Händen nach Hause und versteckte erst einmal mein Gemälde: Aus Scham vor dem ironischen

Wohlwollen des Vaters und den spöttischen Bemerkungen des älteren Bruders. Dennoch brachte mir Karl bei seinem letzten Kriegsurlaub 1944 aus Rumänien neue Farbtuben mit, ein reiches Sortiment, wie es zu Hause nicht mehr aufzutreiben war. Im Winter malte ich mit klammen Fingern im Obergeschoß in einem der Schlafzimmer; dann verbreitete sich der Farben- und Terpentingeruch besonders intensiv. Ich sog ihn wie eine Droge ein.

Obwohl ich dieses musische Gewerbe eher heimlich betrieb, juckte mich doch einmal die Eitelkeit. Ich packte meine Ölgemälde zusammen und zeigte sie dem Zeichenlehrer. Das ist mir schlecht bekommen, denn der benutzte vor der Klasse meine dilettantischen Werke dazu, um zu demonstrieren, wie man *nicht* malen dürfe. Vor Scham wäre ich am liebsten in die Erde versunken und bekam pünktlich am Jahresschluß in „Zeichnen und Malen" eine Drei. Da der Zeichenlehrer im Unterricht meist seine SS-Uniform trug, nistete sich schon damals in meiner Seele ein Widerwillen gegen schwarzes Tuch und Totenkopf ein, aber es war damals eher meine tief gekränkte Künstlerseele als ein politisches Bewußtsein, dem ich hier Raum gab. Letzteres trat aber später hinzu, als Herr P. mit seiner pompösen Uniform beharrlich an der Heimatfront blieb, während der Bruder und die älteren Freunde längst im Krieg oder gar schon gefallen waren; dann verachtete und haßte ich ihn.

Ölfarbengeruch und das scharfe Aroma von Terpentin wecken noch eine andere Erinnerung. Ein Freund meines Vaters und wie er Lehrer, Karl Ramisch, hatte sich in Dresden bei Ferienkursen der Akademie auch zum Maler und Graphiker ausbilden lassen. Das lag schon deshalb nahe, weil Böhmisch-Kamnitz, wo die Familie Ramisch wohnte, auch der Heimatort zweier berühmter Künstler an der Dresdner Akademie war, nämlich des Tiermalers Emanuel Hegenbarth und seines Vetters Josef Hegenbarth, der sich besonders als expressionistischer Buchillustrator einen Namen gemacht hat.

In den Schulferien besuchten wir – meine Eltern und die Geschwister – Karl Ramisch in seinem wunderschönen Haus auf einer Anhöhe außerhalb Böhmisch-Kamnitz. Der Hausherr hatte dieses eher bescheidene Domizil in allen Interieurs selbst entworfen, die Möbel ebenso wie die figurenreichen Kacheln des Wohnzimmerofens. Es roch nach Ölfarben und Terpentin, nach Lack und frischem Holz – ein wahres Schatzkästlein. Ramisch war zwar der Taufpate meines Bruders, aber da sich dieser nur für Technik, Motoren und das Fliegen begeistern konnte, Malen und Zeichnen aber nur ein höfliches Minimalinteresse entgegenbrachte, kam ich mit meinen unentwegten Klecksereien und Kritzeleien – die wiederum, als „unnützer Zeitvertreib", die Mißbilligung meines Vaters provozierten – in den Genuß einer sorgfältigeren Malschule. Das war anfangs sehr enttäuschend, denn mein Lehrmeister, von seinem Stil her eher puristischer Graphiker, kritisierte meine schwungvoll-genialischen Skizzen gnadenlos, weil es ihnen sehr an „Naturtreue" mangelte. Mit feinen, einfachen Strichen mußte ich gleichsam ganz von vorne anfangen und auf das Evangelium der reinen Linie schwören. Da ich damals schon Gottfried Kellers „Grünen Heinrich" las, kam mir die sarkastische Kritik des Malers Römer an Heinrichs pompös-effekthascherischem Schwindelstil plötzlich sehr bekannt vor. Das beschämte mich noch mehr als dies ohnehin der Fall war. Sicher lernte ich bei Ramisch viel, vor allem das genaue Hinschauen, ehe ich Stift oder Pinsel zückte.

Nach der Vertreibung traf ich die Familie Ramisch 1946 in Passau wieder, wo sie in einer recht beengten Wohnung im Obergeschoß eines Lok-Schuppens unweit vom Bahnhof Unterschlupf gefunden hatte. Es war noch vor der Währungsreform und Karl Ramisch hielt sich, seine Frau und zwei Kinder mit Restaurierungsarbeiten und Aufträgen für Kirchen über Wasser. Obwohl man alles verloren hatte, hingen die Räume schon wieder voll neuer Bilder, es roch wieder anheimelnd nach Künstlerölfarben und Terpentin. Aber nicht nur das zog mich an; es gab auch noch eine ausnehmend schöne halbwüchsige Tochter mit leuchtenden Augensternen, die mich sicher mindestens ebensosehr fesselten wie Ölgemälde und Graphiken. Aber meine Schüchternheit ... So lebt sie, mit ihren blonden Zöpfen lachend und übermütig die riesige Treppe hinauf- und hinunterrasend, in meiner Erinnerung fort – unzerstörbar wie jene prächtigen Insekten, die für alle Zeiten im goldgelben Bernstein eingeschlossen sind. Was allerdings die Kunst betraf, so war ich schon bald darauf der eifrige Adept eines anderen Malers, von dem noch zu berichten sein wird.

Ramisch Hans, der Sohn, hatte sich in dieser Zeit sehr meinem Vater angeschlossen: Er begeisterte sich für Botanik und dies begeisterte wieder den leidenschaftlichen Pflanzenfreund. Es kam so weit, daß mein Vater, wenn auch scherzhaft, den Vorschlag machte, man solle die Söhne austauschen, Maler zu Maler und Botaniker zu Botaniker. Es ist mir noch sehr gut in Erinnerung, wie wenig mich diese Idee freute, denn mein Vater war mir in so vielen anderen Dingen ein Freund und Lehrer, daß ich einen Augenblick wirklich fürchtete, er könne mich weggeben. Nichts macht sensibler als drohender Verlust; ich sagte mir immer wieder, es sei doch nur ein Scherz – der Pfeil steckte aber tief in der Seele, und in meinen Träumen wuchs sich der Tauschvorschlag bis zur Angst vor Verstoßung aus.

Sagrotan

Der penetrante Geruch dieses Desinfektionsmittels bringt mich bis heute an den Rand der Ohnmacht; ich muß mit aller Willenskraft dagegen ankämpfen, sonst schwinden mir die Sinne. Das erstemal streckte mich Sagrotan mit zwei Jahren nieder. Damals starb meine fünfzehnjährige Schwester Gerda an Diphterie, einer inzwischen fast erloschenen epidemischen Krankheit, die mit dem Erstickungstod oder mit Herzversagen endet. Gerdas Gesicht ist mir aus dem Gedächtnis entschwunden, und seltsamerweise gibt es von ihr auch kein deutliches Foto; nur auf einem Familienbild ist sie festgehalten. Damals muß sie drei Jahre alt gewesen sein. Aber an ihre schönen blonden Zöpfe kann ich mich erinnern, wahrscheinlich deshalb, weil ich an denen ziehen durfte. Sie starb durch die grobe Fahrlässigkeit eines Arztes, der nach einem versoffenen Corpsstudentenleben offenbar sein Examen nur mit Ach und

Krach bestanden hatte, aber in „nationalen Kreisen" eine Rolle spielte und von diesen nachdrücklich weiterempfohlen wurde. Leider auch an meine Eltern, die erst kurz zuvor von Böhmisch-Kamnitz nach Tetschen in unser neues Haus übersiedelt waren und daher nur wenige Leute kannten. So zog man ihn nichtsahnend auch für Gerdas Erkrankung heran. Er hatte es nicht so wichtig, verschrieb seine Tinkturen, fühlte den Puls, ging und kam laut schwadronierend, wie er es in seinem Corps gelernt hatte, und eines Tages war die Schwester tot. Was der dröhnende Esel nicht bedachte, war die Schwächung des Herzens durch diese Krankheit. Bald danach hörten meine Eltern zu ihrem unsäglichen Schmerz zufällig von einem tüchtigen jüdischen Arzt, der während der Epidemie-Wochen Tag und Nacht seine Patienten besuchte, wobei er allen einschärfte, auf keinen Fall sich aufzurichten oder das Bett zu verlassen. „Lieber festbinden als aufstehen lassen!" Das war seine dringende Mahnung, und anders als bei dem deutschnationalen Kollegen mit den Schmissen in der Visage blieben seine Patienten am Leben. Schlimmer war noch, ganz in unserer Nähe hatte er ein mit Gerda fast gleichaltriges Mädchen gerettet, deren Herz ebenfalls durch diese heimtückische Krankheit stark angegriffen war.

Als man Gerdas Leiche aus dem Hause getragen hatte, kamen schweigsame Männer und desinfizierten Haus und Kleider; ich meinte an dem Gestank zu ersticken. Noch mehr erschreckten mich die schwarz gekleideten Trauergäste, die an einem sonnigen Wintertag unsere Räume erst flüsternd und dann immer geräuschvoller erfüllten. Am schlimmsten aber war es für mich, daß weder Vater noch Mutter, noch meine älteste Schwester und der Bruder Zeit für mich hatten. Ich zappelte hilflos in einem mir kaum verständlichen Meer von Leid und Abwesenheit und fühlte mich zum erstenmal so einsam wie noch nie. Nur ein einziges Mal nahm mich die Mutter schluchzend in den Arm, aber vor lauter Tränen konnte ich sie gar nicht sehen. Zum Begräbnis wurde ich nach strenger Weisung des Vaters nicht mitgenommen, er verabscheute den kirchlichen Totenkult – aber das erfuhr ich erst viel später. So blieb ich mit den Geschwistern im Hause. Es war still und unheimlich leer. Ich rannte trotz der Kälte immer wieder in den Garten, um dem Desinfektionsgestank zu entfliehen; der holte mich dann 1945 wieder ein: mit den Kriegstoten und dann in der Tetschner Gefängniszelle. Meine späteren Ohnmachtsanfälle waren wohl eher „psychosomatischer" Art als eine „natürliche" Schwäche: Traumata; Gerüche können auch Terror der Vergangenheit sein, Todessignale und „memento mori".

Vom Herkommen

Eines der schönsten Kapitel in Gottfried Kellers „Grünem Heinrich" heißt „Lob des Herkommens." Darin geht der Autor von seinem Ich, seiner Familie aus und weit zurück in jene Tage der Völkerwanderung, als sich die Alamannen in Südwestdeutschland, im Elsaß und in der Schweiz niederließen, seinen Heimatort gründeten und als dörfliche Gemeinschaft, jeder für sich und auf seine Weise, Leben und Arbeit an die nächste Generation weitergaben. Ein wechselvolles Auf und Ab der Familien von Armut zu Wohlhabenheit und wieder zurück in eine ehrliche Unvermögenheit im Kommen und Gehen der Geschlechter: Ein Dasein voller Liebe, Not und Haß und begleitet von der immer gleichbleibenden Mühe des Broterwerbs. Gern würde ich auf ähnliche, gleichsam ortsfeste Weise beginnen, aber es fehlt mir der traulich-melancholische, dennoch versöhnliche Mittelpunkt eines solchen Berichts: das gleichbleibende Panorama der Heimat. In meinem Fall wurde die lange Kette meiner böhmischen Vorfahren 1945 mit der Vertreibung der Deutschen aus diesem schönen Lande zerrissen. Ich selbst bin der erste, der in einem anderen Lande, in Bayern, eine neue Heimat fand; doch war ich am Ende des Zweiten Weltkrieges schon alt genug, um die Heimat meiner Eltern und ihrer Ahnen noch mit lebendigem Bewußtsein erlebt zu haben: ferngerücktes, nun wieder nähergekommenes Land.

Irgendwann, Jahrhunderte zurück, war Böhmen auch für meine Vorfahren Neuland gewesen, in das sie einwanderten, meist mit wenig Hab und Gut und unter mancherlei Gefahren, die Fremde und harter Anfang immer mit sich bringen, wo es auch sein mag. Die Böhmischen Länder waren seit dem Ende des sechsten nachchristlichen Jahrhunderts, als sie germanische Völkerschaften auf ihrem Zug nach Westen und Süden verlassen hatten, in den Besitz der Slawen übergegangen, die von Osten kommend, unter der Herrschaft des Reitervolks der

Awaren, teilweise auch im Bündnis mit ihnen, seither dort siedelten. Die westslawischen Tschechen haben dann unter ihrem Fürstengeschlecht, den Přemysliden, seit dem Ende des 9. Jahrhunderts diese gebirgsumwallte Region zu einem mächtigen Herzogtum eigenen Rechts ausgebaut und besaßen mit der Gründung des Bistums Prag an der Moldau 973 sowohl einen politischen wie einen religiösen Mittelpunkt, der durch den Märtyrertod des heiligen Herzogs Václav-Wenzel – er wurde von seinem Bruder Boleslav erschlagen – sogleich zur „civitas sancta", zur heiligen Stadt, wurde. Es konnte nicht ausbleiben, daß das mächtig aufstrebende mittelalterliche Reich der Ottonen und Salier im 10. und 11. Jahrhundert und dann unter den staufischen Kaisern, als großer Nachbar Böhmens, im 12. und 13. Jahrhundert Einfluß auf die Geschicke dieses Landes nahm. Aber erstaunlicherweise konnte sich das přemyslidische Herzogtum, zumeist im Bunde mit den deutschen Königen und Kaisern, als eigenständige Macht nicht nur erhalten, sondern vermochte sogar zu einem machtvollen Königtum aufzusteigen, denn das Land war reich an fruchtbaren Böden sowie an Gold und Silber, so daß im 13. Jahrhundert der Böhmenfürst Přemysl Ottokar II. (1233–1278) wegen seines Reichtums in ganz Europa der „Goldene König" genannt wurde. Sein Reich erstreckte sich zeitweise von der Ostsee bis zur Adria. Der Aufstieg des Böhmenkönigs endete im Kampf gegen den deutschen König Rudolf von Habsburg am 26. August 1228 mit einem tödlichen Sturz auf dem Schlachtfeld von Dürrnkrut in der Marchebene.

Kein anderer als König Přemysl Ottokar II. aber war es auch gewesen, der viele deutsche Siedler in sein Land gerufen hatte, sie mit Vergünstigungen und Freiheitsrechten ausstattete, so daß Böhmen recht eigentlich erst unter ihm ein Zweivölkerland der Tschechen und Deutschen wurde. Es waren vor allem die wichtigen Bergbaudistrikte und die waldreichen Regionen an den Grenzgebirgen, die von Deutschen erschlossen und gerodet wurden; in Prag hingegen saßen Deutsche schon lange als Kaufleute, Handwerker, als Geistliche und Berater des Přemyslidenfürsten, ebenso in Olmütz, Brünn und anderen Städten Böhmens. Was hier im Hochmittelalter anhub, hat Adalbert Stifter in seinem historischen Staatsroman „Witiko" wahrheitsgetreuer geschildert als viele Historiker nach ihm, nämlich den Beginn der kulturellen Polyphonie der Böhmischen Länder im Herzen Europas, die 1938/39 und 1945/46 so schlimm endete: Zuerst mit der Vernichtung der Landeseinheit und der gnadenlosen Ausrottung der Juden, danach durch die grausame Vertreibung der Sudetendeutschen; beides Ereignisse, die in mein eigenes Leben eingriffen.

So stelle ich mir vor, daß meine Vorfahren väterlicherseits irgendwann mit anderen deutschen Siedlern seit dem Hochmittelalter ins Land einwanderten, in meine nordböhmische Heimat. Während bayerische und österreichische Siedler in den Böhmerwald, ins Egerland und nach Mähren kamen, zogen Mainfranken und Oberfranken nach Nordwestböhmen. Thüringen und Obersachsen schickten Bauern, Handwerker und Bergleute nach Nordwestböhmen in die reich gegliederten Landstriche zwischen Brüx und Komotau und ins Elbetal zwischen Aussig und Tetschen. Waldhufendörfer entstanden, aber dazwischen lebten nach wie vor die slawischen Landesbewohner; Orts- und Flurnamen bezeugen es. Tetschen, mein Geburtsort, leitet seinen Namen von dem frühmittelalterlichen Kleinstamm der slawischen „Datschani" her. Mochte sich auch durch die Hussitenkriege des 15. Jahrhunderts und später durch den Dreißigjährigen Krieg und seine verheerenden Folgen gerade für das leidgeprüfte Böhmen manches an der räumlichen Verteilung von Tschechen und Deutschen im Lande ändern, ein Zweivölkerland blieb es immer – bis 1945/46, als dessen Völkerkarte gewaltsam „unifiziert" wurde.

Tetschen war eine kleine Stadt, wesentlich kleiner als die industriell aufstrebende Schwester am linken Elbufer, Bodenbach, die man immer etwas mißtrauisch als Parvenü ansah, bis beide Städte 1943 auf höheren Befehl zusammengelegt wurden. Als Mittelpunkt der „Böhmischen Schweiz" spielte der Fremdenverkehr eine wichtige Rolle. Die fast bis ins Zentrum der Stadt sich vorschiebenden breiten Waldrücken des Elbsandsteingebirges mit ihren bizarren Felsformationen waren ein beliebtes Wandergebiet, und die Baumblüte im Stromtal lockte jährlich Tausende Besucher an. Vom Aussichtsturm des Hohen Schneeberg, mit 754 Meter Seehöhe zugleich der ragende Gipfel der Region, konnte man bei klarem Wetter sowohl Prag wie auch – elbabwärts gelegen – Dresden sehen. Im Südwesten glänzten im Mittagslicht die Vulkankegel des Böhmischen Mittelgebirges, wie sie Caspar David Friedrich in berühmten Gemälden festgehalten hat. Nördlich Tetschen durchbrach die Elbe das Gebirge, und hier traten die Sandsteinwände dicht an den Strom heran, so daß nur noch wenig Platz für Bahn und Straße blieb: Das war der „Grand Cañon" Böhmens, und die Fremdenverkehrswerbung strich dies auch kräftig heraus, obwohl der Vergleich mit der Rheinlandschaft um die Loreley nähergelegen hätte. Insgesamt eine stille Landschaft mit Wanderwegen und Fachwerkhäuschen, die in Blumen und Obstbäumen fast versanken. Tetschen und Bodenbach lagen als Zentren von Industrie und Bildung darin gleichsam eingebettet, durch den Strom aber säuberlich voneinander getrennt.

Das war auch gut so, denn das traditionsbewußte Tetschen, dessen Geschichte wohl bis ins 10. Jahrhundert zurückreicht, tritt bereits im 12. Jahrhundert als kirchliches Zentrum und Sitz einer Adelsherrschaft hervor. Um 1249/56 wurde der Ort vom böhmischen König zur Stadt erhoben, es entstand eine planmäßige Marktsiedlung und in der frühen Neuzeit eine Adelsherrschaft. Die mächtige Kreuzkirche dicht am Schloßfelsen erbaute man nach Entwürfen des kaiserlichen Hofbaumeisters Johann Bernhard Fischer von Erlach, des Meisters österreichischen Spätbarocks. Seit 1871 entwickelte sich der Ort rasch zum Schulzentrum eines weiten Umlandes, es entstanden Bürgerschulen, d.h. mittlere Schulen eines industrieorientierten Typs, an denen mein Vater unterrichtete, ein Gymnasium, eine „Staatsgewerbeschule" für polytechnischen Unterricht, ein katholisches Töchterpensionat mit Schule, in dem eine Tante väterlicherseits als resolute Nonne lehrte, und schließlich seit 1844 die „Landwirtschaftliche Hochschule Tetschen-Liebwerd", eine Gründung der Grafen Thun-Hohenstein. Es gab auch ein Stadttheater, aber das lag im modernen

Bodenbach jenseits der Elbbrücke und wurde auch nicht regelmäßig bespielt. Man wußte sich jedoch zu behelfen; jenseits der Grenze lag die Musenstadt Dresden, deren Oper und Theater man bequem mit der Bahn erreichte. So kam ich schon früh zu Opernaufführungen in Gottfried Sempers Riesenbau, dessen Glanz mich bis in den Schlaf hinein begleitete.

Wie überall in Böhmen gab es auch im Umkreis meiner Heimatstadt zahlreiche Schlösser, meist kleine Adelssitze, die sich aber nach Größe und Lage nicht mit dem Tetschner Schloß messen konnten: Etwa der Renaissancebau der Herren von Salhausen in Bensen, die dann im Zuge der Gegenreformation das Land verlassen mußten, oder das Eulauer Schloß, errichtet im selben Stil, seit 1630 ein Besitz der Grafen Thun-Hohenstein. Besonders lieb war mir Böhmisch-Kamnitz, ein Städtchen etwa 30 Kilometer von Tetschen entfernt, in dem meine Eltern als Lehrer ihre für damalige Zeiten recht unkonventionelle Ehe begonnen hatten. Es gab in diesem Ort neben einer barocken Wallfahrtskapelle Mariä Geburt mit einem wundertätigen Gnadenbild sogar zwei Schlösser, das der Fürsten Kinsky, Parteigänger Albrechts von Wallenstein, und das der Herren von Salhausen, die den Bau indessen schon 1521 zum Spital umwandelten. Der Ort selbst konnte als ein Schmuckstück der Landschaft gelten, und meine Eltern fuhren oft mit mir hin, nämlich zu jener nach Teig, Schokolade, Konfitüre und Zucker duftenden Bäckerfamilie, bei der sie einst gewohnt hatten und wo meine Mutter, Schopenhauer lesend, ihr Hausfrauenleben begann; das war mühsam, denn sie hatte zwar geigen aber nicht kochen gelernt. Da war es ein Glück, daß sie von der braven Bäckersfrau in die Kochkunst eingeführt wurde, während mein Vater frühmorgens gern beim Einschieben des Brotes und der Semmeln half.

Ehe ich nach dem Krieg die Alpen und das Meer kennenlernte, war mir die böhmische Landschaft Inbegriff des Schönen und Vertrauten. Ich fand es in den Bildern Caspar David Friedrichs und Ludwig Richters ebenso wieder wie in den Mittelgebirgspanoramen Hans Thomas, die ich aus der Zeitschrift „Jugend" kannte. Hinzu kam, daß ich das Elbsandsteingebirge fast bis in den letzten Winkel durchwandert hatte. Mein Vater, der wegen eines Herzleidens vorzeitig den Schuldienst aufgeben mußte, übernahm 1939 das Amt des Naturschutzbeauftragten für den Regierungsbezirk Aussig. Ich begleitete ihn auf seinen Besichtigungsfahrten, ebenso auf vielen Vortragsreisen, bei denen er seine Farbdias nordböhmischer Landschaften, Städte und Schlösser zeigte und mit begeisternden Worten Natur und Geschichte der Heimat schilderte. Meist saß ich ganz hinten im verdunkelten Vortragssaal und ballte die Fäuste, wenn jemand in meiner Nähe ironische oder mäkelnde Bemerkungen fallen ließ.

Unvergeßlich sind mir die langen Wanderungen mit ihm: Waldränder, aus denen gegen Abend Rehe hervortraten, schwarzgrüne Teiche mit emporschnellenden Fischen, die Hänge voll rotem Fingerhut und die lauten Gasthäuser neben den Barockkirchen.

Das also war meine Heimat bis zum siebzehnten Lebensjahr, und mein Vater, obwohl Naturwissenschaftler, erzählte mir schon früh von ihrer Geschichte, die auch eine Geschichte der europäischen Religionskämpfe gewesen ist. Denn im 16. und 17. Jahrhundert war Wittenberg, der Wirkungsort Martin Luthers, auch eine geistliche Hauptstadt für Böhmen, von der aus viele Schüler des Reformators aus Thüringen und Sachsen ins Land kamen, sich auf die Tradition des tschechischen Reformators Jan Hus beriefen und nach und nach das Zweivölkerland dem neuen Glauben zuführten, so daß am Vorabend des Dreißigjährigen Krieges, der 1618 mit dem berühmten „Prager Fenstersturz" begann, die Mehrzahl der Bewohner Böhmens – Adel, Bürger wie Bauern – der neuen Lehre anhing. Diese enge, politisch-religiöse Verbindung mit den Kernländern der Reformation zerschnitt dann seit 1620 die katholische Gegenreformation; sie begann mit der Niederlage der Protestanten in der Schlacht am Weißen Berge bei Prag. Es kam zu einem Exodus der Anhänger des neuen Glaubens, die erste Vertreibung in Böhmen, damals aus konfessionellen Gründen. Sie betraf Deutsche und Tschechen gleichermaßen. Die böhmisch-mährische Brüdergemeinde entfaltete in

Deutschland eine fruchtbare Tätigkeit, ihr Bischof Jan Amos Komenský entwickelte im Exil die Grundlagen einer neuen Pädagogik. Auch die Herrnhuter Gemeinde des Grafen Zinzendorf, eine Quelle des deutschen Pietismus, entstand aus dem Geiste der „Böhmischen Brüder". Nach 1620 wurden die Grenzen Böhmens gegenüber Sachsen und Thüringen sowohl politisch wie konfessionell schmerzlich scharf, man verlor sich mehr und mehr aus dem Auge, die Böhmischen Länder waren nun fester Bestandteil der katholischen, süd- und westeuropäischen Welt des Barock. Ihre Volkskultur wurde davon entscheidend geprägt, genauer gesagt: umgeprägt, und auch dies galt gleichermaßen für beide Völker Böhmens. In der bürgerlichen deutschen Revolution von 1848 wurden die Grenzen nach Norden wieder durchlässig: Deutsche Liberale und Demokraten feierten mit ihren Gesinnungsfreunden in Sachsen und Thüringen Verbrüderungsfeste im Zeichen eines konstitutionell erneuerten Deutschland. Gerade diese Verbrüderung signalisierte aber auch den Beginn der endgültigen nationalen Spaltung in Böhmen. Denn die Tschechen waren schon vor der Revolution durch ihre „Erwecker" zu neuem politischen Bewußtsein erwacht und wollten nicht, wie es das Frankfurter Revolutionsparlament wünschte, Teil eines erneuerten Deutschland werden; dies in der nicht unberechtigten Befürchtung, sie würden dabei über kurz oder lang im „deutschen Meer", das sie umgab, untergehen; ein Trauma bis heute.

Nach dem Zusammenbruch der Revolution in Deutschland und Österreich wurden in den Jahren der strengen politischen Reaktion unter Fürst Schwarzenberg die Grenzen Böhmens gegenüber Deutschland wieder dichter, und als 1866 im preußisch-österreichischen Ausscheidungskampf um die Vorherrschaft in Mitteleuropa der Schriftsteller und preußische Kriegsberichterstatter Theodor Fontane mit den Armeen Moltkes nach Böhmen kam, wunderte er sich sehr, wie viele Deutsche in diesem Lande lebten. Die Einheit des Habsburgerreiches blieb auch nach 1866, mühsam genug, bewahrt, doch entbrannte jetzt, bis zum Zusammenbruch der Donaumonarchie im Ersten Weltkrieg, der Kampf der österreichischen Nationen um die Macht im Staate in immer härterer Form: Böhmen wurde gewissermaßen das extreme Muster und fragwürdige Vorbild des Nationalitätenstreits in ganz Europa – ein trauriger Ruhmestitel und ein noch bedrückenderer Zustand, dem auch die Erste Tschechoslowakische Republik nicht wirksam steuern konnte, es wohl auch gar nicht wollte. Ob das böse Ende mit den beiden eskalierenden Phasen von 1938/39 und 1945/46 unvermeidlich war, bleibe dahingestellt. Zwangsläufig war die Katastrophe aber nicht, denn während des hitzigen Nationalitätenstreits zwischen Tschechen und Deutschen hatten beide Völker noch in der Donaumonarchie wirksame, politisch-rechtliche Formen des staatlichen Schutzes gegen den ausufernden Streit und Haß der Nationen entwickkelt, die aber nicht mehr in ausreichendem Maße zur Anwendung kommen konnten. Bekannt ist der „Mährische Ausgleich" von 1905, der den Nationalitätenkampf in diesem Landesteil erheblich dämpfte. Der Erste Weltkrieg und die zwei Jahrzehnte danach zerstörten verheißungsvolle Ansätze eines neuen Nationalitätenrechts, dessen Maximen jetzt für ein vereintes Europa neue Aktualität gewinnen. Minderheitenschutz, Regionalautonomie, das Personalprinzip für die politische Repräsentation in gemischt-nationalen Regionen, das sind alte böhmische Probleme und Lösungsansätze für heute und morgen, und eben nicht nur für Böhmen; man wird es erleben!

Dies alles waren Themen, die in unserer Familie heftig diskutiert wurden; ich wuchs mit ihnen auf. Mein Vater erzählte mir aber auch von der Geschichte der engeren Heimat und seiner Familie, die ebenso wie die Ahnenreihe in Gottfried Kellers „Grünem Heinrich" ein soziales Auf und Ab erlebt hatte. Im Falle des Großvaters war die Sippe offenbar wieder einmal im Stande einer „ehrlichen Unvermögenheit", zuvor jedoch hatte es etwas anders ausgesehen. Ging ich mit dem Vater über den weiträumigen Tetschner Marktplatz, dann erzählte er mir, daß manches Haus, das ich sah, einmal im Besitz unserer Familie gewesen sei, auch das stattliche Gebäude des Hotels „Krone", dessen Küche am Ort berühmt war. Dabei kam er auch auf einen Vorfahren zu sprechen, der im 17. Jahrhundert auf diesem Platz öffentlich mit dem Schwert hingerichtet worden war. Auf einen gewissen Wohlstand der Familie ließ auch die Tatsache schließen, daß im Stadtarchiv ein Hauswappen erhalten war; es zeigte einen Anker und ein Bündel Kornähren, einen Gipsabdruck hatten wir zuhause. Wahrscheinlich kamen die väterlichen Vorfahren durch Getreidetransport und -handel zu Geld und Ehren; jedenfalls hatte die Elbschiffahrt bis Hamburg eine lange Tradition. In meiner Jugend waren es vor allem die breiten Zillen, randvoll beladen mit duftendem Obst – Aprikosen, Birnen und Äpfel von den warmen Hängen des Elbetals –, die langsam stromabwärts glitten. Tetschen hatte nach Triest den größten Ausfuhrhafen der Habsburgermonarchie, und in der Ersten Republik florierte er weiter. War die Ladung der Schiffe überreif, dann konnte man gleich am Hafen und für wenige Kronen herrliche Früchte im Leiterwagen nach Hause fahren; das war jedesmal ein Familienfest mit Aprikosenkuchen, die meine Mutter gleich „quadratmeterweise" buk, und ebenso mit köstlichen Marmeladen und Obstsäften.

Doch, wie schon gesagt, Wohlstand kommt und geht, man weiß nicht wie, ob durch eigene Schuld oder durch den Zwang der Umstände; ganz klar ist es selten. Mein Großvater väterlicherseits war als Streckenarbeiter beim Gleisbau großgeworden, später stieg er wie sein Bruder zum Eisenbahnschaffner auf und trug voller Würde eine Uniform mit blitzblanken Knöpfen. Was davor lag, wie es zur sozialen Talfahrt der Familie Prinz gekommen war, blieb dunkel. Daß Großvater Josef aber ein herzensguter Mensch war, konnte meine Mutter bezeugen, der er in ihrer jungen, nicht immer leichten Ehe mit meinem Vater in allen häuslichen Dingen zur Seite stand. Ihr erzählte er auch eine Geschichte aus der Zeit, als er mit seinem Bruder als junger Zugschaffner durch „Böhmens Hain und Fluren" rollte: Beide waren einmal als Begleiter einem Sonderzug zugeordnet worden, in dem seine Apostolische Majestät, Kaiser Franz Joseph I., Nordböhmen besuchen sollte. Dies waren die stolzesten Momente im Leben einer k. u. k. Stadt, vor allem für die Honoratioren: Dem Kaiser wurde als Willkommenstrunk vom Bürgermeister ein Glas städtisches Bier kredenzt, seine Majestät kostete bedächtig, um dann den fast sprichwörtlich gewordenen Satz zu äußern: „Ihr Bier ist wirklich gut!" Worauf sich erwartungsgemäß unerhörter Jubel erhob. So sollte es auch in Komotau geschehen (es kann auch eine andere nordböhmische Stadt gewesen sein, das Gedächtnis des Großvaters war manchmal ungenau). Aber wie es das Schicksal und die hohe Politik wollten, der Kaiser kam *nicht*, vermutlich wegen einer der unzähligen Balkankrisen dieser Jahre. Der Sonderzug war beim Ausbruch dieser Kalamität jedoch schon in Bewegung gesetzt, er lief zeitgerecht und erwartungsgemäß auf dem städtischen Bahnhof ein, die Honoratioren standen mit dem obligaten Bier bereit, Ehrenjungfrauen in schneeweißen Kleidern drückten vor Aufregung herrliche Blumensträuße in schweißigen Händen, und gerade wollte die Musikkapelle die Kaiserhymne anstimmen, als es geschah: Der leere Zug hielt, nichts rührte sich; dann, nach einer kurzen Weile, stiegen die beiden Schaffner aus, näherten sich der versteinert verharrenden Jubelszene und meldeten dem Bürgermeister: „Der Kaiser is net kumma, aber dafür san zwa Prinzen da!" Was dann doch eine etwas verwirrte Heiterkeit ausgelöst haben soll, jedenfalls nach Großvaters bilderreichem Bericht.

Aber ich sehe, daß ich bereits zu viel vorwegnehme. So breche ich ab, um mit der eigentlichen Geschichte zu beginnen.

Die Rückblende

„Hitlerjunge Prinz, Sie können nach Hause gehn und dort den Krieg für ihren „Führer" weitermachen." Der amerikanische Offizier, der mich aus dem Kriegsgefangenenlazarett bei Lüdenscheid im Sauerland entließ, lächelte bei seinen Worten unfroh, eher pessimistisch, was meine Besserungsfähigkeit anbelangte. Er sah jüdisch aus und gab sich große Mühe, nur gebrochen deutsch zu sprechen. Ich verstand seine Skepsis, mit der er auf den bleichen, dünnen Siebzehnjährigen blickte – den „Werwolf", wie er vielleicht dachte, den fanatischen HJ-Jungen des letzten Aufgebots. Es war Ende Mai 1945, draußen erneuerte sich die Natur über frischen Gräbern, ein Schmetterling saß auf dem Fensterbrett: Friede – und Friede allen Toten. Aber was sollte mit den Überlebenden werden? Und jetzt, in diesem Augenblick, als mich der Amerikaner fragend ansah, was hätte ich ihm antworten können? Es war viel zu sagen, wenn schon nicht zu meiner Verteidigung, dann wenigstens als Erklärung, warum ich gar kein „Werwolf" sein konnte; aber ehe ich etwas herausbrachte, kam schon der Nächste zur Entlassung herein. Ich war draußen. Während ich auf meinem Krankenbett die wenigen Klamotten zusammenpackte, dann in einem Magazin statt der gehaßten, nach Desinfektionsmittel stinkenden Uniform einen Anzug aus deutscher Holzfaser-Produktion bekam und mir schließlich, mit einer amerikanischen Tagesration, das winzige dreisprachige Entlassungspapier (Englisch-Französisch-Russisch) ausgehändigt wurde, fiel mir einiges ein, was ich hätte sagen wollen:

Zum Beispiel, daß es für mich schon ein Glücksgefühl war, im Lazarett diese gottverdammte Uniform losgeworden zu sein, die man mir ein halbes Jahr früher in der Flak-Kaserne Hasenecke bei Kassel verpaßt hatte. Mit der Uniform fängt für mich die Entmenschung des Menschen an, sie bedeutet Individualitätsentzug, zugleich Verantwortungslosigkeit, weil ihr Träger zum Befehlsempfänger degradiert wird. Wie hatte mich von Anfang an meine HJ-Uniform angewidert: Dieses ekelhafte Braun, der tranige Ledergeruch des Koppelzeugs, die kartoffelsackähnlichen „Überfallhosen", das blödsinnige „Fahrtenmesser", mit dem man nichts schneiden konnte. All das verband sich für mich mit dem wöchentlichen HJ-Dienst: Antreten, exerzieren, dann das Pflichtlied. Abgespultes ödes Ritual mit Fahnenspruch, Kommandogebrüll, Vorlesen eines Textes irgendeines Nazi-Schreiberlings: Blunck, Grimm, Will Vesper, Zöberlein, oder gar die aufgedunsene „Stilkunst" des Guido Kolbenheyer...

Das hatte anfangs nur wenig mit grundsätzlicher politischer Gegnerschaft zu tun. In sonderbarem Zwiespalt zwischen Goethe, C. F. Meyer, Gottfried Keller, Rainer Maria Rilke – halb verstanden, doch geliebt – und Karl May stehend, durchschaute ich kaum dieses System der „Erziehung zur Härte" – wozu, sollte sich bald zeigen –, dem die Jugend unterworfen wurde. Eher war es mein Hang, allein zu sein, zu lesen, durch die Wälder zu schlendern (nicht: zu wandern, das war mir schon zu gewollt, zu aktivistisch!), zu malen und natürlich, wie es einem Fünfzehn-Sechzehnjährigen damals anstand, Gedichte in Schulhefte zu kritzeln. Das waren Neigungen, die mich absonderten von der „Gemeinschaft". Bis zu einem gewissen Grade handelte ich mir damit Realitätsverlust ein, doch gibt es Zeiten, wo dies die einzig mögliche Rettung sein kann: Unbewußtes Eremitentum in „zackig"-geräuschvoller Umwelt.

Aber die Wirklichkeit sickerte dann doch – allen gemütvoll-lyrischen Fluchten zum Trotz – in mein Bewußtsein ein: Der Bruder, der mitten aus dem Studium heraus in den Krieg mußte; das war ein erstes Signal. Es wirkte unbewußt weiter, auch wenn dieser Krieg anfangs nur eine ferne, aufregende Sache war, die mich per Radio als dröhnende Siegesmeldung erreichte. Das ging so lange, bis man aus Nachbarhäusern entsetzliches Geschrei hörte, als Todesnachrichten über Söhne eintrafen, die ich aus Indianerspielen kannte. Auch mein Bruder kam nicht wieder, aber das konnte ich damals nicht wissen, nur das tägliche Lauern auf Feldpost bekam ich mit, die mühsam unterdrückten Ängste der Mutter, wenn lange Wochen kein Brief im Kasten lag ...

Es gab auch andere Durchblicke in jene beunruhigende Wirklichkeit, die aus der Welt des NS-Systems herausführten. Da war der alte Jude, dem man eine Schaufel in die Hand gedrückt hatte, damit er „endlich einmal körperliche Arbeit kennenlerne" – wie es offiziell hieß. Er schaufelte nun auf der Straße ums Eck unentwegt Sand von einer Seite auf die andere. Wenn ich aus der Schule kam, redete ich mit ihm. Er lächelte mich dabei wehmütig an, stockte oft, seine Worte vorsichtig prüfend, ging dann vom vertrauten nordböhmischen Dialekt in ein etwas gestelztes Hochdeutsch über, verstummte und griff schließlich wieder zur Schaufel. Ich bemerkte wohl, daß seine Hände nicht für das Schaufeln geschaffen waren ... dann blieb er eines Tages weg; ich wußte damals noch nicht, daß „der Tod ein Meister aus Deutschland" war ...

Die Kudlichstraße, in der mein Elternhaus stand, war lang und locker bebaut, sie führte zum Friedhof, zu den Bauernorten Falkendorf und Loosdorf und dann in lichte Wälder und Berge hinauf, die im Herbst in leuchtenden Farben standen. Es gab Schrebergärten, und in einem saß der Arbeiter und Feiertagsmaler Kalkus in seiner Holzhütte und pinselte unentwegt Ölgemälde: Alpenlandschaften und melancholische Seen, in denen sich herbstbunte Birken und Buchen spiegelten – auf die wohlgelungene Spiegelung war Kalkus besonders stolz. Bei ihm schlug ich meine Staffelei auf und suchte dem Meister nachzueifern, allerdings mit anderen Motiven. Etwa dem Sperlingstein, einer Burgruine im Elbtal, oder mit dem Fachwerkhaus meiner Vorfahren in der Tetschner Altstadt oder mit bescheidenen Versuchen, jene Stromlandschaft festzuhalten, die schon Ludwig Richter entzückt hatte. Wir redeten viel, und da Kalkus eingefleischter Sozialdemokrat war und bei unserer Familie sicher sein konnte, nicht denunziert zu werden, erfuhr ich viel, worüber zu Hause leider nicht mehr gesprochen wurde, vermutlich deshalb, weil uns die Eltern nicht verunsichern wollten. Kalkus sprach von einer Welt der Not, der ewig dro-

henden Arbeitslosigkeit mit erniedrigend geringem Stempel-
geld. Ich lernte, was Gewerkschaften waren und Pazifismus –
ich erfuhr von Zeiten, in der soziale Konflikte noch offen aus-
getragen und nicht durch Polizeidekret und „Arbeitsfront"
unterdrückt wurden. Es waren Stunden der Aufklärung gegenüber den Klischees der HJ-Heimabende, der Aufmärsche
und der Manifestationen, die bei Massenkundgebungen aus
scheppernden Lautsprechern dröhnten. Nein, das war gewiß
keine Welt, in der ich zum fanatischen Werwolf werden
konnte.

Eine allerdings unbeabsichtigte Aufklärung brachte mir eine
Erfahrung, die mir während einer nächtlichen Totenfeier in
Bodenbach am Fuße der Schäferwand zuteil wurde. Der Vater
eines Mitschülers, ein SS-Mann, war vor kurzem den
„Heldentod" gestorben, so hieß es ungenau in den gestelzten
Reden – und deshalb spulte man mit flackernden Opferscha-
len, Fahnen, Gesängen und Salutschüssen ein Totenkopf-Ri-
tual der bekannten Art ab. Man munkelte, daß der Held zu
Hause in seinem Bette gestorben war, nämlich an einer noblen
Krankheit; jedenfalls flüsterte mir das mein Freund Heinz ins
Ohr, der ihn näher kannte. Der Sohn des Toten hatte mich im
HJ-Dienst gern und oft „Liegestütze" in großen Pfützen ma-
chen lassen, wohl deshalb, weil ich ihn in der Schule mit seiner
Großmäuligkeit oft der Lächerlichkeit preisgab.

Kurz danach wurde mir weitere Erkenntnis aus derselben
Ecke zuteil: Während des Unterrichts warb ein scheinbar
hochdekorierter Offizier für den Eintritt in die SS. Keiner
meldete sich beim ersten Anlauf, schließlich schrieb man schon
das Jahr 1944. Da brüllte er uns an, nannte uns „feige Schweine", erreichte aber nur trotziges Schweigen. Offenbar war er
aber verpflichtet, Erfolge zu melden, denn plötzlich änderte er
grinsend seine Taktik. Er schwärmte davon, daß die SS die besten, modernsten Waffen besäße, daß sie nur kurz an
„Brennpunkten" eingesetzt werde, um „den Karren aus dem
Dreck zu ziehen", dann aber wieder aus der HKL (Haupt-
kampflinie) gezogen würde. Also: Weniger Verluste, gutes
Leben, Kameradschaft und die besten Berufsaussichten nach

dem „Endsieg". Da meldeten sich dann doch einige; es waren nicht die sympathischsten Mitschüler. Zufällig sah ich am nächsten Tag den angeblichen Offizier in der Stadt; diesmal ohne Ordensspange und Ehrenzeichen, ein simpler SS-Soldat, der stumpf dahintrabte.

Die Schule endete, gleichsam ruckartig, auf merkwürdige Weise. Es war im Spätsommer 1944, als der Ausgang des Krieges immer klarer wurde und selbst die Flüsterpropaganda über den Einsatz von Wunderwaffen, „bei deren Anblick mir das Blut stockte" – so Joseph Goebbels in seinen Durchhaltereden –, im Gros der Bevölkerung eher Kopfschütteln als Hoffnung auslöste. Damals mußte ich mich beim „Volkssturm" melden. Man bekam alte Militärklamotten und französische Stahlhelme sowie eine Armbinde, die uns als „Kombattanden" im Sinne der „Haager Landkriegsordnung" ausweisen sollte; es war eine lächerliche Verkleidung und der ganze Haufen ein müder Alt-männer- und indianerhafter Knabenverein, bei dem das Ab-schießen von „Panzerfäusten" – Raketen mit Handbedienung – geübt wurde, allerdings mit Blechattrappen. Man lachte zu-meist darüber, es gab aber auch fanatische alte Männer, die in heroischen Weltkrieg-I-Erinnerungen schwelgten und ange-sichts unserer humoristischen Laxheit schnell mit den Worten „Defätismus" und „Wehrkraftzersetzung" bei der Hand waren. Jeder wußte, was dies für Folgen haben konnte; so schwieg man und machte mit, wenn auch so lasch wie irgend möglich. HJ-Führer, die es bislang verstanden hatten, sich der „Ver-teidigung des Vaterlandes mit der Waffe in der Hand" wohl-weislich zu entziehen, hatte man in unseren Haufen verteilt, als Spitzel und Antreiber. Von all dem unberührt blieben die alten Landser, meist Schwerverletzte, die mit dem sprichwörtlichen Galgenhumor der „Frontschweine" ihren Dienst versahen und es geflissentlich vermieden, in allgemeinen Wendungen noch von Krieg und Sieg zu sprechen. Das verunsicherte wieder die „HJ-Hengste", sie spürten, daß der Boden unter ihren Füßen nachgab, und steckten grimmig und unsicher werdend die Köpfe zusammen.

Unter diesen Umständen war es eine Wendung zum Besserèn, als ich im September und Oktober 1944 zu einem sogenannten „Wehrertüchtigungslager" nach Wischau (Viškov) in Mähren einberufen wurde. Es war eine weite, leicht gewellte Landschaft mit endlosen Getreidefeldern, die nun schon leerstanden, blauer Rauch zeigte an, wo Stroh und Unkraut verbrannt wurde. Ein unendlicher Himmel, flimmernd bis zum Horizont in diesen sommerwarmen Herbsttagen, die nicht enden wollten. Aus dem Gebirge kommend, spürte ich erstmals den melancholischen Zauber weiter Räume. Während freier Stunden stand ich am Stacheldrahtzaun und sog die gelblich schimmernde Weite wie Freiheit und Frieden in mich ein, denn innerhalb des Lagers klirrten die Panzer und schrillten die Pfiffe der Ausbilder, Staubwolken wirbelten mit jedem Fahrzeug hoch und röteten die Augen. Überall graue Baracken mit erblindeten Fenstern, vor dem Casino grell geschminkte Mädchen für mancherlei Bedürfnisse, rauchend, dazwischen schrilles Lachen – eine Welt, die uns Schüler noch verwunderte, aber bald zur Normalität wurde.

Der Jahrgang 1928 sollte durch solche Lager im Schnellverfahren frontreif gemacht werden, unter der Hand sprach man eher vom „Fensterplatz im Massengrab", nahm aber alles mit einer Wurschtigkeit hin, die selbst die Ausbilder teilten. Auch sie waren in der Mehrzahl kriegsversehrte Offiziere, die mir meist gut gefielen, weil sie uns mit Politparolen verschonten und nach dem anstrengenden Felddienst kameradschaftlich die Abende mit uns verbrachten. Es gab in Wischau ein recht amüsantes Unterhaltungsprogramm mit Revuen, Tanzabenden mit den „Blitzmädeln" von der Flak (Fliegerabwehr), und vor allem war da ein Wehrmachtskino. Dort sahen wir die optimistisch-sentimentalen Filmschnulzen, die der Reichspropagandaminister Joseph Goebbels zur Hebung der Stimmung in den Ufa-Studios von Berlin-Babelsberg am laufenden Band produzieren ließ. „Die Frau meiner Träume" war so ein Hit, ein anderer Film trug den Titel „Der weiße Traum." Vermutlich war es kein Zufall, daß sich die Traumfabrik so offen zur Traumwelt bekannte, denn in der immer mehr sich verdüsternden Wirklichkeit gab es nichts mehr zu träumen. Auch in

Wischau wurden wir an die Realität erinnert, nämlich akustisch, denn bei Ostwind konnte man schon das Artilleriefeuer der näherrückenden Front hören. Der Schlager der Saison war die Schnulze „Stern von Rio, du könntest mein Schicksal sein . . ."; man sang und pfiff ihn überall, eine Wehrmachtskapelle schmetterte den Song Abend für Abend in den Sternenhimmel, der in der Tat eine adäquate Kulisse abgab. Das Gefühl „letzter Tage" war allgemein und stimmte die meisten gelassen, ja versöhnlich, auch wir Jungen von der Schulbank wurden so etwas wie frühreif – wozu? – ohne daß wir es wahrnahmen.

Die Realität kam uns bald auch optisch zu Bewußtsein, denn Wischau war Übungsplatz für Panzertruppen, und da fiel uns „1928ern" doch auf, daß hier nur mit ältesten Beutepanzern oder mit Fahrzeugen aus der ehemaligen tschechoslowakischen Armee geübt wurde. Wo waren unsere eigenen Panzer geblieben, die angeblich unüberwindlichen „Tiger", die uns die Wochenschau im Kino vorführte?

Als ich nach sechs Wochen Ausbildung wieder über Prag nach Hause fuhr und am Hyberner Bahnhof lange auf Anschluß nach Tetschen warten mußte, ging ich bis zum Wenzelsplatz. Es war ein strahlender Sonntag, die Jeunesse dorée Prags flanierte gut genährt und modisch gekleidet den Platz hinauf und hinab, lachend und pfeifend, fast war es ein Bild des Friedens, hätte man nicht die aggressive Lustigkeit der jungen Tschechen gespürt: Wartet nur, bald sind wir obenauf. Sie waren es jetzt schon. Man amüsierte sich ganz offen über einen Trupp alter, staubbedeckter Landser, die schlecht genährt und in schäbigen Uniformen durch die gut gelaunte und ihres Sieges sichere Gesellschaft stolperten. Eine Momentaufnahme nur, aber mir schnürte es den Hals zu. Später im Zug eine ähnliche Szene: Junge Tschechen saßen lachend in den Abteilen, während ältere deutsche Frauen am Gang standen. Zwar scheuchte eine Militärkontrolle die munteren Jünglinge auf, aber den Frauen, die sich jetzt ins Abteil setzen mußten, merkte man an, daß sie die Situation besser beurteilten. Sie nahmen nur zögerlich und auf Befehl Platz.

Das alles hätte ich dem amerikanisch-deutschen Offizier erzählt, der bei meiner Entlassung so pessimistisch-müde gelächelt hatte. Ob es ihn interessiert hätte, weiß ich nicht, aber ich wäre es sicher gern losgeworden. Auch meine weiteren Erlebnisse bis zum Kriegsende, als mich 1944 das Regime selbst in einen Viehwaggon einschaufelte und an die Front beförderte. An einem naßkalten Regentag hatten wir Schüler, alle zwischen 16 und 17 Jahren, uns am Bahnhof zu stellen. Irgendein uniformierter Idiot mit Trillerpfeife leitete umständlich die Verladung des „Menschenmaterials". Die Eltern standen hilflos auf dem Bahnsteig herum, das blanke Entsetzen war ihnen ins Gesicht geschrieben. Meine Mutter hob immer wieder die Arme zum Wagenfenster empor, Tränen in den veilchenblauen Augen, und ich selbst kam ebenfalls in Wassernot. Der Vater fragte dreimal hintereinander die Trillerpfeife, ob es auch wahr sei, daß wir – militärrechtlich schließlich noch Kinder! – nur bei der Fliegerabwehr eingesetzt würden, wie man offiziell verlautbart hatte. „Aber seffastendlich, seffastendlich" war die stereotype Antwort bei gleichzeitigem Abwenden. Dann – Abfahrt des „letzten Aufgebots", „Ab nach Kassel" – ein Sprichwort des 18. Jahrhunderts, als der Landesherr von Hessen-Kassel gegen Geld seine Regimenter für auswärtige Kriege vermietete. Es wurde für uns Realität, denn es ging wirklich nach Kassel. Zwei Tage Fahrt durch Deutschland, wie wir es alle noch nicht kannten, denn Böhmen schien immer noch weit vom Schuß: Städte, rot vom Ziegelstaub zerbombter Häuser oder noch rauchend nach einem Nachtangriff. Gestank auf den Bahnhöfen. Am Ankunftsort Einkleidung zum Abtransport ins Ruhrgebiet. Die halbe Schulklasse wurde aber von vernünftigen Militärärzten wegen Dienstuntauglichkeit wieder nach Hause geschickt; wohl aus Mitleid mit den schmächtigen Bürschlein. Doch mich, der bisher keine Krankheit ausgelassen hatte, – unser Hausarzt war immer skeptisch gewesen, ob ich bis zur Pubertät kommen würde – behielt man da. Ich hatte mich offenbar ausgewachsen.

Die Alliierten näherten sich damals schon bedenklich dem Rhein („Deutschlands Strom, nicht Deutschlands Grenze" –

wie wir wußten). An dessen Ufern fand ich mich kurz darauf in einer Flak-Batterie wieder. Es war eine Anhöhe bei Duisburg-Hamborn, man hatte einen weiten Blick ins zerbombte, immer noch schuftende, rauchende, nachts glühende Ruhrgebiet. Ein sächsischer Oberwachtmeister, mürrisch und voll unverhohlenem Haß, empfing uns Schüler mit der Rede: „Jetzt gommen die Christusfiguren aus dem Sudädenland, wegen dänen is der Krieg losgegangen!" Ähnliches hatte mein Bruder schon vom Unteroffizierspöbel auf den Truppenübungsplätzen im sächsischen Oschatz, der Soldatenhölle Deutschlands, anhören müssen.

Am nächsten Tag Beginn der Ausbildung. Wie groß war unser Erstaunen, als wir feststellten, daß die Flak-Geschütze nicht gegen den Himmel gerichtet waren, sondern auf die andere Rheinseite, auch hatte man sie mit Schutzschilden versehen und tief in den lehmigen Boden eingegraben: Also Erdeinsatz, Panzerabwehr, nicht Fliegerabwehr! Bald darauf bestrich amerikanische Artillerie unsere Batterie, deren Feuer von insektenhaft in der Luft stehenden Flugzeugen ins Ziel geleitet wurde. Der Oberwachtmeister war jetzt gar nicht mehr aus seinem Erdloch rauszukriegen, ein Bild winselnder Feigheit, den wir tapferen Indianer lauthals verlachten. Das Lachen sollte uns bald vergehn, mir besonders. Eines Tages mußte ich um Mittag irgendeine Meldung zu einem vorgeschobenen Posten in Flußnähe bringen; mein Oberwachtmeister hatte mich dazu ausersehn, grinsend. Der Weg ging über weites, offenes Gelände. Kaum war ich losgerannt, geriet ich schon unter Beschuß. Hinwerfen, Aufstehn, Weiterlaufen, dazwischen den blödsinnig-rationalistischen Gedanken, die Amis könnten doch nicht wegen eines einzigen Meldegängers ihre teuren Kanonen bummern lassen. Sie konnten! Einmal, als es sehr nah bei mir einschlug, schrie ich nach jenem Gott, den mir mein agnostisch-monistischer Vater in vielen vernünftigen Gesprächen so freundlich hatte wegreden wollen. Als ich weiterlief, schämte ich mich – vor meinem Vater nämlich, dessen Kopfschütteln ich mir lebhaft vorstellen konnte; gleichzeitig bat ich den lieben Gott um Verzeihung für mein Schamgefühl.

Ich kam heil bei dem Vorposten an, wo mich Leutnant Fischer empfing; er sprach perfekt entrundend das heimatliche Tetschner Idiom. Es überrieselte mich plötzlich warm. Als es dunkel wurde, ging er mit mir zurück. Wir hörten unter uns im Walde merkwürdige knackende Geräusche, Kettenrasseln. „Morgen gehts los – das sind Ami-Panzer!" Im Batterie-Unterstand Stille. Eben war von der Divison der erwartete Durchhaltebefehl gekommen: Verteidigung bis zum letzten Mann. Dumpfes Schweigen – Schnapsausgabe.

Den kehligen Raus-Ruf am frühen Morgen – kehlig von Schnaps und Erregung – werde ich nie vergessen. Ich hatte kaum geschlafen, jetzt aber war ich hellwach. Wir Schüler klammerten uns an die erbärmlich schlechten italienischen Beutegewehre – Kavallerie-Stutzen –, die man uns in den letzten Tagen samt Munition in die Hand gedrückt hatte. Ein lächerliches Detail: Statt schießen zu lernen, mußten wir die Tage zuvor mit diesen Dingern exerzieren und – sage und schreibe – Stechschritt üben: Stumpfsinniger preußischer Kommiß in letzter Konsequenz, sich selbst ad absurdum führend, während im Westen sich die Front immer lauter und näher heranschob.

An diesem Morgen wurde unsere Batterie und Stellung, wie es so schön heißt, „aufgerieben". Erlebt haben wir Schüler aber nur Sekundenbilder: Die Sherman-Panzer aus dem Wald unter uns hervorbrechend; hinter ihnen, geduckt, Soldaten in erdfarbenen Uniformen und meist mit schwarzen Gesichtern. Unsere Geschütze ruckten, spieen Feuer, wurden eins nach dem andern zu rauchenden Trümmerhaufen. Zwischendurch der Gedanke: Beim nächsten Abschuß bist du dran. Jagdbomber von oben, Pfeifen, Krachen, Geschrei, und ununterbrochen, immer näher, immer lauter die Industriegeräusche der mahlenden Panzerketten.

Irgendwann holte Leutnant Fischer uns – soweit es uns noch gab – aus den letzten Unterständen heraus. „Der Batterie-Chef hat erlaubt, daß ihr abhaut! Macht, daß ihr weiterkommt! Immer ducken und hinschmeißen!" Er schubste unsere verdatterte, dezimierte Horde davon in „Richtung Heimat", selbst ging er wieder zurück. Wir haben nie mehr etwas von ihm gehört, aber wir wußten, daß wir ihm unser Leben zu verdanken hatten. Und wir liefen, liefen wie die Hasen, bis die Lunge schmerzte. Letztes Bild auf der rauchgebeizten Netzhaut: Ein Haufen verdrehter Menschenleiber, nur flüchtig mit einer Zeltbahn bedeckt, grau vom Staub der Erde, die Artillerie-Einschläge hochgewirbelt hatten. Es waren unsere Mitschüler. Dieselben starr offenstehenden Münder, die so munter und rotzfrech unsere überalterten Lehrer gefrotzelt hatten; die lustigen Augen – jetzt glasig. Der Tod war durch sie hindurchgegangen; es war ein anderer Tod als der, von dem wir in den Heimabenden gedankenlos gesungen hatten.

Momentaufnahmen eines Rückzugs, der nur noch regellose Flucht war, während im Berliner Tiefbunker die Komödie vom Heldentod des „Führers" mit dem Gigolo-Bärtchen begann, von der wir nichts wußten. – Eine Nacht im Wald, ich weiß nicht mehr wo. Strohschütten in einem Forsthaus; Glück, endlich einmal schlafen zu dürfen, tief, lang. Dann, um Mitternacht – oder schon gegen Morgen? – Artilleriefeuer, Einschläge, anfangs fern, dann immer näherkommend, das Krachen splitternder Bäume. Keiner rührte sich von seinem Lager. Das war eine neue Erfahrung: Daß der Mensch so müde, so gequält, so gleichgültig und schon so jenseits des Lebens sein kann, daß ihm der Tod ein Nichts ist. Warum sollten wir – etwa hundert Soldaten – in den Keller gehn, wo im Dachgeschoß das Stroh weich und warm war?

Nächste Momentaufnahme: Ankunft in der Kaserne von Lüdenscheid – der Sammelpunkt, den auch die Mordbuben der Feldpolizei bei ihren Kontrollen gelten ließen. Wir waren durchnäßt, mit abgerissenen Klamotten am Leib, hungrig, und die Amis uns auf den Fersen. Aufatmen: Ein riesiges Lager voll neuer Wehrmachtskleidung, Overalls, neue Schuhe, Lebensmittel, Schokolade, Kekse, Kaffee und Wein. Wir wollten hinein, uns umkleiden, sattessen, saufen, den Krieg vergessen. Aber vor den Toren standen die „Kammerbullen", die Zahlmeister und Furagiere mit Maschinenpistolen im Anschlag. Nichts ging – kein Befehl zur Ausgabe von Kleidung und Essen. Unsere Wut! Jetzt hätten wir die italienischen Kavallerie-

Stutzen endlich einmal am rechten Ort einsetzen können: Gegen die fetten Schmeißfliegen dieses Krieges, die bald darauf mit beiseite gebrachtem Wehrmachtsgut glänzende Geschäfte machten und sich – wie es im Jargon der Wirtschaftswunderjahre hieß – „eine Existenz aufbauten". Mein Schwiegervater, der als Frontoffizier den Ersten Weltkrieg vom ersten bis zum letzten Tage durchlitten hatte und bis zum Tode im Schlaf von seinen grausigen Erinnerungen verfolgt worden ist, bemerkte einmal zu diesem Thema knapp und zornig: Nach dem Ersten Weltkrieg hätte man jeden zweiten Zahlmeister aufknüpfen müssen, nach dem Zweiten Weltkrieg aber jeden!

Statt neuer Klamotten gab es abends im Wehrmachtskino die Goebbels-Schnulze „Die Frau meiner Träume", die ich schon im „Wehrertüchtigungslager" in Wischau gesehen hatte. Unseren „Frontgeist" beflügelte sie nicht mehr. Am Morgen waren die Amerikaner vor der Kaserne – wir in die Keller hinunter, das Übergabepalaver abwartend. Offiziere rissen sich neben mir die Schulterstücke von den Uniformen. Plötzlich ging unvermutet ein Kasemattentor auf: „Hands up!" Draußen – behelmt und beschuht wie die Marsmenschen – die Amis. Der Krieg war aus für uns. Erstaunlich, wie schnell dann alles ging. Große Lastwagen der US-Army fuhren vor, wir drauf, etwa 100 Mann pro Dodge-Wagen. Dann gings bergauf-bergab durchs Sauerland und mit rasendem Tempo in die Nadelkurven. Die Fahrer, meist Kaugummi kauende Schwarze, fuhren wie besessen: Linkskurve – Rechtskurve, auf Kommando lehnten wir uns jeweils weit in die entgegengesetzte Richtung, immer in der Angst, der Lastwagen könne sich überschlagen. Zwischendurch ein Blitzlicht der Menschlichkeit: In einem Dorf stand an einer gefährlichen Ecke ein Farbiger als Wachposten, um ihn herum Kinder, denen er offenbar Schokolade austeilte. Jedesmal, wenn ein Wagen mit Kriegsgefangenen heranbrauste, riß der Posten die Kinder an sich heran, damit sie nicht überfahren wurden: Dabei das breite Lachen aus schneeweißen Zähnen – drei Sekunden, dann war alles vorüber, aber es schien allen, die es gesehn, ein Signal besserer Zeiten. Gelächter und Aufatmen.

Schließlich: In irgendeinem breiten Waldtal wurden wir abgeladen; es müssen mehr als 100.000 Gefangene gewesen sein, die hier in den kühlen Tagen und Nächten Anfang Mai 1945 im Freien lagerten. Eine dieser Nächte werde ich mein Lebtag nicht vergessen, es war der Tag der Kapitulation der Marionetten-Regierung Dönitz. Wie ein Lauffeuer verbreitete sich die Nachricht vom Ende des Krieges unter uns Gefangenen. Ein lockerer Kordon amerikanischer Wachen umgab uns, hier und dort brannten Lagerfeuer, und plötzlich, ohne ersichtlichen Grund, sang die ungeheure Menschenmenge Lieder, – die ganze Nacht hindurch, daß das Waldtal widerhallte. Es waren meist Volkslieder: „Sah ein Knab' ein Röslein stehn", die „Loreley" von jenem berühmten, aber offiziell unbekannten Dichter aus Düsseldorf und vieles andere, natürlich auch „Lili Marleen". Auch der Choral „Nun danket alle Gott" klang an den Feuern auf. Da ich mein Nachtlager ganz am Rande bezogen hatte, konnte ich sehen, wie die amerikanischen Posten lauthals oder verschämt mitsangen und ihre MPs leger an die Bäume lehnten: Ein Bild des Friedens bei „Freund und Feind"; viele weinten. Mich überwältigten Tränen der Wut und des Schmerzes über die Millionen sinnlos Geopferter, Tränen über den verlorenen Bruder, aber auch Tränen der Erlösung über das Ende des Mordens. Aus dem Walde blitzten die weißen Zähne unserer farbigen Bewacher, an manchen Stellen fielen sich Gefangene und Bewacher sogar um den Hals: Frieden. Um das schmerzhafte Glück dieser Nacht vollzumachen, geriet ich an ein Lagerfeuer, wo man böhmerwäldlerisch sprach. Ich trat hinzu, hörte, fragte und: kleines Wunder! Zwei der älteren Soldaten kamen aus dem Heimatort meiner Mutter, kannten ihren Bruder und natürlich auch die „Sodawasser- und Spirituosenerzeugung", die er von meinem Großvater übernommen hatte, jenem weitbekannten „Kracherl-Mo", der seine begehrten Flüssigkeiten mit dem Pferdewagen zu den Gastwirten fuhr; auch davon wußten die beiden, und so blieb ich gleich an ihrem Lagerfeuer hocken.

Der Euphorie dieser Nacht folgten trübe Tage. Die Ruhr brach im Sammellager aus, immer mehr Leute wurden ins Lazarett abtransportiert; schließlich war auch ich dran. Welche Erlösung, die elenden Militärklunkern loszuwerden, ein Bad nehmen zu können und in ein sauberes Bett zu kommen. Ich wurde schnell gesund, und da ich noch unter 18 Jahren war, kam überraschend schnell die Stunde der Freiheit; sie sollte aber nur wenige Wochen dauern.

So machte ich mich, das Entlassungspapierchen sorgfältig in der Brusttasche verbergend, mit einigen anderen, die in dieselbe Richtung trampen wollten, auf die Beine. Es wurde eine abenteuerliche Wanderung durch den wimmelnden Ameisenhaufen Restdeutschlands. An das vom Krieg verschonte, blitzsaubere Fachwerkstädtchen Brilon erinnere ich mich, wo wir zu viert ein gutes Quartier bei freundlichen Leuten fanden. Auch eine Übernachtung tief im Westfälischen bleibt unvergeßlich, wo wir bei einer Bauernfamilie am wohlbestellten Tisch saßen und uns das köstliche Mahl und das üppige Frühstück am nächsten Morgen durch ungewohnte Religionsübungen verdienen mußten: Vor dem Essen wurde ein geistliches Lied gesungen, dann ein Bibelspruch verlesen, den der Hausherr ernst und umständlich erläuterte. Dann wurde wiederum ein Lied mit mehreren Strophen gesungen, und dann erst, endlich! erhob man – wie es in der Homer-Übersetzung von Johann Heinrich Voss so treffend heißt – „die Hände zum lecker bereiteten Mahle". Bleibt hinzuzufügen, daß sich dieselbe geistliche Prozedur nach dem Essen wiederholte. Es waren strenge Protestanten, und sie beeindruckten mich, der aus dem böhmisch-katholischen, stark laizistischen Nordböhmen kam, tief. Ganz anders begegnete man uns in Thüringen und Sachsen, letzteres war damals noch bis Chemnitz amerikanisch besetzt. Wir wurden überall kurzerhand abgewiesen, auf einem Bauernhof hetzte man sogar die Hunde auf uns. Man soll sich vor Kollektivurteilen hüten, aber als ich viel später Martin Luthers zornige Worte über seine geizigen, hartherzigen Thüringer las, konnte ich mich eines beifälligen Kopfnickens nicht erwehren. – Durch die gespenstische Trümmerlandschaft des toten Dresden irrend, fand sich schließlich ein Bahngleis, von dem aus wider Erwarten ein Zug über die neu entstandene tschechoslowakische Grenze in meine Heimatstadt fuhr. Durch die Hintertür unseres großen Gartens betrat ich das Vaterhaus, wo mich meine ebenso erschrockenen wie erleichterten Eltern und die Schwester weinend in die Arme schlossen: „Warum bist du nicht in der amerikanischen Zone geblieben? Hier ist es furchtbar, wir müssen alle fort!" Zu spät, ich war nun einmal da und sollte diese Heimkehr mit einem Jahr Gefängnis und Zwangsarbeit bezahlen.

Eltern und Geschwister, Verwandte und ein Hausgeist

An den Eltern lernt man zuallererst – oder auch nie – was sich hinter dem Abstraktum „zwischenmenschliche Beziehungen" verbirgt; man spürt fast körperlich die Verdüsterungen und Aufhellungen, die in der kindlichen, noch geschlossenen Welt bewirkt werden, wenn sich Vater und Mutter streiten oder wieder versöhnen, man ist Teil im Magnetfeld wechselnder Empfindungen, in dessen Zentrum das Kind hin- und hergerissen, oft auch allein gelassen wird in dunkler Ungewißheit.

Der Vater: Das waren für mich vor allem zwei hellblaue Augen, blitzend in Zorn oder scharfem Witz oder leuchtend in der Begeisterung des Lehrers, der er auch in der Familie immer blieb. Nicht umsonst pflegte er zu sagen, es gebe nur drei wesentliche und wichtige Berufe, nämlich den Arzt, den Lehrer und den Priester, wobei in jedem auch ein Stück der anderen beiden mit enthalten sei. Er war hochgewachsen, schlank, sehnig, ein gewandter Schwimmer, und da er all diese Eigenschaften an mir vermißte, kommandierte er mich zu den Sportstunden der HJ, obwohl er ansonsten dieser Organisation mißtraute: „Jugend muß durch Jugend verführt werden!" – das war eine Flüsterparole der Zeit, die er oft zitierte. Es ging ihm nur darum, daß ich kein „Stubenhocker" würde; bei meinem Bruder bestand diese Gefahr ohnehin nicht. Was mir schon früh auffiel: Der Vater hatte ungemein sensible, wohlgebildete Hände, die für seinen Wuchs eigentlich zu klein waren. Seine Stimme hörte sich angenehm dunkel an, nur bei Ärger wurde sie metallisch hell. Ich habe ihn nur weißhaarig gekannt, doch soll er in der Jugend rotblond gewesen sein.

Meine Mutter hatte tiefblaue Augen, die fast immer liebevoll und freundlich blickten und einen besonderen Glanz bekamen, wenn sie Geige spielte. Die Musik war ihr eigentliches Leben, der Schutzmantel ihres empfindlichen Herzens in allen Nöten.

Sie brauchte ihn: Mehrere Kinder starben in jungen Jahren, einen Sohn, der so gut Violine spielte wie sie selbst, verlor sie im Krieg, und der Verlust des mühsam erworbenen Hauses und des großen Gartens schmerzte sie wohl noch mehr als meinen Vater. Sie war zierlich, von ihrem dunklem, vollen Haar hob sich der eher blasse Teint ihres Gesichts vorteilhaft ab und wenn sie mir das Märchen von Schneewittchen vorlas, mußte ich sie immer ansehen: „So rot wie Blut, so weiß wie Schnee, so schwarz wie Ebenholz" – das war sie. Als ganz junge Frau – ich war ja ein Spätling – soll sie aber dunkelhäutig und schlank wie eine „Araberin" gewesen sein; so jedenfalls erzählte es uns eine Verwandte. Den jähen Temperamentsausbrüchen des Vaters begegnete sie mit Geduld, da sie ihn sehr liebte, wenn auch manchmal unter Tränen. Sie war fassungslos, als ich einmal bei einer Auseinandersetzung der Eltern eine Haarbürste nach dem Vater warf. Er selbst erstarrte damals, tat mir aber nichts. Mutters Stimme war, wie die des Vaters, eher dunkel und obwohl sie schon Jahrzehnte in Nordböhmen gelebt hatte, bewahrte sie doch ihre bayerisch-böhmerwäldische Art zu sprechen; einige Redewendungen aus ihren Jugendjahren in Wien hatte sie ebenfalls beibehalten; auch daß sie Ferdinand Raimunds und Johann Nestroys Volksstücke liebte, hing mit der alten Reichshauptstadt der Monarchie zusammen. Desgleichen würde ich ihre Vorliebe für Wiener Cafés und modische Hüte – den einzigen Luxus, den sie sich zur steten Erheiterung des Vaters gönnte – zu diesem Erbe rechnen. Ihre Musikalität hingegen, sie spielte mehrere Instrumente, war sicher böhmischer Herkunft. Beim Geigenunterricht für uns Kinder konnte selbst *sie* streng sein; da klopfte sie mir mit dem Bogen hart auf die Finger, wenn ich den rechten Daumen nicht vorschriftsmäßig nach dem Violin-Evangelium des Prager Geigengottvaters Šefčik krümmte, dessen Etüden ich haßte. – Dennoch: Musik war das Lebenselixier der frühen Jahre: Meine Mutter, meine Schwester, mein Bruder und ich, das war ein Hausquartett, und wenn der Vater nachmittags seine einsamen Spaziergänge nach Falkendorf unternahm, war unsere Stunde gekommen: Wir holten die Instrumente – das „Zigeunerzeug", wie er es halb abschätzig, halb anerkennend nannte – hervor und musizierten.

Quartett, das hatte noch eine andere Bedeutung. Meine Mutter spielte in der Nachbarschaft in einem Ensemble mit. So wenig ich auch verstand, ich bekam doch mit, daß der Vater diese Nachmittage gar nicht mochte. War er eifersüchtig? Mit kindlicher Witterung ahnte ich Differenzen und daß es um Wichtiges ging, aus dem die Kinder herausgehalten wurden. Ich spürte es nicht an Worten, aber am Tonfall. War dieses Quartett vielleicht mehr als kultivierte Unterhaltung? Das fiel mir immer ein, als die Mutter viel später lachend erzählte, der Vater sei „eifersüchtig wie ein Türke" gewesen. Die Musikalität des Vaters beschränkte sich hingegen auf einige beliebte Stücke aus volkstümlichem Repertoire – etwa dem „Jäger aus Kurpfalz" – Stücke, die er bei guter Laune auf der bauchigen schwedischen Laute spielte; wobei er um den Tisch herumging und wir Kinder ihm prozessionsartig folgten. Geigen hatte er als junger Mann in der k.u.k.-Lehrerbildungsanstalt Komotau zwar pflichtgemäß erlernen müssen, doch als das Pensum erfüllt war, drückte er im Naturalienkabinett einem Totengerippe, das in einem hohen Glaskasten zu Lehrzwecken drohend grinste, seine Geige auf immer unter die Kinnbacke, eine poetische Tat, ganz aus dem Geist barocker Memento-mori-Literatur geboren.

Die Ehe meiner Eltern begann 1912 auf sehr moderne Weise: Sie verreisten und schickten ihren Eltern Ansichtskarten mit der Mitteilung ihrer Heirat – eine Handlungsweise, wie sie einem sozialdemokratisch-protestlerischen Junglehrer vor dem Ersten Weltkrieg wohl anstand. Im Erzgebirge erstmals als Lehrkraft fest angestellt, predigte mein Vater zusammen mit seinem Kollegen Richard Reitzner, dem späteren Bundestagsabgeordneten, sowohl Sozialismus wie Skifahren. Beide waren die ersten, die in dieser Gegend jenem Sport huldigten, der damals noch mit nur einem, überlangen Ski-Stock ausgeübt wurde. Und der Sozialdemokratismus meines Vaters? Später hat er immer wieder betont, daß ihm damals wegen seiner politischen Gesinnung beruflich niemals etwas in den Weg gelegt worden ist – das war der praktizierte und sehr zu Unrecht belächelte Liberalismus der Donaumonarchie. Aus demselben ethischen Liberalismus, der nichts mit der heute übriggebliebenen ökonomischen „Enrichez-vous"-Ideologie zu tun hat, erhielt später auch der Prager Universitätsprofessor Thomas Garrique Masaryk bis zum Kriegsende 1918 sein Professorengehalt pünktlich ausgezahlt, obwohl er seit 1915 im Ausland war und eine antiösterreichische Exilregierung gebildet hatte, aus der die 1919 die Tschechoslowakei hervorging. Solange kein ordnungsgemäßes Hochverratsverfahren gegen ihn eingeleitet werden konnte – dies war der lakonisch geäußerte Standpunkt der k. u. k.-Behörden gegenüber deutschnationalen Scharfmachern –, blieb der Prager Professor Masaryk regulärer Staatsbürger und genoß den Schutz der Gesetze. Bei dieser liberalen Grundstimmung im Lande mußte es meinen Vater um so mehr verwundern, daß im benachbarten Sachsen die Volksschullehrer noch ebenso unter der Fuchtel von Pastoren standen wie im westlich anschließenden Bayern unter dem scharfen Dorfregiment der Pfarrer.

Mit der Religion hatte es in unserem Hause allerdings seine besondere Bewandtnis. Meine Mutter kam aus dem katholischen Südböhmen, obwohl sie ihre Kinderjahre und frühe Mädchenzeit im Wien des fin-de-siècle und des Jugendstils zugebracht hatte. Sonntags geigte sie in der Kirche von Gratzen (Nové Hrady) oft zur Wandlung beim Hochamt, und der alte Graf Bucquoy war von ihrem Spiel so gerührt, daß er ihr jedesmal eine Krone zusteckte. Später ging sie nach Budweis in die Lehrerbildungsanstalt, und als sie nach ihrer Abschlußprüfung ihre erste Anstellung in Eulau bei Tetschen an der Elbe erhielt, seufzte der Rektor des pädagogischen Instituts tief auf: „Schrecklich, ins gottlose Nordböhmen gehen Sie!" Was er nicht wußte, war, daß das scheidende Lehrerfräulein schon längst mit hochroten Ohren Ernst Haeckels atheistischen Bestseller „Welträtsel" las.

Auch mein Vater kam aus einer frommen Familie, ich hatte zwei Klosterschwestern als Tanten, und so war es kein Zufall, daß in unserem betont agnostischen Elternhaus so viel von

Kirche und Religion geredet wurde. Meine Mutter hatte sich zwar dem väterlichen Monimus Haeckelscher Schule willig unterworfen, doch das hielt sie nicht davon ab, die kirchlichen Feste zu beachten und auch jenes typisch katholische Wortgut beizubehalten, das sie im Hause ihrer Eltern aufgenommen hatte. Das galt besonders für die Merksätze des Jahreslaufs: Etwa „Um Mariä Geburt fliegen die Schwalben furt." Trat sie mit mir in eine Kirche und es war gerade Gottesdienst, dann betete sie flüsternd mit, und voller Staunen hörte ich von ihren bebenden Lippen: „Du bist gebenedeit unter den Weibern und gebenedeit ist die Frucht Deines Leibes, Jesus." Ihren Glauben – so kam es mir viel später vor – hatte sie ihrer Liebe zu meinem agnostischen Vater geopfert, hatte ihn gleichsam versteckt; gleichwohl lebte er in ihr weiter, und ich fühlte das, obwohl ich noch ein Kind war. Man spürte ihr katholisches Erbe auch, wenn sie von den Patres aus Kloster Hohenfurth erzählte, die an der Lehrerbildungsanstalt unterrichteten und deren wirkliche oder vermutete Liebesaffären ein unerschöpfliches Thema der Schülerinnen waren. Niemand wäre auf die Idee gekommen, die munteren Patres, für die Goethe, Schiller und Stifter gleich nach der Dreifaltigkeit kamen, zu tadeln. Mehrfach erzählte meine Mutter auch von einem herzensguten Pfarrer ihrer Heimatgemeinde Strobnitz, der ohne Zögern im Kramerladen für „seine zwei Buam" einkaufte und dennoch hochgeachtet war. Bei all diesen Erzählungen, wie überhaupt im Leben, war einer ihrer hervorstechendsten Züge große Nachsicht mit menschlichen Nöten und sonderbaren Verhältnissen, die sie viel gelassener hinnahm als mein rigoristischer Vater. „Der Herrgott wird's schon wissen, warum es so gegangen ist", – damit schloß sie oft tadelnde Reden über andere freundlich-entschieden ab.

Mein Vater hingegen hatte ganz andere Redewendungen zur Hand, die in Böhmen gang und gäbe und ebenfalls kirchlichen Ursprungs waren; beispielsweise die bitterböse Drohung: „Ich werd' dich schon katholisch machen!" Ein Wort aus der Zeit der Gegenreformation, in der Abertausende um ihres Glaubens willen aus Böhmen vertrieben wurden. Wer widerborstig blieb, hatte mit den schlimmsten Schikanen zu rechnen, vor allem mit dauernder Militäreinquartierung im Hause, bei welcher Gelegenheit die Frauen und Töchter Freiwild für die Soldateska wurden. An solchen, oft gedankenlos verwendeten Reden zeigte mir der Vater, wie geschichtliche Erinnerungen im Schatzhaus der Volkssprache aufbewahrt werden, ohne daß deren Botschaft noch erkennbar sein muß.

Die Frömmigkeit meines Vaters hatte eine andere Form angenommen, und das galt wohl für viele seiner Generation: Sie war zur Naturfrömmigkeit geworden, zu einer tiefen Andacht gegenüber den Wundern der Natur. So wurde er Botaniker, und kein Pflänzchen war ihm zu gering, kein Tier zu sonderbar, daß er nicht etwas Schönes an ihm entdeckte: Das gotischbizarre Blattwerk eines Wildkrautes, die tiefbraunen Augen einer Kröte oder Schlange, Tiere, die eher unser kindliches Grauen weckten, wenn er sie sorgsam in die Hand nahm, um uns mit ihnen vertraut zu machen. Gleiches galt für die netzartige Geometrie eines Insektenauges unterm Mikroskop; aber da erschreckten uns dann wieder die scharfen Freß- und Beißwerkzeuge – und so blieb es nicht aus, daß wir Kinder mit dem Vater in einen heftigen Diskurs über die angeblich „beste aller Welten" gerieten, über die hunderttausend Tode in jeder Sekunde. Am ehesten leuchteten meinem Bruder und mir – die Schwester war schon zu erwachsen, um an solchen Gesprächen teilzunehmen – die Schönheiten der Pflanzenwelt ein. Das brachte den Vater auf die ebenso fixe wie für uns schmerzhafte Idee, uns zu Botanikern zu machen. Einer seiner Schüler, Franz Firbas, war Pflanzenkundler geworden und hatte die heute für jede vor- und frühgeschichtliche Forschung unentbehrliche Pollenanalyse entwickelt, mit deren Hilfe man seit Jahrtausenden versunkene Urlandschaften rekonstruieren kann. Um so größer war Vaters Enttäuschung, als mein älterer Bruder auf die Ingenieurschule ging. Mit dem Schrei: „Das Scheißlatein lern' ich nicht mehr!" hatte er sich vom Gymnasium verabschiedet. Aber auch bei mir war dem Vater kein Glück beschieden. Ich schrieb früh Gedichte, hatte ganz andere Dinge im Kopf. Eines Tages schließlich, entnervt vom

Pflanzenbestimmen und vom Zählen der Staubgefäße in zerrupften Blütenkelchen, erklärte ich ihm: „Pflanzen interessieren mich nur vom ästhetischen Standpunkt – sonst überhaupt nicht!" Es war dann wohl als eine Geste der Versöhnung gedacht, als ich viel später, zwei Jahre vor seinem plötzlichen Herztod, mein Studium der Germanistik und Geschichte in Bonn begann und im ersten Semester ein Kolleg für Paläontologie und Paläobotanik belegte. Er nahm es mit einem schmerzlich-versöhnlichen Lächeln auf, riet mir dann doch, mich nicht zu „verzetteln", sondern das zu studieren, was mir Freude mache: „Ohne Freude an der Welt und ihrem Gange", so meinte er, „kann nichts Gedeihliches gelingen." Diese Freude an der Natur blieb mir gleichwohl als sein Erbe und als weltliche Version zu Paul Gerhardts vielleicht etwas pedantischaufklärerischem, dennoch aber wundervollen Schöpfungslob: „Geh' aus mein Herz und suche Freud'"...

Bevor mein Vater heiratete, hatte er offenbar eine heftige Liaison mit einer jungen Frau, die dann plötzlich starb. Damals kannte er schon meine Mutter; sie nahm an seinen botanischen Ausflügen teil, die er für die Lehrerschaft des Kreises Tetschen organisierte. Die Liebe zur Botanik blieb ihr bis ans Lebensende, sie war ein Teil ihrer Liebe zu meinem Vater, der für sie – wie sie noch im Greisenalter zu sagen pflegte – das „Herrgottl" war. Wie sehr dies zutraf, merkte ich, als einmal in einer Gesellschaft darüber geredet wurde, eine Frau hätte sich von ihrem Freund nur deshalb getrennt, weil er Nachthemden statt Schlafanzüge trug. Die Mutter, sonst eher zurückhaltend, fuhr zornig auf: „So eine dumme Gans! Ich hätte meinen Mann auch genommen, wenn er einen Kartoffelsack angehabt hätte!" Das betretene Schweigen der Gesellschaft ließ sie gleichgültig, so groß war ihre Empörung.

Die Liebe spielte in der Familien-Geschichte meines Vaters eine fast erschreckende Rolle. Die Mutter meines Vaters, eine streng katholische, leidenschaftliche Frau, hatte ein Schicksal besonderer, fast romanhafter Art. Mein Vater erzählte nie davon, aber meiner Mutter konnte ich diese Liebes- und Lebensgeschichte entlocken. Unsere Großmutter war einfacher Leute

Kind, eine Schafmeisterstochter. Mit siebzehn Jahren verliebte sie sich in einen der Schafknechte ihres Vaters. Warum dieser das Verhältnis nicht dulden wollte, ist unklar; jedenfalls glaubten sich die Verliebten ihr Glück ertrotzen zu können und setzten ein Kind in die Welt. Der Schafmeister blieb eisern. Das Kind starb bald nach der Geburt. Ein zweites kam, und wiederum starb es und ebenso ein drittes, in Trotz und Leidenschaft gezeugtes Kind. Darauf ging der Schafknecht nach Amerika, um als „gemachter Mann" wiederzukehren und die Schafmeisterstochter dann endgültig zu erobern. Er kam lange nicht wieder, und meine Großmutter, die stumm zu Hause herumsaß, glaubte sich nun von ihm aufgegeben. Sie heiratete schließlich ohne Liebe einen Witwer, meinen Großvater, der sich schon lange um sie beworben hatte, führte mit Umsicht und Genauigkeit seinen Haushalt und gebar ihm Kinder. Aber sie soll in ihrem Leben kaum mehr gelacht haben. Eines Tages kam ihr erster Geliebter zurück. Er war nun wirklich wohlhabend und wollte die immer noch Geliebte um jeden Preis heiraten. Sie sollte sich scheiden lassen, ihren ungeliebten Gewohnheitsgatten aufgeben und mit ihm gehen. Er raste wie unsinnig im Hause meines Großvaters, der ihm mit Geduld, Verstand und Festigkeit begegnete. Die Großmutter aber, die den Heimgekehrten wohl noch liebte wie eh und je, war aber nicht mehr zu beugen. Den Tod der drei Kinder, die sie geboren hatte, nahm sie als Gottesurteil an, und daß sie der Witwer in ihrer Not und Verlassenheit aufgenommen und mit der unbeholfenen Zartheit einfacher Leute geliebt und geehrt hatte, das machte sie streng und starr gegen ihr eigenes Herz und gegen die leidenschaftliche Vergangenheit. Sie blieb bei ihrem Manne, das Sakrament der Ehe und die Ehre standen ihr jetzt höher als das Wünschen und Lieben der Vergangenheit. Indessen besaß sie nicht genug moralische Eitelkeit, um ihrer Entscheidung froh zu werden. So starb sie früh, noch in den besten Jahren ihres Lebens. Ihr Geliebter aber verstand sie nicht, ging davon, vertrank sein Geld und Eigentum, das er für sie erworben hatte, und soll – wie es in alten Erzählungen heißt – eines liederlichen Todes gestorben sein.

Bei meinem Vater fand ich dieselbe starre Rechtlichkeit, diese leidenschaftliche, verborgene Verzweiflung am Guten und Rechten in tausend kleinen Zügen wieder. Er hatte als junger Mann, wenn auch erst nach dem Tode seiner Eltern, dem katholischen Glauben und überhaupt aller positiven Religion abgesagt. Doch waren ihm zeitlebens jene Abtrünnigen verächtlich, die der Religion den Rücken kehren, weil sie zu schwach für deren Sittengesetze sind. Am meisten haßte er die literarischen Libertins, die mit fadem Spott jeden Glauben beschmutzten, und deren Freigeisterei im Grunde weder geistig noch frei war. Ein Christ ohne Bibel, so ist er in meiner Erinnerung.

Meine Mutter dagegen schien, soweit ich aus ihren Erzählungen entnahm, durchaus das Kind ihres Vaters zu sein. Der hatte in Wien durch unredliche Geschäftspartner Geld und Haus verloren und war danach wieder in seine Heimat gezogen, in die sanft gewölbten Waldländereien Südböhmens. Adalbert Stifter hat diese herbe Landschaft mit verhaltener Liebe geschildert: Die ärmlichen Häuser, die sich weiß neben graue Granithügel ducken, die Teiche und Gewässer, die zur Moldau führen, das prachtvolle Kloster Hohenfurth, ein Hort geistlicher Gelehrsamkeit ohne Hochmut, zugleich Mittelpunkt der walddunklen, stillen Region. Dort hat der Großvater Matthäus Zahradnik Sodawasser, Limonaden („Kracherl") und andere Getränke erzeugt und brachte seine Ware im Pferdewagen selbst übers Land. Die Wirtsleute, die er belieferte, kannten schon den „Kracherlmann", denn sobald er seine Flaschen los war, setzte er sich mit in die Stube, um alle möglichen Geschichten, Schwänke und merkwürdige Landesbegebenheiten zu erzählen, die er stets, wie Johann Peter Hebel, mit einer erbaulichen Schlußmoral versah. Er war grenzenlos gutmütig und lustig, aber auch grenzenlos leichtsinnig, wenn auch auf die harmloseste Weise. Wie in den ethnisch stark durchmischten Grenzregionen des Böhmerwaldes damals üblich, sprach der Großvater deutsch und tschechisch so behaglich und selbstverständlich wie zwei Dialekte, ohne sich um die jeweiligen nationalen Parolen zu kümmern. Eine seiner Spezialitäten waren „happenings" – damals nannte man es wohl anders. Wenn er nämlich spät abends mit seinem Kracherlwagen heimfuhr – er hatte ein ausrangiertes Zirkuspferd eingespannt, das zum Staunen seiner Kunden durch Hufschlag bis 5 zählen konnte – dann ließ er gern Bettelmusikanten aufsitzen und brachte sie zum Schrecken seiner sparsamen Frau mit nach Hause. Das scherte den Kracherlmann aber wenig, die Scheune wurde schnell ausgeräumt, die Musikanten spielten nach einem guten Essen und viel Budweiser Bier wie die Besessenen, die Leute aus dem Ort – Strobnitz bei Gratzen – kamen zum Tanzen, kurz, es herrschte ein herrlicher Trubel, zu dem das Zirkuspferd „Blassl" beistimmend den Takt schlug.

Auch in späteren Jahren und noch nach dem Ersten Weltkrieg brachte Matthias Zahradnik seine Kracherln und süffigen Spirituosen übers Land zu den deutschen und tschechischen Gastwirten, hörte, zögernd den ergrauten Kopf wiegend, geduldig deren heftige politische Reden – es ging immer wieder um den anschwellenden Nationalitätenkampf und damit um die abgrundtiefe Bosheit der jeweils anderen Nation –, nahm aber selbst keine geschäftsfördernde positive Haltung ein. Er war eben ein k. u. k. Böhme alten Schlages und hielt es mit leben und leben lassen. Kein Wunder, daß in der „neuen Zeit" solch ideologischer Neutralismus seinem Geschäft nicht bekam. Die Kundschaft wurde spärlicher, viele Türen schlugen jetzt vor ihm zu, wenn er bedächtig von seinem Wagen stieg. Die musikalischen Spontanfeste in der Scheune ließ er sich jedoch nicht verleiden; aber der Wandel zum nationalen Haß oder zumindest Mißtrauen kränkte ihn sehr. Er starb früh; noch auf dem Totenbett wollte er Musik hören. Der Bruder meiner Mutter, er war auf den Namen des österreichischen Kronprinzen Rudolf getauft, kam als Musiker bei der berühmten „Hoch- und Deutschmeister-Militärkapelle" viel durch die Welt. Damals kehrte er gerade von einer Gastspielreise in den Vereinigten Staaten zurück und mußte seinem Vater noch viel von der „Neuen Welt" erzählen. Der Schwerkranke bat ihn, „amerikanische Stückl" zu spielen, wahrscheinlich „Country Music", die der Sohn drüben gehört hatte; und so spielte er dem Sterbenden auf der Klarinette vor; ein sehr böhmischer Abschied, wie er dem Großvater wohl anstand.

Seine Frau Regina, die ihn um ein Menschenalter überlebte, hatte er sich aus Varasdin in Kroatien geholt. Dort besaßen ihre Eltern zwei Weinberge und betrieben eine Kürschnerei. Regina Zahradnik – unsere Jüngste heißt nach ihr – wußte ohne Aufhebens dafür zu sorgen, daß der heiteren Lebensphilosophie des Gatten niemals die bürgerliche Grundlage fehlte. Mit anderen Worten: Sie hielt das Geld zusammen, ohne dabei an eigener Lebenslust zu verlieren. Als dreijähriges Bürschchen habe ich die Hochbetagte noch gesehen, wenn mir auch ihre Gesichtszüge in Vergessenheit geraten sind. Ich weiß von ihr nur als von einem majestätisch ruhigen, Süßigkeiten spendenden Wesen. Später erfuhr ich, daß sie in mich vernarrt gewesen sei, weil ich stundenlang bei ihr gesessen und „seelenvollen Blickes" mit ihren Händen gespielt hätte. Ab und zu kamen Verwandte aus ihrer Heimatstadt Varasdin, Weinbauern, die es zu etwas gebracht hatten.

Es waren somit sehr verschiedene Elemente, die sich in der Familiengeschichte mischten und auch verschiedene Landschaften der alten Monarchie, aus der meine Vorfahren kamen, ein „multikultureller" Stammbaum, ganz ohne Probleme.

Bei allem Ordnungssinn im Hauswesen hielt es die Großmutter doch ein wenig mit dem unverhofften Glück. Sie spielte nämlich in der Lotterie und merkte sich dazu allerlei Traumzahlen, schwor auf Vorbedeutungen und Praktiken, die den Haupttreffer herbeizwingen sollten. Meine Mutter erboste es tief in der Seele, daß sie als junges Mädchen dazu auserkoren war, die Lotterienummern zur Annahmestelle in der Wiener Schiffamtsgasse zu bringen, wo sie von kaffeeschlürfenden Glückstanten und Tagedieben jedesmal aufdringlich beäugt wurde. Sie verwünschte die ganze Lotterie, und vielleicht war es letztlich diesem Umstand zuzuschreiben, daß durch magische Hemmung der Haupttreffer niemals auf das Los der Großmutter fiel. Ihren Spieleifer dämpfte aber dieses Mißgeschick nicht, und der Gatte duldete ihre Marotte mit der Toleranz des wahren Philosophen. Er war dafür in seine Tochter,

meine Mutter, vernarrt, und es muß für ihn ein Höhepunkt
seines Lebens gewesen sein, als Steffi, noch jung an Jahren und
von zarter Gestalt, in einem öffentlichen Konzert ihren ersten
Solopart auf der Violine spielte. Sie sollte und wollte Konzert-
geigerin werden, aber als sie meinen Vater kennenlernte und
bald darauf heiratete, trug es der philosophische Limonadener-
zeuger wiederum mit Würde und Humor. Die dunklen Haare
und die veilchenblauen Augen hatte meine Mutter von ihm ge-
erbt, dazu die versöhnliche Heiterkeit. Sie konnte sich zu jeder
Stunde, wenn es not tat, Kummer und Ärger von der Seele fie-
deln; und es tat oft not, vor allem in jüngeren Jahren, als ich
noch nicht geboren war und mein Vater ein ruheloser, ehrgei-
ziger Kämpfer im öffentlichen Leben, in Politik und Wissenschaft war und immer mehr spürte, daß er ein Dutzend Stufen
zu tief auf der sozialen Leiter stand: Er hätte für sein Leben
gern studiert. Ohne seine geduldige, heitere Frau wäre er vermutlich mit spätestens fünfunddreißig Jahren an einem Herz-
schlag gestorben. Grund genug, meine brave Mutter zu prei-
sen, die den jähzornigen, übersensiblen Mann geduldig pflegte,
wenn er sich mit seiner Kohlhaas-Natur wieder einmal bis
zum physischen Zusammenbruch übernommen hatte.

Zum Pädagogen muß man geboren sein, das spürte ich am
Vater. Am Ende jeden Schuljahres bekam er so viel Blumensträuße ins Haus, die wir dann in unserer Badewanne
frischhalten mußten, bis genügend Vasen und Gläser zur Hand
waren. Als Botaniker mochte er das eigentlich nicht, sondern
sprach insgeheim von „Blumenleichen"; andererseits freute es
ihn doch, daß ihm trotz seiner Strenge so viel Dank zuteil
wurde. Die riesigen Sträuße kamen zumeist von Schulklassen,
manchmal aber auch von Eltern, denen er freundlich und ruhig
klargemacht hatte, daß ihr Kind sich in der weiterführenden
Schule nur quäle und es daher besser bei einem tüchtigen
Handwerk oder Gewerbe aufgehoben sei. Solche Überredun-
gen kosteten ihn viel Mühe und Geduld, denn es ist kein
leichtes, Eltern von der Vorstellung abzubringen, ihre Kinder
seien zu Höherem berufen. Aber es war für ihn die größte
Freude, wenn ein Zögling dann den richtigen Beruf fand und

– oft Jahrzehnte später – glückstrahlend wieder bei ihm auftauchte und sich bedankte.

Schwieriger mochte es für ihn sein, die eigenen Kinder auf den rechten Weg zu bringen. Manchmal hielt es der Vater mit pädagogischen Überraschungseffekten, beispielsweise um mich von meiner „stubenhockerischen Lesewut" abzubringen. Als ich eines Tages ahnungslos aus dem Gymnasium kam – ich mochte etwa 14 Jahre sein – lag vor unserer Gartenpforte ein auseinandergenommenes Holzhaus von seltsamer Bauart. Ich ging hinein, und der Vater trat mir schmunzelnd mit zwei Büchern entgegen: Anleitungen für den „praktischen Imker". Nun wußte ich, was es mit dem Bretterhaufen auf sich hatte. Mir wurde auch gleich mitgeteilt, daß man von meiner künftigen Tätigkeit schon im nächsten Jahr eine reiche Honigernte erwarte. Eine Imkerausrüstung mit Netz und Blasebalg zur Raucherzeugung lag schon für mich bereit, Bienenvölker kamen im Hochsommer von einem benachbarten Imker, und bald danach sah man mich des öfteren schreiend, von wütenden Immen verfolgt und zerstochen, querbeet ins Wohnhaus rasen. Meine Erfolge hielten sich bis 1944 in Grenzen, aber die summende Ordnung des Bienenstaates machte mir doch Eindruck, ohne daß mein eigener Ordnungssinn davon nachhaltig beeinflußt wurde; was der Vater offenbar erwartet hatte.

Ein letztes Mal konnte ich den pädagogischen Eros des Vaters nach dem Krieg bei einer Fahrt auf dem Königssee bewundern. Bewundern ist wohl nicht das rechte Wort, denn ich genierte mich sehr, als er in dem übervollen Motorschiff, das auf St. Bartholomä zusteuerte, unvermutet die Aufmerksamkeit der Fahrgäste erbat und mit lauter Stimme die Entstehung der Gebirgszüge um den See und ebenso deren botanische Besonderheiten zu erklären begann. Meine Befürchtung, er könne sich mit seiner begeisterten Rede lächerlich machen, erwies sich als unbegründet, denn alle hörten ihm interessiert zu, und als wir ausstiegen, schüttelten ihm viele die Hand und dankten ihm; nun hätten sie etwas dazugelernt, was man sonst auf Ausflügen nicht zu hören bekomme. Jetzt war es an mir, mich zu schämen, weil ich ihm nicht zugetraut hatte, daß er ein wildfremdes Publikum so in Bann zu schlagen vermochte. Meine Mutter kannte seinen Hang, die Menschen zu belehren und damit, wo möglich, zu bessern; sie ironisierte dies mit der Bemerkung, der Vater müsse ununterbrochen „die Weltachse schmieren, damit alles seinen richtigen Gang nehme".

Manchmal besuchte uns die Schwester meines Vaters, Tante Anna. Sie hatte in Reichenberg einen höheren Verwaltungsbeamten geheiratet, führte ein großes Haus und eine noch bessere Küche. Der Vater nannte sie ironisch nur „Frau Rat"; sie kleidete sich elegant und betrat, immer in eine gewaltige Duftwolke gehüllt, mit herablassender Freundlichkeit unser Haus. Schon die Geschwister hatten sich nicht sehr gemocht, und auch wir Kinder schlossen uns viel lieber an ihren jovialen Gatten an, der dicke Zigarren rauchte, amüsante Geschichten aus seiner Ministeriallaufbahn erzählte und im übrigen seiner Frau das Feld überließ. Zu meiner Mutter pflegte er lachend zu sagen: „Gell, Steffi, wir sind die zwei ‚Prinzgeschädigten'". Da er fließend tschechisch sprach, machte er Karriere, und während mein Vater in nationalen Fragen wegen seiner Erfahrungen eher strenge Prinzipien vertrat, sah Onkel Preißler die Dinge als Verwaltungspraktiker, nämlich sehr differenziert und pragmatisch. Ich verstand davon noch wenig, aber der Tonfall ihrer Diskussionen half mir, die gegensätzlichen Meinungen wenigstens zu erahnen.

Lieber als die Schwester mochte mein Vater seine Stiefschwester, die Tochter des Großvaters aus erster Ehe. Sie war klein und verwachsen, ein „armes Hascherl", wie meine Mutter zu sagen pflegte, lebte als hilfreiche „Untergebene" im Hause der „Frau Rat" und kam schon deshalb gern zu uns. Tante Marie – die Betonung lag auf der ersten Silbe –, die „kleine Tant", wie sie bei uns hieß, war grenzenlos gutmütig, aber auch ängstlich, denn jedesmal, wenn sie uns Kindern bei ihrer Ankunft silberne Fünfkronenstücke zusteckte, mußten wir versprechen, es nicht dem Vater zu sagen. Ein ständiger Gegenstand ihrer Klage war der große Sack voller Seidenstrümpfe, die Tante Anna nach einmaligem Tragen dort hineinstopfte.

Einen Luxus leistete sich Tante Marie allerdings auch. Sie trug ungeheuerliche Frisuren, hoch aufgetürmt, damit sie größer wirkte; jeden Morgen erneuerte sie mit der Brennschere umständlich ihre Lockenpracht. Sie hätte gern Kinder gehabt, es war ihr immer schmerzlich zu sehen, daß uns gegenüber eine ebenfalls verwachsene, ledige Frau einen bildschönen, geraden Buben hatte, der unser Spielkamerad war; er fiel später in Rußland.

Sehr viel öfter kam eine Kusine meines Vaters auf Besuch, Tante Finy. Zwei ihrer Schwestern waren ins Kloster gegangen, sie selbst hat den Großteil ihres Lebens bis zur Vertreibung 1945 als Haushälterin im Prager Palais der Fürsten Liechtenstein verbracht. Es gehörte zu den Höhepunkten ihres Lebens, daß der alte Fürst sich einmal lange mit ihr unterhalten und ihr abschließend gesagt hatte, er würde sie so gern in ihrer nordböhmischen Mundart sprechen hören. Sie war fürs Feine, wußte dabei lustige Begebenheiten zu erzählen; aber auch sie trug einen Kummer im Herzen. Als sie in ihrer Jugend die Bekanntschaft eines jungen Mannes machte, verbot ihr der Vater, mit ihm zu „korrespondieren", – Briefe zu wechseln. Auf die Frage jedoch, ob es für sie dann nicht besser gewesen wäre, wie ihre beiden Schwestern ebenfalls ins Kloster zu gehen, rief sie mit blitzenden Augen aus: „Naaa, nicht um 'ne Burg!" Das Schicksal wollte es aber, daß sie nach dem Krieg dennoch ihr Leben in einem Bonner Kloster bei ihren Schwestern beschloß, wenn auch nicht als Nonne. Dort traf ich sie während meiner Studien- und frühen Ehejahre wieder. Sie kam gern zu uns, um echte böhmische Serviettenknödel zu bereiten; es war eine umständliche, fast vaterländische Kulthandlung inmitten einer westlichen Pommes frites-Region, und Tante Finy brach in bittere Klagen aus, wenn ihr die Knödel nicht nach Wunsch gelangen; wobei wir uns das Lachen verbeißen mußten.

Mit Knödeln hat auch der Besuch meines Taufpaten Egon Siemens zu tun. Wenn an der Südseite unseres Hauses die Aprikosen reiften, war Aprikosenknödelzeit, und dann kam er aus Prag, wo er im Innenministerium eine höhere Position bekleidete, und ließ es sich bei uns gut schmecken. Er war Junggeselle, neigte dem Wohlleben zu, was man an seiner rosig-fleischigen Figur sah; außerdem betätigte er sich als Mäzen für junge Künstler, lud Prominente zu Gastvorträgen ein und erfüllte unser eher stilles Haus mit Betriebsamkeit. Er hatte ein tiefes, nasales Organ, mein Vater nannte ihn insgeheim „das Waldhorn"; doch konnte er ihn gut leiden. Als Taufgeschenk erhielt ich von ihm eine große Goldmünze, die ich ab und zu betrachten durfte; 1945 ging sie verloren und auch von Onkel Siemens habe ich nie mehr etwas gehört. Vielleicht hat er die schrecklichen Prager Maitage des Jahres 1945 nicht überlebt.

Die Mutter hatte den Vater einst kennengelernt, als dieser in den Schulferien für den Tetschener Lehrerverein einen Botanisierkurs abhielt. Seine Liebe zu den Pflanzen hatte ihre Liebe zu ihm geweckt und diese Freude an den zartesten Geschöpfen der Natur verband beide bis ans Lebensende; noch in Simbach am Inn entdeckten sie zusammen neue Standorte seltener Pflanzen. Es war ein dauerndes Gespräch über Gemeinsames, etwas, wie es jede Ehe braucht, soll sie den Wechselfällen des Lebens standhalten. Der familiären, durch Liebeserinnerungen geheiligten Botanik sehr profane aber nützliche Fortsetzung war unser großer Gemüsegarten nebst Hühnerhof, beides die Domäne der Mutter. Der Vater hingegen erging sich gern, seine lange Pfeife rauchend, auf den Platten der Gartenwege und beschränkte seine Aktivität zumeist auf die strenge Kontrolle gärtnerischer Frondienste, die mein Bruder und ich zu leisten hatten. Seinen Befehlen war Folge zu leisten, an etwas anderes war gar nicht zu denken, auch wenn er diese mit dem ironischen Diktum versah, daß „ein guter Anschaffer mehr wert sei als zehn Arbeiter", ein Spruch, der eigentlich schlecht zu seiner sozialdemokratischen Gesinnung paßte. Aber die war damals ohnehin ins Wanken geraten, und dies hing mit der neuen Tschechoslowakischen Republik seit 1918 zusammen, die ihn, wie andere deutsche Beamte, nach einem der ČSR vom Völkerbund auferlegten Minderheitenschutzvertrag wohl oder übel in den Staatsdienst übernehmen mußte, doch auf jede erdenkliche Weise schikanierte – aus nationalistischen Gründen. Mit der alten k.u.k. Liberalität war es vorbei, tschechische

Schulräte reglementierten und kontrollierten die „richtige" Staatsgesinnung. Für einen aufrechten Mann wie meinen Vater war gerade das schwer zu ertragen. Es verstand sich von selbst, daß damit auch seine Aufstiegschancen schwanden. Das hätte ihn aber kaum grundsätzlich beeinträchtigt, wenn dies nicht mit einem permanenten Kleinkrieg um Positionen im Nationalitätenkampf verbunden gewesen wäre. Der Vater kannte keine grundsätzliche Antipathie gegen Tschechen, schließlich hatte seine Frau in Wien tschechische Verwandte, und als Botaniker arbeitete er eng, ja freundschaftlich mit den Kollegen der anderen Nation zusammen, die ebenso wie er von den Wundern der Natur und den „Welträtseln" Ernst Haeckels begeistert waren. Als Lehrer an der Bürgerschule, einer sehr fortschrittlichen höheren Schulform technisch-pragmatischen Charakters, die das alte Österreich im Zeichen liberaler Bildungspolitik geschaffen hatte, war es für ihn besonders schmerzlich, daß durch den Nationalitätenhaß der große Schwung der Bildungsreform ins Stocken geriet. Es war der Prager Regierung jetzt vor allem darum zu tun, möglichst viele tschechische Schulen im deutschen Siedlungsgebiet zu errichten, was zumeist auf Kosten des deutschen Schulwesens ging. Dennoch gelang es meinem Vater und seinen Freunden, darunter dem Pädagogen Friedrich Laube, der mein Taufpate war, den neuen Schultyp der integrierten Arbeitsschule einzuführen und in der Praxis zu erproben. Der Münchner Stadtschulrat und Pädagoge Georg Kerschensteiner hatte ihn entwickelt, deshalb wurde er auch in den frühen Zwanziger Jahren zu Vorträgen beim Tetschner Lehrerverein eingeladen. Er kam gern, weil er sich für sein Honorar in stabiler tschechoslowakischer Währung gut einkleiden konnte. Die selbstinszenierte deutsche Inflation hatte Kerschensteiner, wie alle reichsdeutschen Beamten, Angestellten und Arbeiter, damals bettelarm gemacht, so waren ihm solche Besuche im Ausland willkommen. Es versteht sich von selbst, daß die tschechische Schulbehörde solche Verbindungen mit dem „Reich" mißtrauisch verfolgte, sehr zu Unrecht übrigens, denn es ging den Lehrern wirklich nur um eine bessere Schule, nicht um Politik.

Aber ich habe mich schon wieder zu einem Exkurs verleiten lassen und kehre reuig in unseren Garten zurück. Vor allem das schier endlose Unkrautjäten empfanden wir Kinder als Schmach, und wo es irgend ging, verschwanden wir im nahen Wald. Dort ereiferten wir uns über den „Haustyrannen". Gehaßt habe ich meinen Vater jedoch nie, so streng er auch sein konnte, denn er wußte so viel und konnte es obendrein so spannend erzählen, daß wir immer wieder fasziniert waren, ganz gleich, ob es sich um den Ausbruch des Vulkans Krakatau handelte, um den Untergang der Titanic oder um die Abdrücke urweltlicher Pflanzen und Tiere, die er in seiner Steinsammlung hatte oder die wir im nahen Bachelsdorf unter der „Kolmer Scheibe" selbst aus dem lockeren Sedimentgestein herausschlagen konnten. Welches Erstaunen, wenn wir dabei auf die dunkelbraunen „Schattenrisse" von Palmblättern stießen und wir uns vorstellten, daß man vor undenkbar langen Zeiten in unserem Elbtal (aber damals gab es das wohl noch gar nicht!) unter Palmen und Riesenschachtelhalmen wandeln konnte – als kleine Dinosaurier, wie der Vater scherzend hinzufügte. Welches Staunen auch über die offenbar wohlgeordnete Einrichtung der Welt, etwa wenn er uns an tiefblauen Lippenblütlern vorführte, wie die Bienen in die Kelche schlüpften, um Nektar zu saugen, und wie sich dabei automatisch von oben herab auf die Insekten die gelben Staubgefäße herabsenkten und deren haarige Körper bestäubten. Durch diese List der Natur wurde im Nebenschluß die Befruchtung der Pflanze bewirkt, denn die Bienen und Hummeln trugen wiederum die Pollen von Blüte zu Blüte. Solche „Wunder der Natur" drängten mich jedesmal zu der Frage, ob man sich solche sinnvolle Verknüpfung von Tier und Pflanze ohne die fürsorgliche Hand eines „höheren Wesens" überhaupt denken könne? Doch war dies der Punkt, wo mich mein Vater als einen Phantasten zurechtwies. Er sah in alledem nur eine unbegreiflich fortschreitende Entwicklung, keinen Gott; das aber erschien mir einfach zu nüchtern, ja enttäuschend. Es war ein Dauerthema zwischen uns, und als ich viele Jahre später einmal ein religiöses Gedicht an eine Zeitschrift schickte, aber eine

Absage bekam, die meinem Vater in die Hände fiel, tröstete er mich mit einem Brief – ich studierte damals schon in Bonn – auf seine eigene zornig-humoristische Weise, die zugleich Werben um die Seele des nunmehr einzigen Sohnes war. Er schrieb mir:

„Mein lieber Sohn!

Deine metrischen Lamentationen haben zwar nicht den Beifall der von Gott verordneten Kunstrichter gefunden, wie Du aus dem sauersüßen Begleitbrief entnehmen kannst, zeitigten aber in meinem geistigen Gekröse solcherlei Wirkung, daß auch meine diesbezüglichen Zerebralpartien in heftige Vibration versetzt wurden. Da selbige Organe aber wegen schon fast halbhundertjähriger Funktionslosigkeit mächtig verkalkt sind, haben sie natürlich nur einen prosodisch stark verrenkten Wechselbalg hervorgebracht, den ich Dir mangels anderer Ostergeschenke nun doch zur geneigten Nutzanwendung präsentieren muß:

Der prosaische Vater an seinen poetischen Sohn

Verschließ Dein Ohr den dunklen Seelenklagen;
Ins Wesenlose locken sie, in Trug und Schein.
Und hast Du erst vom Drudensaft getrunken,
Dann überliefern sie Dich jeder Pein.

Nur dunkles Blut ist's, das in unsern Adern
Des Lebens Pulse tückisch dämpfen will,
Da nützt kein Beten und kein sinnlos Hadern;
Erstick den Zauber Du und bleibe still!

Reicht Deine Kraft noch nicht, den Spuk zu bannen,
Nicht zu den „Müttern" geh, dort ist kein Heil.
Komm zu den Vätern, die den Kampf bestanden;
Dann wird am Ende Dir das bessre Teil.

Sonstige Viatica:

„Da ich ein Kind war, nicht wußte wo aus noch ein..."
(Prometheus)

„Grabe hier nicht mehr vergebens ..." (Schatzgräber)

„Allen Gewalten zum Trutz sich erhalten..." (Auch vom
Herrn Geheimbden Rath Goethe!)

„Gott ist die moralische Weltordnung." (Fichte)

„In der moralischen Welt ist alles andere nichts, außer einem
guten Willen." (Kant)

Ich habe auch mal, wie ich noch ganz jung war, solche meta-
physisch-poetische Gaseruptionen gehabt, und hätte ich sie
aufgehoben, würdest Du staunen, wie verblüffend ähnlich in
jeder Generation die Kinderwindeln riechen. Aber ich habe
den Brei hinuntergewürgt; da ist er auf normalem Wege abge-
gangen. Geh hin – und tue desgleichen – ich kann Dir keinen
besseren Rat geben!

Dein Vater"

Das waren wohlmeinende ideologische Kopfwaschungen mit
ironischer Lauge, und nicht zuletzt an solchen Äußerungen,
bei denen er ganz aus sich herausging, habe ich mein eigenes
skeptisches Bild von Gott und Welt entwickelt. Noch heute
führe ich im Geiste den Dialog über „Glaubenssachen" mit
dem Vater fort, obwohl er schon vierzig Jahre tot ist.

Er konnte aber auch ein liebevoll-listiger Tröster sein, wo es
not tat. Vor allem dann, als meine Mutter – immer hoffnungs-
loser – ihrem ältesten Sohn nachtrauerte und besonders, wenn
sie nach dem Krieg Tag für Tag vergeblich die Vermißtenmel-
dungen im Rundfunk abhörte und immer aufs neue in fas-
sungslosen Schmerz wegen des verlorenen Sohnes ausbrach,
den der Feldzug gegen Rußland verschlungen hatte. Er starb
– wie wir Jahre später von einem Heimkehrer erfuhren – in einem Gefangenenlager. Die Hoffnung auf seine Heimkehr war
für meine Mutter Lebenselixier und Gift zugleich. Ihr Leid

war immer ein Signal für Vater. Er legte dann die lange Pfeife aus der Hand und stellte ihr anschaulich vor Augen, wie vielleicht einmal die Tür aufgehen und Karl mit einer „strammen russischen Kathinka" nebst drei bis fünf Kindern einfach dastehen würde. Da mußte meine Mutter schließlich doch lachen, und der Tag war für sie und für uns alle in unserer winzigen Flüchtlingswohnung gerettet.

Der Vater selbst ließ kaum jemanden an sich heran, wenn ihn der Schmerz zu überwältigen drohte. Das merkte ich, als wir beide, damals schon Häftlinge des Tetschner Stadtgefängnisses, seine große Bibliothek mit ihren Erstausgaben und prächtigen Editionen auf einen Prager Lastwagen verladen mußten, den das Unterrichtsministerium geschickt hatte. Tschechische Freunde, denen der Vater während der „Protektoratszeit" helfen konnte, als sie von SS-Lümmeln aus ihren Instituten entfernt werden sollten, hatten zwar nicht erreichen können, daß er seine Bücher behielt, aber es war ja schon viel, wenn sie nicht von Marodeuren und Plünderern auf die Gasse geworfen wurden. So blieb die Bibliothek, seine Lebensfreude, wenigstens beisammen, und bis an sein Lebensende setzte er alle Hebel in Bewegung, um seine Schätze wieder zu bekommen – allerdings vergeblich. Ich wußte, was ihm die Bibliothek bedeutete, und beobachtete ihn verstohlen beim Verladen, aber es war ihm kaum etwas anzumerken. Stolz und Zorn verboten ihm, seinen Schmerz zu zeigen, die Augen blieben verhüllt, und nur ich bemerkte den angestrengten Zug um Mund und Schläfen. Darüber sprechen wollte er nicht, auch zu mir nicht. Bücher waren immer der Schutzwall seines Lebens gewesen, in dem so vieles anders gelaufen war, als er es sich gewünscht hätte. In unserem niederbayerischen Zufluchtsort Simbach am Inn begann er sofort wieder Bücher zu kaufen, so wenig Geld wir auch hatten: Sie waren ihm buchstäblich „Lebensmittel".

Verschlossenheit begleitete ihn dann auch in Krankheit und Tod, und die Art, wie er starb, entsprach seinem Lebensgang: Die Flüchtlingsverwaltung am Ort war korrupt und in den Händen zwielichtiger Leute, Lebensmittel und Kleider wurden „abgezweigt", ehe sie die Lager erreichten. Es bildeten sich

Gruppen, die damit aufräumen wollten, und mein Vater stellte sich an die Spitze dieser Bewegung, hielt Versammlungen ab, intervenierte bei der amerikanischen Besatzungsmacht, eilte von einer Besprechung zur anderen – sehr zum Schaden seines anfälligen Herzens. Er wollte einfach dem Recht zu seinem Recht verhelfen und merkte dabei nicht, daß er von seinen Mitstreitern gleichfalls nur als Mittel zum Zweck benutzt wurde, der nichts anderes war, als selbst an den „Futtertrog" zu kommen. Mit meinen achtzehn Jahren durchschaute ich dies besser als er, aber jede Bemerkung darüber wies er zornig zurück: „Wie kann es jemals ein geordnetes demokratisches Gemeinwesen geben, wenn man das Feld den Schuften und Schmarotzern überläßt?" Das war sicher richtig, aber für ihn schließlich tödlich.

Es kam, wie wir befürchteten: Nach einer Versammlungs-welle und einer anstrengenden Exkursion, die mein Vater mit Botanikern der Münchner Universität unternahm, warf ihn ein Herzanfall aufs Krankenlager, von dem er nie wieder aufstehen sollte. Er hat den Tod herankommen fühlen, denn eine halbe Stunde bevor er verschied, richtete er sich noch einmal auf und sagte laut und deutlich: „Ich glaube, ich kann sagen, daß ich niemals jemandem wissentlich Unrecht getan habe." – Das war seine Lebensmaxime: religiöses Erbe in säkularisierter Form. Zwei Zeilen aus Goethes „Faust", die er gern zitierte, höre ich heute noch in seinem ironisierenden Tonfall: „Verachte nur Vernunft und Wissenschaft, des Menschen allerhöchste Kraft!" Es war wohl das Schlimmste für die Familie, daß er just in dem Moment starb, als er eine erste regelmäßige Teilzahlung seiner Pension bekommen hatte und sich überlegte, ob man nicht bald nach München ziehen sollte, um „noch einmal von vorn anzufangen". Aber der Tod löschte den neuen Lebensmut am 10. Juni 1952 aus.

Völlig anders starb die Mutter vierzehn Jahre nach ihm. Sie erlebte noch sechs Enkelkinder, denen sie, nicht anders als der Vater seinen Kindern, die Liebe zur Botanik einzuflößen ver-suchte, auch in diesem Fall mit geringem Erfolg. Sie verlosch langsam, kurz nach Vollendung des achtzigsten Lebensjahres.

Wenige Tage vor ihrem Tod erzählte sie noch, daß ein „schwarzes Mandei" zum Fenster hereingestiegen sei und sich an ihr Bett gehockt hätte. An ihrem letzten Geburtstag, als es ihr schon sehr schlecht ging, sagte sie nur: „Wenn das neue Jahr auch so wird wie das letzte, dann pfeif' ich drauf!" Meine Frau, die sie liebevoll in ihrer letzten Krankheit umsorgt hatte, erschrak über den dezidierten Satz ebenso wie ich, aber wir wußten, daß es ihr ernst war. Sie „pfiff" wirklich ein paar Tage später auf dieses Leben im Krankenbett, das sie schon deshalb nicht ertragen mochte, weil sie zeit ihres Lebens niemals krank gewesen war. Sie schämte sich einfach der Hilfe, die sie in den letzten Wochen benötigte. Bei ihr sitzend, konnte ich sehen, wie nach und nach das freundliche Licht aus ihren veilchenblauen Augen wich und die Pupillen groß, grau und starr wurden. Eine ihrer letzten Fragen an meine Frau war, ob es „denn wirklich bei vier Kindern bleiben sollte". Wir nahmen uns das zu Herzen, und in angemessenem Zeitabstand kam unser jüngstes Kind Regina auf die Welt: Sie trägt den Namen der kroatischen Großmutter aus Warasdin, für die meine Mutter einst die Lotterie-Lose kaufen mußte.

Meine Schwester war sechzehn Jahre älter als ich und daher meine zweite Mutter, die mich gegen alles und jedermann beschützte und verteidigte. Noch als Erwachsener mußte ich mich hüten, von Leuten zu erzählen, die mir nicht wohlwollten, denn dann stieg ihr die Zornesröte in Sekundenschnelle ins Gesicht; sie konnte es einfach nicht fassen, daß jemand ihren kleinen Bruder nicht mochte. Als Schulkind übersprang sie auf Wunsch meines ehrgeizigen Vaters mehrmals Schulklassen, und damit war wohl schon der Grund für ein zwar unterschwelliges, aber dauerhaftes Mißverhältnis zu ihm gelegt, das sich auf verschiedene Weise äußerte. Für ihr Leben gern hätte sie ein Klavier gehabt, aber da der Hausherr sich ohnehin von seiten seiner Frau durch viel Hausmusik überlastet fühlte und er überdies das Klavier für eine gerade noch erträgliche Zwischenstufe zum vollmechanisierten Orchestrion hielt, kam dieses Instrument nicht ins Haus, so sehr auch meine Mutter die Partei der Tochter ergriff – oder vielleicht gerade deswegen.

Als Junglehrer war der Vater vorübergehend einer krassen Germanophilie anheimgefallen, vielleicht deshalb, weil er selbst groß, schlank, blauäugig und in seiner Jugend auch rotblond war. So konnte es nicht ausbleiben, daß das erste Kind den heldischen Frauennamen Thusnelda, abgekürzt Tussi, erhielt; die Schwester wurde später deswegen viel geneckt. Wie die Germanophilie zu Vaters Sozialismus paßte, ist mir bis heute ein Rätsel, aber während mir letzterer einleuchtete, ekelte ich mich vor den endlosen Mord- und Blutrachegeschichten der Edda, die ich schon früh zu Hause zu lesen bekam und nach 1938 im Lektüre-Kanon der Schule wiederkäuen mußte. Später, als mein Vater längst von seinen nordischen Sympathien abgekommen war – mein Bruder hieß dann nach alter Familientradition Karl und nicht Armin – nannte sich die Schwester lieber nach dem zweiten Taufnamen Irmgard, und diese Heilige war immerhin eine höchst lebensfrohe karolingische Prinzessin gewesen, aus der man später mit einiger Gewalt eine Nonne im Kloster Chiemsee und sogar eine Heilige gemacht hat.

Irmgard trat früh der Jugendbewegung bei, nahm mit Begeisterung an den Finkensteiner Singwochen des Liedermachers und Chorleiters Walter Hensel teil, der eigentlich Janiczek hieß und wohl gerade deshalb die nordischen Weisen des Christian Lahusen bevorzugte. Man zog mit der Gitarre und dem „Zupfgeigenhansel" im Rucksack durchs Land, durchstreifte den düsteren Kubany-Urwald in Südböhmen oder das Riesengebirge, sang an Lagerfeuern und kümmerte sich wenig um Politik und Gesellschaft. Es war ein romantisches „Hinter-die-Schule-Laufen", ganz nach dem Vorbild der Jugend Deutschlands und mit denselben bösen Folgen. Die blieben nicht aus, als 1938 nach dem „Anschluß" des Sudetenlandes an das „Dritte Reich" die sudetendeutsche Jugendbewegung gleichgeschaltet und von oben politisch eindeutig auf den Führerkult ausgerichtet wurde. Meine Schwester avancierte im BdM, dem offiziellen „Bund deutscher Mädchen", zur Untergauführerin und war nun plötzlich in ein straffes System eingeordnet. Aus Berlin kamen nun höhere „Führerinnen", die

„Schwung in die Sache" bringen sollten und wegwerfend von der bisherigen „Gefühlsduselei" redeten. Es waren sehr merkwürdige Typen darunter, die jetzt das Sagen hatten; einigen merkte man an, daß sie aus der Berliner Halbwelt stammten, denn ihr Hauptziel war es offensichtlich, den Mädchen beizubringen, wie man „Jungs heiß macht". Das war zuviel für Irmgard, sie legte ihr Amt nieder und wurde Lehrerin; bis an ihr Lebensende kam sie nicht von der Empörung über dieses Pack los, das sich in „höherem Auftrag" damals breitmachte. Jetzt stimmte sie mit dem Vater völlig überein, der mit seinen grimmigen Kommentaren über das, was über die Grenze als Verwaltungs- und Parteipersonal hereinquoll, nicht zurückhielt und daher bald mit der Gestapo Bekanntschaft machte. Nun war er plötzlich wieder der „rote Prinz", obwohl er doch im Oktober 1938 im allgemeinen Freudentaumel der „Heimkehr ins Reich" ein Gedicht veröffentlicht hatte, das folgendermaßen begann: „Befreites Heimatland, herbstsonnengold-durchflutet, liegst wieder da, von unsrer Lieb' umweht ..." Da schon 1918 die Sozialdemokraten Altösterreichs den Anschluß der deutschen Regionen Böhmens an Deutschland gefordert hatten, war es für ihn immer selbstverständlich gewesen, daß das nationale Selbstbestimmungsrecht – von Woodrow Wilson und Lenin gleichermaßen proklamiert – auch für die Deutschen gelten müsse. Daß es unter völlig anderen, nämlich pervertierten Bedingungen 1938 von Hitler durchgesetzt wurde und den Deutschen Böhmens nur Blut, Tränen und schließlich den Verlust der Heimat bringen sollte, daran dachten damals wohl nur die Sozialdemokraten und die Kommunisten, die, mit dem Blick über die Grenze und durch ihre Schicksalsgenossen aus dem „Reich" informiert, sehr wohl wußten, welchen Schrecknissen sie – und nicht nur sie – entgegengingen.

Die schönsten Sommerferien meiner Kindheit sind mit der Erinnerung an die Schwester verbunden, allerdings auch mit ihrem Bemühen, mir das Blockflötenspiel beizubringen; eine vergebliche Anstrengung. Aber da sie mir so gut wie alles verzieh, kam sie auch darüber hinweg. Ich war eben das verzogene Nesthäkchen, von träumerischem Eigensinn, den sie vermutlich mochte. Sie selbst hatte auch ihren Eigen-Sinn, der sich unter anderem darin äußerte, daß sie meinem reformpädagogischen Vater in fast allen Dingen undiplomatisch widersprach. Meine Mutter hatte jedenfalls all ihre böhmische Liebenswürdigkeit aufzuwenden, um weithin schallende Auseinandersetzungen zwischen Vater und Tochter zu vermeiden oder wenigstens abzukürzen.

Thusnelda-Irmgard verlobte sich schon früh, teils weil sie der väterlichen Oberherrschaft entfliehen wollte, teils weil ein freundlicher Mensch auftauchte, bei meinem Vater brennendes Interesse für Botanik bekundete, womit er dessen Herz sofort gewann. Der junge Naturfreund wollte eine Heilkräuterapotheke eröffnen, und so raffte der potentielle Schwiegervater alles Ersparte der Familie zusammen, um dies zu ermöglichen. Die Sache lief aber bald schief, das Geld ging für Verbindlichkeiten bei der Abwicklung des Konkurses drauf, und der Verlobte verschwand mit dem pathetischen Versprechen, es auf jeden Fall zurückzahlen zu wollen. Für meine arme Schwester war dies die erste und wohl größte Enttäuschung ihres Lebens. Die Tragikomödie hatte später noch ein sehr passendes Ende. Zwar war der Bräutigam mit den soliden tschechischen Kronen der zwanziger Jahre verschwunden, aber als „Mann von Ehre", wie er schrieb, zahlte er Ende 1944 den Betrag in völlig wertlosen Reichsmark zurück; kurzum eine redliche Seele, nimmt man den Nominalwert des Geldes für „bare Münze". Nach dem Kriege entschloß sich die Schwester, die – wie sie in heftigen Auseinandersetzungen mit dem Vater leidenschaftlich hervorstieß – nicht als „alte Jungfer sterben" wollte, zu einer schwierigen Ehe. Sie hatte zwei muntere Kinder, Olaf und Michael, die sich dann im Leben gut zurecht zu finden wußten. Aber das erlebte die Mutter nicht mehr. Mit 52 Jahren raffte sie der Krebstod dahin – ein qualvolles Ende wenige Wochen nach dem Tode unserer Mutter. Das Leben hatte ihr wahrlich keinen üppigen Tisch bereitet, obwohl sie ein großes Talent hatte, mit wenigem glücklich zu sein und über die geringsten Scherze Lachtränen vergießen zu können. Dann liefen ihr dicke Perlen über die Backen und ihre starke Brille beschlug sich. Vielleicht mochte sie mich gerade deshalb so sehr, weil ich – wie der Vater halb tadelnd, halb anerkennend bemerkte – der „Familien-Kasper" war. Und geblieben bin, denn meine eigenen Kinder sind ebenfalls voll des belustigten Tadels über ihre oft sehr albernen Eltern. Als wir an einem strahlenden Vorfrühlingstag die Schwester auf unserem Deisenhofener Friedhof bestatteten, fiel es mir schwer, wirklich traurig zu sein. Sie hatte zuletzt unsäglich gelitten; mancher nagende Kummer ihres Lebens war nun ausgelöscht. In den sonnenerleuchteten Blütenkelchen der Kränze und Sträuße krabbelten erste Bienen, der Himmel war föhnblau, und nun lag sie dicht neben der Mutter, an der sie mit tiefer und oft verzweifelter Liebe gehangen hatte. Die Worte des Pfarrers am Grabe waren konventionell, wie konnte es anders sein? Mir aber gingen die Worte des hl. Augustinus durch den Sinn: „Unruhig ist unser Herz, bis es ruht in Dir, o Herr."

Der Bruder Karl, vier Jahre älter als ich, schlank und sportlich, blieb willig anerkanntes Vorbild, obwohl er anders war als ich, nämlich ein guter Mathematiker, ganz auf Physik und Technik fixiert. Er wollte Ingenieur werden und in Rumänien, wo er zuletzt als Soldat stationiert war, nach dem Kriege Brücken und Straßen bauen. Noch 1944, bei seinem letzten Urlaub, brachte er Schinken, Fleisch und Schokolade mit aus einem Land, in dem noch während des Krieges „Milch und Honig floß". Deutsch, mein Lieblingsfach, hat Karl gehaßt, und jedes Aufsatzthema geriet ihm zur Katastrophe. Manchmal konnte ich helfend einspringen, etwa bei Hausarbeiten, wenn er düster über einer Bildbeschreibung brütete. Einmal ging es um Ludwig Richters Holzschnitt „Turmblasen in der Neujahrsnacht." Nach Stunden stand folgender einsame Satz auf seinem Blatt: „Auf dem Turme erblicken wir vier Bläser." Das war meine Chance, denn nun konnte ich ihm meinen Text in die Feder diktieren. Dafür durfte ich beim Bau von Segelfliegern helfen, wenn er mir auch nur niedere Arbeiten anvertraute.

Karl meldete sich 1938 sofort zur Flieger-HJ, nicht aus

ideologischer Überzeugung, sondern weil er Segelfliegen wollte. Die Sommerwochen im Fliegerlager müssen die schönsten seines kurzen Lebens gewesen sein. Wenn er zurückkam, braungebrannt und mit leuchtenden Augen, war des Erzählens kein Ende: Wir *mußten* einfach alles miterleben, und wenn er seine ersten Flüge schilderte, das Schwirren der Flügelverspannung und das Hinweggleiten der Landschaft unter ihm, dann standen ihm auch die richtigen Worte zu Gebote, die er bei den „Turmbläsern" vergebens gesucht hatte. Erst viel später wurde mir klar, wie sehr der Nationalsozialismus mit seiner Technikbegeisterung junge Menschen an sich zog: in der Flieger-HJ, der Motorrad-HJ und der Marine-HJ. Waren bislang Flugzeug und Motor im wesentlichen eine Sache der „upper classes" gewesen, kamen jetzt viele an die chromblitzenden „Kultgegenstände" heran, die sie faszinierten. Es war Technik-Kult als Köder der Ideologie, aber doch noch mehr, nämlich eine Form partieller Jugendemanzipation, wobei kaum einer bemerkte, in welch strenge Abhängigkeit er in allen anderen Lebensbereichen geriet. Ganz zu schweigen davon, daß dem Flug übers Land später nur zu oft der Tod im Kriegsflugzeug folgte, dem knatternden Motorradglück das Ende im brennenden Panzer und der Freiheit der großen Fahrt auf dem Segelschulschiff der Erstickungstod im versenkten U-Boot. Auch Karl ist nicht wiedergekommen, aber wenn ich meinen Sohn ansehe, der denselben Namen trägt und ihm auch etwas ähnlich sieht, dann möchte ich das Schicksal bitten, es möge dafür sorgen, daß es den Eltern erlaubt sei, vor ihren Kindern ins Grab zu steigen.

Der Hausgeist

Der Großvater mütterlicherseits hatte in seinem Wiener Weißwarengeschäft eine hübsche und tüchtige Näherin, ein echtes Wienerkind namens Franziska. Als er den Laden für „feine Damen- und Herrenwäsche" aufgeben mußte und in seine böhmerwäldische Heimat zurückkehrte, ging sie als

Hausgehilfin mit, und zwar mit ihrem Kind, denn die gutherzige Person hatte sich bei einem Urlaub im Waldviertel von einem reichen Müller schwängern lassen. Obwohl er ledig war, heiratete er nicht das verzweifelte Mädchen, sondern eine verwachsene reiche Müllerstochter, „schiach" und kränklich, aber Geld mußte wieder einmal zu Geld; die Ehe blieb kinderlos. Franziskas Bub, Friedel, wuchs bei meinen Großeltern auf, ging dann in eine Kaufmannslehre und kehrte als junger Mann wieder nach Wien zurück. Seine Mutter, nun schon bei Jahren, kam deshalb in unser Haus nach Tetschen und hatte bei uns, wie es so schön heißt, das „Gnadenbrot", verwöhnte uns Kinder mit „Zuckerln", die sie nach eigenem Rezept aus Eibischsaft herstellte, und verrichtete leichtere Arbeiten. Meinen Vater brachte sie öfters zur Weißglut, wenn sie allen Schwierigkeiten mit der heiter-resignierten, echt wienerischen Redewendung „S'wird scho wie wearn" aus dem Wege ging. Wir Kinder hörten ihr gern zu, wenn sie aus ihrer Jugendzeit erzählte. Ihr Vater, offenbar ein musikalisches Urtalent aus Böhmen, war noch mit der Tanzkapelle des jüngeren Johann Strauß durch die Beisln und Weinlokale Wiens gezogen. Deshalb hatte Franziska auch die Idee, meine Mutter solle wegen ihres virtuosen Geigenspiels in eine der damals modernen Damenkapellen eintreten und damit in das Milieu der Wiener Demimonde um die Jahrhundertwende. Die Großmutter, dem Geld nicht abhold und im übrigen voll bäuerlichen Mißtrauens gegen die „G'studierten", fand an diesem Vorschlag Gefallen, aber ihr Gatte, ansonsten seiner Frau heiter-fatalistisch gehorsam, widersetzte sich diesem Projekt voller Ingrimm, und so kam meine Mutter statt ins Wiener Unterhaltungsmilieu nach Böhmisch-Budweis in die „k.u.k.-Lehrerinnenbildungsanstalt". Franziska war schon achtzig Jahre, als sie 1945 mit uns aus dem Haus geworfen wurde, aber da sie noch die österreichische Staatsangehörigkeit hatte, durfte sie unter besseren Bedingungen als die Sudetendeutschen zu ihrem Sohn nach Wien ausreisen. Wir konnten ihr sogar einige Sachen mitgeben, die wir uns dann später wieder holten. An einem regentrüben Morgen fuhren wir sie in einem Leiterwägelchen auf den

Bahnhof, ein Häufchen Unglück. Sie weinte bitterlich und murmelte zwischendurch geistesabwesend: „Besucht's mi fei bald in Wean!" Dort ist sie kurz darauf gestorben. Ihre Enkelin, das Luiserl, ein zauberhaft schönes Mädchen, wurde Mannequin, ging nach Paris und heiratete dort – eine Traumpartie – einen französischen Grafen; aber das hat ihre Großmutter nicht mehr erlebt. Sehr viel später, während eines Studienaufenthalts in Paris, traf ich Luiserl und staunte, was aus dem Wiener Vorstadtkind geworden war: Eine vollkommene Dame; doch sie besaß immer noch jenen kindlichen Charme, für den man in der Donaumetropole das Wort „herzig" erfunden hat.

Die „Gärtnerin aus Liebe"

Hinter unserem Haus, also zwischen der Kudlichstraße und der überregionalen Kamnitzerstraße, lagen die weiten Felder einer Gärtnerei, die von einem sehr ungleichen Ehepaar bewirtschaftet wurden. Er – schon recht betagt und halb blind – sie hingegen noch in den vielberufenen „besten Jahren", die bekanntlich den wirklich guten Jahren folgen, wobei der Superlativ als Beschwörungsformel gelten kann. Abgesehen von ihrem beträchtlichen Kropf, durfte die Gärtnerin in der Tat als eine stattliche Person gelten, und das fand auch Monsieur Jules Gauthier, ein französischer Kriegsgefangener, der seit 1940 der Gärtnerei als Zivilarbeiter zugeteilt worden war, und so war es bald kein Geheimnis, daß er seiner Dienstherrin viel näherstand, als es die „Haager Landkriegsordnung" von 1899 vorsah und gestattete. Ihr Gatte war mit dem Stand der Dinge offenbar einverstanden, denn Jules entlastete den Betagten in Feld und Bett auf erfreuliche Weise.

Mein Vater, der Monsieur Gauthier mit freundlichem Sarkasmus nur den „Herrn Kriegsgefangenen" nannte, sah in diesem allgemein bekannten Stand der Dinge einen begrüßenswerten, aus dem Leben unmittelbar hervorgehenden Schritt auf ein geeintes Europa hin; letzteres propagierten damals die Nazis in steigendem Maße, nicht zuletzt deshalb, weil sie seit dem Krieg gegen die Sowjetunion mit seinem erschreckend hochschnellenden Verschleiß von „Menschenmaterial" auch europäische Hilfstruppen aus dem besetzten Europa anheuerten. Monsieur Jules Gauthier war im übrigen ein freundlicher rundlicher Südfranzose und als Landwirt trefflich für die Gärtnerarbeit geeignet; ohne ihn ging bald überhaupt nichts mehr. War er einmal krank, erhob sich allseits großer Jammer; die Nachbarschaft spendete warme Unterhosen, stärkende Mittel, und die wehklagende Gärtnerin – mein Vater nannte sie, auf die Mozart-Oper anspielend, die „Gärtnerin aus Liebe" – tat ein übriges, das Mitleid ringsum wachzuhalten. Wie gutmütig Herr Gauthier war, merkten die Gärtnersleute erst nach 1945, als sie elend und vertrieben in Thüringen saßen und ihnen ihr ehemaliger Kriegsgefangener regelmäßig aus seiner Heimat Lebensmittelpakete schickte – als Dank für vieles... Es war dies einer jener zahlreichen Fälle, wo die vielbelächelten „kleinen Leute" auf ihre Weise Katastrophen mildern, die in den machtgeilen Chefetagen der großen Politik ausgeheckt worden sind. Mir selbst vermittelte die „Gärtnerin aus Liebe" jenseits des Zauns erste – und wie ich eingestehen muß – spannende Einblicke in das Widerspiel von Sein und Schein dieser Welt, wie die Leute wirklich, nämlich sehr realistisch über Liebe und Leben denken – ohne die Spruchbänder einer heuchlerischen Moral, die zumeist denen aus dem Maul hängen, die am schwersten gegen sie verstoßen.

Die Bibliothek meines Vaters

Häufige Krankheit war mein Weg in die Bücherwelt, die mir das vielzitierte „richtige Leben" monatelang ersetzen mußte. Schon während der Volksschulzeit hatte ich oft das Bett zu hüten und stand dann bleich und dünn von meinem Krankenlager auf. Einmal nach einer schweren Diphtherie – ich war damals acht Jahre alt – mußte ich sogar das Gehen wieder lernen. Die Großmutter meines Freundes Hans brachte mein Befinden auf ihre Weise lakonisch unter die Leute: „Der Prinz-Fritzl is schon ganz griene (grün), der mocht's nimmer lang." Gerade bei dieser Erkrankung lag ich mehr als sechs Wochen in der städtischen Klinik, und zwar in einem großen hellen Saal mit mehr als zwanzig Infektionskranken, die man hier in Quarantäne hielt. Dieses Massenquartier wurde für mich eine neue Erfahrung, denn es lagen da auch mehrere Soldaten der tschechischen Garnison, die auf dem Tetschner Schloß stationiert war, zumeist Deutsche, die aber sowohl tschechische Soldatenlieder als auch die Schlager der Saison durch den Raum schmetterten, vor allem den damaligen Hit: „Regentropfen, die an dein Fenster klopfen, das merke dir, es ist ein Gruß von mir . . ." Kein Wunder, daß ich beim flotten Rhythmus solcher ungewohnter Weisen – zu Hause gab es nur Klassik, Kammermusik oder Volkslieder – wie verrückt im Bett herumsprang. Das sollte mir schlecht bekommen, denn plötzlich lag ich auf dem Rücken, Arzt und Schwestern eilten mit Spritze und Eisbeuteln herbei und zwangen mich mit quer über das Bett gespannten Gurten ganz still zu liegen: eine akute Herzschwäche, ausgelöst durch die Diphtherie.

Aus der Soldatenecke hatte ich „Schundhefte" zum Lesen bekommen, zerfledderte Liebesromane und Abenteuergeschichten, deren billige Erotik ich mehr erahnte als verstand. Vielleicht verschlang ich sie gerade deshalb mit angeekeltem

Interesse, vergaß sie aber sofort, als ich wieder zu Hause war, aber noch weitere vier Wochen im Bett bleiben mußte. Jetzt las ich das, was mir Vater und Mutter herbeischleppten – bergeweise, und obgleich ich eigentlich schon über das Alter hinaus war, verschlang ich vor allem Märchenbücher: Grimms Märchen, Hauffs Märchen – darin besonders „Das kalte Herz", das ich immer wieder vornahm, und Hans Christian Andersens Sammlung. Lesen empfand ich damals durchaus nicht als Lebensersatz, eher genoß ich es als Droge. Mein Vater muß dies erkannt haben, denn er suchte mich, sobald ich wieder gesund war, von diesem „Leselaster" loszubekommen. Aber sein Heilmittel, „gesunde Gartenarbeit und Sport", schlug nicht an. Vielleicht deshalb, weil ich im Grunde sein Einverständnis mit meiner Lesewut verspürte und daher seine erzieherischen Mittel nicht ganz ernst nahm.

Mit Büchern bin ich also aufgewachsen, mit Büchern lebe ich und wenn ich abends durch meine Bibliothek gehe – so wie dies mein Vater auch immer in der seinigen getan hat –, dann ist mir einfach wohl. Ich nicke geliebten Autoren zu, ziehe ab und an einen Band heraus, um zu lesen oder auch nur um wieder einmal eine bestimmte Stelle zu suchen, die mir besonders gefallen hat: Einen Aphorismus, eine wissenschaftliche Sentenz, die Sarkasmen der französischen Moralisten oder gar die bitteren Lebensweisheiten des Predigers Salomon (des „Kohelet") – ein erratischer Block in der Geschichte des Volkes Israel, zeitlos gültig, zeitlos modern. Bücher – das sind Gespräche über Jahrhunderte, ja über Jahrtausende hinweg, man kann nicht früh genug damit beginnen.

Ich begann schon sehr früh damit, teils vom Vater geleitet, mehr noch aber auf eigene Faust, nämlich mit der Suche nach jenen Büchern, die in den Schränken hinter der repräsentativen vorderen Reihe standen; denn dort gab es die besten Entdeckungen: Dr. August Forel, „Die sexuelle Frage", ein um 1900 weitverbreitetes Aufklärungsbuch, oder Thomas Manns Werke; dann Literatur über die Freimaurer, jüdische Autoren, Lion Feuchtwanger etwa, Otto Weininger, „Geschlecht und Charakter", und die „Fackel"-Hefte des genialen Literatur-

Masochisten Karl Kraus, der aus einem einzigen Grammatik-Fehler spielend den Weltuntergang der Kultur ableiten konnte. Daneben fand sich Julius Langbehns „Rembrandt als Erzieher", mit vielen Fragezeichen und ironischen Glossen des Vaters markiert, Alfred Rosenbergs „Mythos des zwanzigsten Jahrhunderts", in Vaters winziger Schrift ebenfalls sarkastisch kommentiert, und natürlich die rhapsodischen „Botschaften" Friedrich Nietzsches, die mir sofort weggenommen wurden: „Das ist nichts für einen jungen Menschen! Lies lieber Alexander von Humboldts ‚Kosmos'". Das mochte wiederum ich nicht. Ich staunte jedoch über die Rabiatheit, mit der mir der Vater die Nietzsche-Lektüre verbot; es war sonst nicht seine Art.

Halb Verstandenes, kaum Verstandenes also, aber Stoff genug zum Nachdenken, Antizipation späterer Erkenntnisse, Umkreisen fremder Gedanken. Es gab vieles, worauf mich der Vater nach seinen eigenen Interessen hinlenken wollte, mit wenig Erfolg. An bevorzugter Stelle prangten die vielbändigen botanischen Sammelwerke von Engler und Hegi, ferner geologische Kompendien mit grellbunten Gesteinskarten, teure Werke, die ich aber eher mied. Wesentlich anziehender war dagegen ein mehrbändiges, reich illustriertes Prachtwerk mit dem vielversprechenden Titel „Weltall und Menschheit", stattliche Lexikonbände mit kostbaren Kupferbeschlägen in Jugendstilornamentik, in denen die Erd- und Menschheitsgeschichte, die Naturvölker, die bedrückende Öde der Mondoberfläche und die bunten Kreisel um Jupiter und Saturn und vieles andere mehr dargestellt waren. Die Pyramiden und ihre wirklichen oder angeblichen Geheimnisse, Naturkatastrophen wie der Ausbruch des Vulkans Krakatau oder die Zerstörung Catanias und Messinas durch die Lavamassen des Ätna kamen ebenso in grellen Farben zur Darstellung wie die Fortschritte von Werkzeugen und Waffen im Verlaufe der Menschheitsgeschichte – bis hin zum Zeppelin, zum Schlachtschiff und zu Krupps Superkanonen, mit denen dann im Ersten Weltkrieg Paris beschossen wurde. Kurz, ein unerschöpfliches Reservoir widersprüchlicher Erscheinungen, die unter dem etwas gewaltsamen Aspekt eines unaufhaltsamen Fortschritts der Menschheit zusammengefaßt waren. Aus demselben Arsenal des Fortschrittsglaubens um 1900 stammten die Werke Ernst Haeckels, über dessen „biogenetisches Grundgesetz" in dieser Zeit offenbar viel diskutiert wurde. Der berühmte Chemiker Wilhelm Ostwald, mit dem mein Vater in brieflicher Verbindung stand, hatte den freidenkerischen „Monistenbund" gegründet, und so fand ich auch dessen „Monistische Sonntagspredigten" in der Bibliothek, eine Lektüre, die mich langweilte, wenn ich auch nicht sagen konnte, warum. Irgendwann mußte der Vater etwas mit dem organisierten Freidenkertum zu tun gehabt haben, denn er schwärmte sehr von einem internationalen Kongreß der deutschen Logen, der vor dem Ersten Weltkrieg in Prag stattgefunden hatte und mit Mozarts „Zauberflöte" eröffnet wurde. Sein schroffes Urteil über Kirche und „Pfaffentum" hing wohl damit zusammen, daß er zwar aus einer stockkatholischen Familie stammte, sich aber schon sehr bald und wohl auch gewaltsam vom Elternhaus distanzierte. Je stärker die religiöse Bindung gewesen, umso größere Energie erforderte die Loslösung. Es kam aber noch ein anderer Grund hinzu, der ihn dem Elternhaus entfremdete. Meine Mutter ließ viele Jahre später einmal durchblicken, er habe es seinem Vater bis zum Lebensende nie verziehen, daß er nicht an die Universität gehen durfte, sondern Lehrer werden mußte. Da in Prag eine Kusine als Gouvernante im Palais des Fürsten Liechtenstein lebte, hätte er sicher bei ihr Quartier nehmen und mit wenig Geld studieren können. Zwar wurde er dennoch ein geachteter Botaniker, mit dem zahlreiche Universitätsinstitute in Fragen der Flora Böhmens gern zusammenarbeiteten, aber seinem Ehrgeiz war dies offenbar nicht genug. Um so größer seine Enttäuschung, daß weder mein Bruder noch ich Interesse für Botanik zeigten, eine Wissenschaft, die damals bei vielen an die Stelle der positiven Religion getreten war, als Naturfrömmigkeit.

Kriegsliteratur, die beim Vater meines Freundes Hans Kahabka überreichlich vertreten war, fehlte bei uns völlig, sie interessierte mich auch nur wenig. Ästhetisch fesselte mich hingegen die vierzigbändige Goethe-Ausgabe der deutschen Freimaurerlogen aus dem Gedenkjahr 1932, dunkelblaue elegante Bände mit blütenweißem Büttenpapier, deren Inhalt mir aber noch verschlossen blieb. Das galt auch für die anderen Klassiker-Ausgaben, die ich erst während des Krieges las, ausgenommen Gottfried Kellers „Grünen Heinrich", der schon sehr bald meine Lieblingslektüre wurde, da vor allem die Jugendgeschichte der ersten Roman-Fassung Parallelen zu meinem eigenen Erleben aufwies, die mich oft verblüfften. Etwa die Geschichte mit dem Bettler, dem der junge Heinrich eine Münze geben will, aber zurückzuckt, weil dies ja nur eine egoistische Tat sei, um Gott für sich selbst gnädig zu stimmen, und somit keine wirklich gute, nämlich selbstlose Tat. Schließlich gibt Heinrich dem Bettler das Geldstück doch, damit wenigstens er etwas davon habe und nicht durch die eigenen Zweifel um das Seinige komme. So hatte ich es schon selbst erlebt. Charles Dickens war ein weiterer Lieblingsautor, wohingegen ich mit dem vielgepriesenen Don Quijotte nichts anfangen konnte – bis zum heutigen Tag.

Dann gab es die ganz alten Bücher, in Schweinsleder gebunden, geprägt mit Figuren und Ornamenten und durch Messingspangen verschlossen: Matthäus Merians Topographie Deutschlands aus dem 17. Jahrhundert mit den berühmten Stadtansichten; der letzte Band (Böhmen und Mähren) ging dann 1946, ehe wir selbst abtransportiert wurden, wie noch zu berichten, an unseren Helfer Dr. Horák. Ferner gab es dicke, illustrierte Reisebeschreibungen über Rußland, Persien, Indien und China, ebenfalls mit vielen Kupferstichen, die mich aber damals weniger interessierten; dafür habe ich mir einige davon später in Münchner Antiquariaten wieder gekauft. Lief dies unbewußt auf den Versuch hinaus, die väterliche Bibliothek wieder herzustellen? Vielleicht spielte dies auch eine Rolle, aber jetzt verstand ich die Botschaft der dicken Folianten: Es sind für mich köstliche Lesebücher mit vielen Geschichten, ethnographischen Kuriositäten und kulturgeschichtlichen Informationen: Der neugierige und manchmal auch nur gierige Blick des kolonialisierenden Europa auf die Dritte Welt, die damals noch fast unversehrt vor den fremden Seefahrern, Händlern und Abenteurern lag und Bewunderung erregte, vor allem die Hochkultur Chinas.

Das waren allerdings spätere Erkenntnisse, denn in der väterlichen Bibliothek bevorzugte ich eher die zahlreichen Kunstbände der Verlage Seemann, Bruckmann und Schroll, ebenso die Stöße des Münchner „Simplizissimus" mit seinen Satiren, den ästhetisch perfekten Obszönitäten und halbseidenen Gesellschaftsbildern von Ferdinand Reznicek: Monde und Demimonde. Dazwischen die bis heute aktuell gebliebenen „Briefe des bayerischen Landtagsabgeordneten Jozef Filser" von Ludwig Thoma samt Thönys Illustrationen. Die Bibliothek war für mich das Tor in die Welt, ehe ich die Welt selbst kennenlernen sollte: Vorwegnahme zuerst und später oft Déjà-vu-Erlebnis. Da mein Vater selbst der eifrigste Leser war, hatten die Bände einen dezenten Pfeifentabakgeruch, und obwohl ich Nichtraucher bin, stört mich auch bei meinen eigenen antiquarischen Büchern dieses Tabakrüchlein nicht. Die Mönche in den Klosterbibliotheken und die fürstlichen Hofbibliothekare müssen jedenfalls einen starken Knaster geraucht haben, der die Bände für Jahrhunderte beizte und sie dadurch wohl auch für Bücherwürmer der niederen Art ungenießbar machte. Was mich bis heute am meisten schmerzt: Aus der väterlichen Bibliothek habe ich bisher kein Stück in deutschen Antiquariaten wiedergefunden. Ich würde es sicher sofort kaufen, aus Pietät und zugleich auf der Suche nach der verlorenen Zeit.

Schul- und Abwege

Es war ein ziemlich langer Weg von unserem Haus in der Kudlichstraße an der waldigen Peripherie der Stadt bis zu dem Platz im Zentrum, an dem die Volksschulen, die Bürgerschulen und das Gymnasium lagen. Im Sommer ging es sich barfuß sehr angenehm auf dem warmen, oft heißen Pflaster aus blaugrauem Basalt, und im Winter rutschte man mit eisenbeschlagenen Schnürschuhen aus der oberen Stadt in das tiefer gelegene Schulviertel; übrigens sehr zum Ärger der Erwachsenen, die leicht auf unseren langen Schlitterspuren ausglitten. „Tschundern" nannten wir diese beliebte Sportart, bei der man überdies die Mädchen schubsen und sich an ihrem gespielten Geschrei weiden konnte.

Tagtäglich kam ich auf dem Schulweg am Hause meines ersten Taufpaten Friedrich Laube vorbei, eines bekannten Pädagogen und Imkers mit schönem weißen Bart und schwarzem Hut sowie einer getönten Brille, die er seiner empfindlichen Augen wegen tragen mußte. Er hatte eine angenehme dunkle Stimme, und so störte mich an ihm auch nicht eine unter Lehrern weit verbreitete Eigenschaft, nämlich lang und umsichtig über Welt und Menschen zu reden; auch würzte er seine Darlegungen mit freundlicher Ironie, die ihm im Schulzimmer sicher zugute gekommen sein mag. Seine physikalischen Experimente waren berühmt, auf diesem Felde lag mein Vater mit ihm in freundschaftlichem Wettstreit.

Waren die mächtigen Schulgebäude, die ich der Reihe nach betreten mußte, meist in der zweiten Hälfte des 19. Jahrhunderts im liberalen, schulfreundlichen Klima Altösterreichs erbaut worden, so schlich ich mich mit meinen Freunden sehr schnell an dem modernen Schulgebäude an der Kamnitzerstraße vorbei, das in den zwanziger Jahren für die tschechischen Kinder entstanden war; ein viel zu großer Bau für die 7 Prozent Tschechen in der Stadt, meist Beamte, Polizisten und Angestellte der neuen Staatsverwaltung, die erst nach 1918 hergekommen waren. Um diesem oft gerügten Mißstand der Unterbelegung abzuhelfen, warb die tschechische Schulverwaltung eifrig unter deutschen Arbeitern, ihre Kinder in die neue, schöne Schule zu schicken. Das brachte den Familien auch materielle Vorteile, und so geschah es immer wieder, daß in der Volksschulzeit Mitschüler aus unserer Klasse verschwanden und dann auf dem Weg in die neue Prachtschule gesichtet und auch verspottet wurden. Wir drückten uns auch deshalb rasch an diesem Bau vorbei, weil immer wieder erzählt wurde, daß es zu Prügeleien zwischen tschechischen und deutschen Schülern gekommen sei. Ob dies so war, weiß ich nicht, denn mir selbst ist nie dergleichen zugestoßen, und im allgemeinen dürften die Auseinandersetzungen nicht das Normalmaß solcher Konkurrenzkämpfe überschritten haben, die es auch zwischen deutschen Schulen gab.

Kurz vor meinem Schulgebäude und nur durch eine Bahnlinie von demselben getrennt, lag die Turnhalle mit dem Sportplatz, beides Orte meines jämmerlichen Versagens: Die Reckstange und der Barren – Folterinstrumente für den kränklichen Knaben, dessen Fehlleistungen vom Gejohle vor allem jener Schulkameraden begleitet wurden, die ansonsten gern bei mir abschrieben oder sich Latein übersetzen ließen. Die Revanche im Turnsaal muß ihnen ein lebensnotwendiger psychischer Ausgleich gewesen sein.

Es waren allerdings auch einige wirklich rohe Burschen darunter, und von denen ließ ich mich einmal hinreißen, nach Ende des Unterrichts – das dürfte in der vierten Volksschulklasse gewesen sein – durch die Stadt in Richtung Elbbrücke zu ziehen, ein grölendes Rudel, das auf irgendein Spektakel aus war, von dem ich aber nichts wußte. In der Brückengasse blieben wir wie auf Kommando stehen, und plötzlich schrien alle zum offenen Fenster im ersten Stock eines verwahrlosten Hauses hinauf: „Zippe, Zippe, schau raus!" Sofort fuhr oben der Kopf einer alten Frau heraus, deren wirres Haar ihr ins Gesicht hing. Sie schrie und fuchtelte mit der Faust, unser Chor steigerte sich: „Zippe, Zippe" brüllte die Meute und löste damit ein tierisch klingendes Heulen am Fenster aus. Es war eine Geistesgestörte, die ganz allein lebte. Meine Spießgesellen schlugen mir lachend auf die Schulter, zeigten sich sehr angetan von ihrem Streich, und ich war feige genug, in den allgemeinen Jubel einzustimmen, obwohl mir die Frau leid tat. Die arme verstörte „Zippe" fiel mir dann 1945 ein, als ich mit meinem Häftlingstrupp von der Elbe heraufkommend, blutverkrustet von den Schlägen der Bewacher an dem alten Haus vorbeitrottete, unwillkürlich emporsah und nur noch zerschmetterte Fensterscheiben erblickte. War sie tot, erlöst oder wie Tausende anderer elbabwärts zur sächsischen Grenze getrieben worden? Ich wußte es nicht; aber mir schoß der irrwitzige Gedanke durchs Hirn, daß mein jetziger Zustand eine Strafe für mein Mitgrölen war.

Genau gegenüber, auf der anderen Straßenseite hatte mein Freund Gerhard Hanika gewohnt, ein guter Klavierspieler und Rilke-Enthusiast, der mich unermüdlich für die „Sonette an Orpheus" begeistern wollte, denen ich aber damals nichts abgewinnen konnte. Dafür fuhren wir gemeinsam nach Aussig ins Stadttheater, an dem Fritz Rieger, später Generalmusikdirektor in München, wirkte. „Die Zauberflöte" und „Fidelio", das waren die Opern, die ich, damals fünfzehnjährig, mit der Empfänglichkeit der ersten Jugend sah, nein, erlebte und erfühlte, während ich die Abende mit meinen Eltern in der Dresdner Semper-Oper nur noch dunkel in Erinnerung hatte. Geblieben ist von Dresden nur der rotgoldne Glanz des riesigen Theaterraums – eine Muschel voll Musik und gedämpftem Licht, der diskrete Duft feiner Damenparfüms und der Beifall am Ende.

Unserem Haus gegenüber zog sich entlang eines Baches ein breiter Laubwaldstreifen, der für uns Schauplatz eines manchmal erbitterten Bandenkrieges war. Es gab Reviere, die unentwegt gegen feindliche Eindringlinge verteidigt und durch festungsartigen Höhlenbau gesichert werden mußten. Auch ich war der Anführer einer solchen „Bande", in der es aber – so der Hohn gegnerischer Bandenführer – auffällig viele Krankenschwestern gab. Wir begnügten uns aber nicht mit der Verteidigung „unseres" Waldstücks, sondern unternahmen, mit Zwieseln und Kastanien bewaffnet, auch Einfälle in „Feindesland", um dortige Bastionen oder Höhlen zu zerstören und auf naheliegende Art zu verunreinigen. Schrammen und Beulen gab es bei solchen Unternehmungen zur Genüge; wenn das Treiben zu toll wurde, mischten sich die jeweiligen Eltern ein und erzwangen einen längeren „Burgfrieden", der dann irgendwann wieder durch eine unerhörte Provokation auf der Straße – etwa durch Luftauslassen bei gegnerischen Fahrrädern – gebrochen wurde. Warum mir dieses Treiben mit zehn bis zwölf Jahren Spaß machte, ist mir bis heute unklar. Möglicherweise war es ein unbewußtes, kindisches Ausweichen vor dem permanenten Bildungsdruck des Elternhauses oder ein Imponierbedürfnis gegenüber der angebeteten Nachbarstochter Inge, die in meiner „Bande" – wie könnte es anders sein – als „Oberkrankenschwester" fungierte, ohne daß ich damit ihrem kühlen Herzen auch nur einen Zentimeter nähergekommen wäre.

Wie dem auch sei, diese Unternehmungen waren jedenfalls viel aufregender als der offizielle HJ-Dienst im weit entfernten Stadtteil Altstadt, der in einer nach Karbolineum stinkenden Baracke stattfand. Den nächtlichen Nachhauseweg scheute ich sehr, denn er führte am dunklen, mit Schutt, ausrangierten Waggons und Notunterkünften umstellten Bahnhofsgelände vorbei, eine Zone, in der sich während der Kriegsjahre ein schwer wahrnehmbares und gerade deshalb unheimliches Leben entwickelte: Man hörte unterdrückte Schreie, rohes Gelächter, Fetzen von Radiomusik, knallende Türen. Ich war immer froh, das Gelände unbehelligt passiert zu haben, so sehr mich andererseits diese ungeordnete Welt wieder anzog. Wenn ich die vertraute Kudlichstraße endlich erreicht hatte, war ich heilfroh. Aber an einem stockfinsteren Novemberabend sollte mir auch dort Unheimliches widerfahren. Mein Bruder, der mein schreckhaftes Gemüt sehr wohl kannte, hatte sich in einer dunklen Ecke mit einem als Maske geschnitteten, innen rot erleuchteten Kürbis aufgestellt und kam mir lautlos entgegen.

Trotz des Fahrtenmessers mit Hakenkreuz fiel mir das Herz in die Hose, und laut schreiend rannte ich nach Hause. Ich war so verstört, daß ich gar nicht wahrnahm, daß Karl lachend und meinen Namen rufend mir folgte. Ich stürzte ins Wohnzimmer, meine Eltern fuhren aus ihrer Lektüre auf, suchten mich zu beruhigen, aber als der Bruder kurz nach mir eintrat – konsterniert und nun doch schuldbewußt –, verfiel ich erneut in einen Schreikrampf, der sich nur langsam löste und in haltloses Schluchzen überging. Nie wieder hat mich mein Bruder, der ja doch immer mein bester Beschützer und Freund war, erschreckt oder auf die Probe gestellt. Es dauerte aber noch Wochen, bis ich ihn wieder ansah. Einen Vorteil hatte die Sache für mich aber doch: Ich durfte wochenlang den blödsinnigen HJ-Dienst schwänzen.

Schule und Freunde

Die Schule war mir fast immer vergnüglich, nicht weil ich gern lernte, dagegen zeugen meine miserablen Jahreszeugnisse, die mir manche väterliche Ohrfeige eintrugen, sondern wegen des „Kontrastprogramms" zum Elternhaus, dessen frühe Bildungsansprüche mich oft überforderten. So war der Schulalltag ein neuer und haltbarer Schutzwall in mancherlei Beziehung, hinter dem ich mich verschanzen konnte, wenn ich immer noch nicht bestimmte Bücher gelesen hatte, die mein Vater dringend empfahl. Auch konnten schulische Hausaufgaben nützlich gegen übermäßige Beanspruchung durch Gartenarbeit ins Feld geführt werden, und da der Vater und die Schwester selbst den Lehrberuf ausübten und meine Mutter dies ebenfalls getan hatte, ehe sie – wie ich schon damals boshaft kommentierte – „in die Ehe abkommandiert wurde", ließ sich mit Hilfe wirklicher oder auch fingierter schulischer Pflichten ein beträchtlicher Freiraum für jugendliche „Selbstverwirklichung" ausbauen. Bis zur Militärzeit hat sich der Notenpegel nicht merklich verbessert. Das kam erst später, als ich nach Kriegszeit und Zwangsarbeit seit November 1946 in Simbach am Inn bei den

„Englischen Fräulein" auf der Marienhöhe wieder die Schulbank drücken durfte. Gute Noten stellten sich nun als sehr wichtig heraus, wenn man nur im entferntesten daran dachte, studieren zu wollen. Zu Haus war das wohl anders gewesen; außer Zeichnen, dem Deutsch- und Geschichtsunterricht und der Religionsstunde interessierte mich kaum etwas, ein Zustand, den der Vater jährlich aus gegebenem Anlaß mit der grimmigen Bemerkung quittierte: „Religion Eins – Mathematik Fünf!"

Warum ich so gern zur Schule ging, hing auch damit zusammen, daß ich mich schon früh auf die perfekte Karikierung der Lehrer spezialisierte, so daß es fast meine Pflicht wurde, nach gewissen Schulstunden unter dem Gejohle der Klasse ein knappes Resümee derselben im Originalton des Pädagogen zu geben; was mir entsprechende Vermerke in den Jahreszeugnissen eintrug („vorlaut", „Betragen läßt zu wünschen übrig" und ähnliches). Jedenfalls brauchte ich mich später nicht zu wundern, daß unsere Töchter ebenfalls imitatorische Talente zum selben Zwecke entwickelten.

Angefeuert wurde ich in meinen Lehrerparodien durch zwei Schulfreunde. Einer war Heinz Naeve, der Pianist; der andere, Hans Kahabka, wohnte nicht weit von uns, war ein Lese-Ungeheuer und ungeachtet seiner friedlichen Natur Besitzer einer ganzen Armee von Plastilin-Soldaten mit Geschützen und Panzern in großer Zahl, für deren militärischen Einsatz ich bei entsprechendem Wohlverhalten herangezogen wurde. Wohlverhalten bedeutete allerdings auch, daß unsere Sandkastenschlachten mit dem Siege seiner Partei enden mußten. Er war gewissermaßen der Besitzer von Produktionsmitteln soldatischer Lust; und dies war zu respektieren. Das nahm ich zwar meist geduldig hin, aber ab und zu packte mich doch die Wut. Dann schleuderte ich Steinbrocken in seine Truppenverbände, die dabei schweren Schaden nahmen, der auch durch sein attraktiv gestaltetes Kriegslazarett nicht mehr zu beheben war. Die Kombattanten blieben zerbrochen, zermalmt und sehr real verstümmelt. Hans heulte vor Zorn und Angst auf, seine dicke Großmutter erschien auf dem Schlachtfeld, sah die zertrümmerten Plastilin-Helden und brach in wildes Schimpfen aus: „Geh ock weg, garschtiger Fritzl, hast'n armen Hansl alle Soldaten kaputtgemacht!" Gern suchte ich dann das Weite, aber diese Gewitter zogen immer schnell vorbei, und ich wurde wieder zugelassen. Die Energie dieser Großmutter, die Tochter und Schwiegersohn eisern beherrschte, zeigte sich dann 1945, als die Familie in einem der berüchtigten Fußmärsche der Deutschen zur sächsischen Grenze getrieben wurde: Hans und seine Eltern hatten in Sachsen ein bitteres Los – Vater und Sohn erkrankten lebensgefährlich –, aber die Großmutter kriegte beim Grenzübergang in Herrnskretschen an der Elbe einen explosiven Wutanfall und stapfte schreiend und schimpfend wieder allein nach Tetschen zurück. Selbst die SNB-Posten an der Grenze waren ihr gegenüber hilflos, und so lebte sie noch ein volles Jahr in ihrem Hause; letzteres war allerdings recht unansehnlich, so daß es die neuen tschechischen Bewohner, die sich inzwischen ringsum in Häusern, Betten und Wäsche der Verjagten eingenistet hatten, nicht interessierte.

Dieses Haus bestand im Erdgeschoß aus einer winzigen Küche, einem kleinen offiziellen Wohnzimmer, das stark nach Mottenpulver und Bohnerwachs roch und nie benutzt wurde, einem weiteren undefinierbaren Raum, der ein Chaos von Wäsche, Lebensmitteln, Gartengeräten, ungestopften Strümpfen und Gerümpel war, den wir nie betreten durften und wo Hansens Mutter und Großmutter sich murmelnd oder zankend den ganzen Tag aufhielten. Schließlich gab es noch einen „Aufenthaltsraum", der hauptsächlich das breite Sofa des Hausherrn enthielt, welcher mit gekreuzten Beinen dieses Möbelstück gleichsam bewohnte. Dazu rauchte er eine echte Wasserpfeife, denn als Auslandsvertreter der Nähmaschinenfirma „Dürrkopp" bereiste er regelmäßig den Vorderen Orient, sprach fließend arabisch und war, wie sein Sohn, ein leidenschaftlicher Leser und Karl-May-Fan. Etwas vom Talent des sächsischen Lügenbarons mußte wohl auch in ihm stecken, denn er konnte mit dem größten Ernst zumeist schreckhaftmysteriöse Reiseerlebnisse auftischen, so daß ich dann spät nachts, aufgewühlt und wie von Furien gehetzt, die 200 Meter bis nach Hause jagte, so als säße mir der Scheitan im Nacken. Ich sehe den verhinderten Schriftsteller K. noch jetzt auf seinem abgewetzten Sofa sitzen, klein, grauhaarig, aber mit lustig zusammengekniffenen Äuglein, die genau die Wirkung seiner Gruselgeschichten auf mich registrierten, eine Wirkung, die sich bei mir noch in der Nacht als Alptraum fortsetzte, aus dem ich dann schreiend auffuhr. Hans nahm dies alles gelassener, er war von rundlicher Statur und Gemütsart, auch kannte er wohl die väterlichen Erzählperlen. Über Karl May, den ich im Grunde verachtete, obwohl ich noch nie eine Zeile von ihm gelesen hatte, gerieten wir uns allerdings oft in die Haare, wobei er dann auch meine Literaturidole zertrümmerte: „Du mit deinem blöden Goethe!" Irgendwie muß er mich aber doch herumgekriegt haben, denn mit fünfzehn Jahren, als meine Mitschüler, Hans ausgenommen, die Karl-May-Masern schon hinter sich hatten, las ich innerhalb von sechs Wochen alle „klassischen" Bände des edlen Vorstadtsachsen in einem Zug durch; es war ein Fieber, aber damit hatte es dann auch sein Bewenden. Etwas wie Verrat an Goethe, Schiller und Stifter kam mir dieser Ausflug in die Wonnen der Trivialliteratur doch vor, und so tröstete es mich später ungemein, daß selbst die idealistische Pazifistin Bertha von Suttner, die das „Glück" hatte, kurz vor Ausbruch des Ersten Weltkriegs zu sterben, Karl May für einen „Edelmenschen" hielt.

Eine unangenehme, ja widerwärtige Erinnerung bleibt dennoch mit meiner Schulzeit verknüpft. Eines Tages tauchte nämlich als neuer Klaßlehrer im Schulzimmer ein verlebter Mensch mit schwarzblauen Haaren, buschigen Augenbrauen und wulstigen Lippen aus den nordöstlichen Regionen des Vaterlandes auf, der zwar den friedlichen Namen Feierabend trug, aber rasend schnell und chaotisch sprach, sich als Kulturbringer aufspielte und als erster etwas wieder einführte, was in unserer Heimat seit dem liberalen Reichsvolksschulgesetz von 1869 verboten war: die körperliche Züchtigung. Er hieß sofort – „der Kaschube" oder gar der „Kaschubjak"; daß wir damit schlimmen kollektiven Vorurteilen frönten, war uns gleich: er hatte uns alle herausgefordert. Seine Spezialität war der

„Jachdhieb": Er packte uns bei den Haaren, drückte uns nieder und schlug uns mit der knochigen flachen Hand in die Nackengegend. Da er ein wütender Nazi war und seine pädagogische Steinzeitmethode als „dringend nötige Abhärtung der Jugend" deklarierte, wagte anfangs auch unser schwer herzkranker Direktor nicht, gegen den preußischen Züchtiger einzugreifen, tat es aber schließlich doch, wenn auch ohne großen Erfolg. Es dauerte dann im weiteren Leben ziemlich lange, bis ich begriff, daß Preußentum etwas ganz anderes und oft Bewundernswertes sein konnte. In diesem Fall jedoch speicherte sich bei mir eine hartnäckige Antipathie gegen eine gewisse schnoddrig-grobschlächtige, mit Militarismen durchseuchte Sprechweise von trompetenartig schmetternder Lautstärke. Sie steigerte sich, je konfuser und abgehackter sein „Bölken" wurde. Gefördert wurde meine Abneigung noch durch Gespräche, die ich im Freundeskreis meines Vaters mitbekommen hatte und die darauf hinausliefen, das „Reich" schicke offenbar den Abschaum seiner Beamtenschaft ins Sudetenland; unsere Heimat sei nichts anderes als eine „Strafkolonie" für solche Typen. Da ich die große Sympathie meines Vaters für alles Gut-Preußische kannte, – für Verläßlichkeit, Genauigkeit, Wahrheitsliebe, Einfachheit und protestantisches Arbeitsethos – machten mich solche Urteile über diejenigen, die „von draußen" hereingeschneit kamen und alles gleich besser wußten, besonders stutzig. Auf den finstern Prügler Feierabend paßten solche Verdikte besonders gut, und ich ließ ihn das auch merken. Dies mit dem Erfolg, daß er meiner Mutter ernstlich nahelegte, mich von der Schule zu nehmen, denn ich sei „total untauglich".

Epilog für zwei Freunde

Hans, der als Volkswirtschaftler gleichsam gegen seine musischen Neigungen Karriere machte und in die Weltbank nach Washington berufen wurde, sackte eines Tages über seinem Schreibtisch zusammen und war auf der Stelle tot. Offenbar geht Bücherfreund und business-man doch nicht gut zusammen. Damals war auch Heinz nicht mehr unter den Lebenden. Durch die Spritzmittel, die er, ohne sich vor dem entstehenden Giftnebel zu schützen, in seiner Baumschule bei Neumünster verwendete, zog er sich Leukämie zu. Er verlosch, zum Gerippe abgemagert, wie eine Kerze nach einem Leben voll Not und Arbeit, wie es sich der verwöhnte Sohn wohlhabender Eltern wohl nicht vorgestellt hatte. Beide – Hans und Heinz – hinterließen unmündige Kinder. Heinz hatte uns noch 1960, als wir in Deisenhofen südlich München ein Haus bauten, die gesamte Bepflanzung für den großen Garten geschenkt. Das ist nun schon mehr als dreißig Jahre her, aber immer wieder, wenn wir einen altersschwachen Baum fällen müssen, der aus seiner Pflanzung stammt, blutet uns das Herz, denn jedes einzelne Stück war und ist ein grüner Zeuge seines früh verloschenen Lebens.

Schloß und Haus

Tetschner Erinnerungen der ersten, zweiten und dritten Art

In vielen Büchern ist es abgebildet: Das Thun-Hohensteinsche Schloß auf dem Felsen hoch über der Elbe. Bis 1923 barg der mächtige Bau ein berühmtes Bild: Caspar David Friedrichs „Kreuz im Gebirge". Danach erwarb es die Galerie jener nahen Kunststadt, der auch der Strom zustrebt – Dresden. Tetschen gegenüber, auf der Bodenbacher Seite der Elbe, ragt die Schäferwand empor, ein bizarrer, schräg gestellter Felsblock, an dessen Fuß sich Häuser drängen; die Eisenbahn huscht um die steile Steinwand herum, damals wie heute, um dann in einem Tunnel Richtung Sachsen zu verschwinden. Das Schloß selber ist, bis auf den schlanken Turm, ein recht schlichter Bau. Er diente seit 1931 als Kaserne und war seither leicht verkommen; 80 Säle und Räume mit 400 Fenstern. Das Schönste, nämlich das Belvedere mit der „Gloriette", liegt an der fast 300 Meter „Langen Fahrt", dem festlichen Aufgang von der Stadt. Zum Schloß hin faßt der Rosengarten die Anlage ein, geschmückt mit Figuren aus Sandstein, darüber, auf einem Rundbogen stehend, Nachbildungen des berühmten „Borghesischen Fechters" und allegorische Frauengestalten – mäßige barocke Bildhauerei, Verschlampung und pathetische Verzerrung der Antike.

Der Bau hat seine Geschichte. Im Zug der Gegenreformation mußten 1628 die protestantischen Herren von Bünau ihr Schloß in Tetschen aufgeben und die tirolischen Thun-Hohenstein zogen ein, es war eine erste Vertreibung aus religiösen – eher pseudo-religiösen Gründen, die Deutsche wie Tschechen gleichermaßen betraf. Aber das wollte ich eigentlich gar nicht erzählen. Viel mehr berührt mich die Familiensage, daß einer meiner Vorfahren, der im 17. Jahrhundert Tetschner

Schloßhauptmann war, wegen schwerer Auseinandersetzungen mit den Schloßherren das Blutgerüst auf dem Marktplatz bestieg, um buchstäblich seinen Kopf zu verlieren. Ich muß oft an diesen aufmüpfigen Ahn denken, er gefällt mir, ganz gleich, ob er zu Recht oder zu Unrecht von den Thun-Hohensteins geköpft worden ist.

Für mich selbst ist vor allem der „Bauch" des Schlosses erinnerungsträchtig, die Kasematten im Felsstock, auf dem das Gebäude ruht: Der riesige Steinklotz war labyrinthisch ausgehöhlt, es ging sogar die Rede, daß es einen tiefen Fluchttunnel gebe, durch den man in Zeiten der Gefahr unter der Elbe auf die andere Seite des Stromes entkommen konnte.

Im Juni 1945 sollte ich auf überraschende Weise mit jenen endlosen Treppen und hallenden Gängen bekanntwerden. Ich war damals zusammen mit meinem Vater, wie Abertausende Sudetendeutsche auch, wegen einer grundlosen Denunziation verhaftet und ins Stadtgefängnis gesteckt worden: Vielleicht, um bei Zwangsarbeit, bei „Wasser und Brot" darüber nachdenken zu können, warum ich nach meiner Entlassung aus amerikanischer Kriegsgefangenschaft ahnungslos aus dem Rheinland nach Hause getrampt war, um gerade zur Verhaftung zurechtzukommen. Die Zelle, in die ich mit 30 Leidensgenossen für mehr als ein Jahr eingepfercht wurde, war finster und stank nach Chlor und Urin. Durch einen schmalen Spalt in den metallverkleideten Fenstern konnte ich sonntags in die Brückengasse sehn, wo meine ehemaligen Schulkameraden und HJ-Führer, die mich als Outsider reichlich gepiesackt hatten, noch frei herumliefen, wenn auch mit jenen weißen Armbinden markiert, die alle Deutschen bis zur Zwangsaussiedlung tragen mußten. Grund genug, darüber nachzudenken, warum es wieder gerade mich erwischt hatte; die Flak-Kaserne Hasenecke bei Kassel fiel mir dabei ein: War ich ein Pechvogel?

Viele andere sind im Grunde recht gut weggekommen, leider auch solche, die etwas auf dem Kerbholz hatten; man traf sie dann im Westen wieder – mit neuem Innenleben und Elan. Von einem anderen aus der nächsten Stadt hörte ich, daß er noch wenige Monate zuvor, im Januar 1945, während ich als

„letztes Aufgebot" einwaggoniert und zum alsbaldigen Verschleiß an die bröckelnde Front transportiert wurde, als HJ-Führer mit „Affenschaukel" und „Lametta" markige Durchhalte- und Siegreden geschwungen hatte. Er blieb selbst vorsichtshalber an der „Heimatfront"; ein echter Nazi, feig und brutal. Es gibt noch Leute, die er damals mit seinem Phrasengebrüll verabschiedete; an der Ostfront sollten sie den Feind aufhalten, Panzergräben bauen. Aber es sind nur wenige, die überlebten, die meisten von ihnen, siebzehnjährige Bürschlein, krepierten oder verhungerten. Nach dem Krieg tauchte er unsäglich geläutert wieder auf, hatte jetzt seine kirchliche Seele entdeckt und machte in „Völkerversöhnung". Leider läuft er mir immer noch über den Weg, und mit seinen Quellaugen, seiner blechern scheppernden Stimme und dem schütteren Ziegenbart kann ich mir ihn immer noch vor der Front derer vorstellen, von denen nur wenige wieder zurückkamen: Immer noch brüllend, lügend, kommandierend.

Gefängnisluft ist kaum geeignet, das Gute im Menschen zu fördern. In die enge Zelle wurde eines Tages auch ein junger Mann hineingepfropft, der schwer an Tuberkulose litt und Tag und Nacht hustete. Er hielt sich dabei keineswegs zurück, sondern man hatte das Gefühl, daß er uns absichtsvoll ins Gesicht hustete; ohnehin war er der Überzeugung, daß keiner von uns das Stadtgefängnis lebendig verlassen würde. Als der Jüngste war ich das Hauptobjekt seiner Spei- und Wortkaskaden, denen ich hilflos ausgeliefert blieb. Ermahnungen der Mithäftlinge, mich doch endlich in Ruhe zu lassen, beantwortete er mit schepperndem Gelächter, es verdoppelte seine negativen Energien. Leider mit Erfolg, denn als ich wieder in Freiheit war, stellte man bei einer Reihenuntersuchung fest, daß ich Tuberkulose hatte. Zwar waren inzwischen zwei von drei Herden in der Lunge wieder verkapselt, aber es gab keinen Zweifel, daß die Ansteckung im Gefängnis erfolgt sein mußte, und für mich selbst stand fest, daß mich der bösartige Zellengenosse bewußt infiziert hatte. Das war eine neue und schlimme Erfahrung, über die nachzudenken mir reichlich Zeit zur Verfügung stand, als ich zur gänzlichen Ausheilung 1949 in das Lungensanatorium Kohlbruck bei Passau eingewiesen wurde.

Neben den physischen gab es in der Haft auch psychische Verletzungen, die ich bis heute mitschleppe. So kann ich nicht vertragen, wenn hinter meinem Rücken eine Tür offensteht oder sich gerade öffnet. Es hängt mit meiner „Zellenerfahrung" zusammen, denn die meist betrunkenen brüllenden Schläger-trupps, die sich immer wieder an uns ausließen, stürzten ur-plötzlich durch die knallend auffliegende Eisentür herein, der wir dann auf Kommando den Rücken zuwenden mußten. Bei einem solchen nächtlichen Überfall büßte ich einige Zähne ein, einige weitere verlor ich bei einem Arbeitseinsatz, von dem gleich zu sprechen sein wird. Kein Wunder, daß ich zeitlebens viel mit Zahnärzten zu tun hatte, aber seltsamerweise ist mir bald der ursächliche Zusammenhang mit der Gefängniszeit verlorengegangen. Es war später sogar so, daß ich meine Zahnprobleme, weil sie Dauererscheinung blieben, nicht als Symptome der midlife-crisis empfand.

Lieber denke ich an andere Zellenerlebnisse zurück, etwa an den grenzenlos gutmütigen Metzgermeister, der sich meiner annahm, wenn ich in Trübsinn versank. Er erzählte skurrile Geschichten von den verschmitzten Bauern, denen er das Vieh abkaufte; wie sie um jede Krone feilschten, jeder ein Miniatur-Börsianer. Seine Anekdoten illustrierten drastisch das angeb-lich so gesunde, naturbelassene Landleben, dessen Innenan-sicht genauso kompliziert war wie bei den großbürgerlichen Familien à la Buddenbrook. Es wurde von ihm auch auf eben-so sarkastische Weise kommentiert. Allerdings durfte man den biederen Mann nicht reizen; dann färbte sich das Weiße in sei-nen Augen rot, er fluchte in einem Jargon, der uns erbeben ließ: „Ich reiß' Dir glei die Schlagader auf!" – das war noch die erträglichste Drohung in seiner Berufssprache.

Es gab bedenkliche Einblicke in das Seelenleben der Mitge-fangenen. Da waren diejenigen, die gute Arbeitskommandos ergattert hatten und uns gegen heftigen Protest jeden Abend ausführlich, ja genüßlich erzählen mußten, wie üppig sie „draußen" gegessen hatten. Mochten sich auch die in der Zelle verbliebenen Hungernden schreiend die Ohren zuhalten, es mußte einfach erzählt werden: Sadismus des Gefängnisalltags. Zwischendurch wurden wir von Tetschen nach Rabstein bei Böhmisch-Kamnitz, etwa 30 Kilometer entfernt, „ausgelagert". Dort war im Krieg ein Zwangsarbeitslager gewesen, jetzt diente es als KZ für Deutsche und leider sehr genau nach „deutscher Art", nämlich mit Antrete-Appell und all den Schikanen, die man unseren Henkersknechten flugs abgelernt hatte. Hinter dem Lager am Waldrand sah man die Hügel, unter denen die Leichen der Totgeschlagenen und Erschossenen lagen, von denen die älteren Insassen flüsternd erzählten. Das Tetschner Stadtgefängnis war dagegen – der Zeit entsprechend – fast normal gewesen, aber, merkwürdig genug, hier in Rabstein waren alle Insassen so abgestumpft, daß der Schrecken kaum mehr wahrgenommen wurde. Das hatte einen überraschend einfachen Grund: Alle Baracken waren derart verwanzt, daß die Nächte eine einzige Qual waren und die Tageszeit darauf empfindungslos, fast in Trance, verging. Die Rückkehr ins Tetschner Gefängnis zwei Monate später erschien meinem Vater und mir fast als Erlösung: die Relativität von Glück – eine für mein weiteres Leben lehrreiche Erfahrung.

Aber ich schweife wieder vom Thema ab; es geht mir um den dunklen Bauch des Tetschner Schloßfelsens und wie ich denselben kennenlernte: Eines Tages holte uns eine Gruppe SNB-Leute zur Arbeit aus dem Gefängnis. – SNB war eine „revolutionäre" paramilitärische Organisation , in der sich nach 1945 recht zwielichtige Elemente tschechischer Nation zusammengefunden hatten, die herzlich wenig mit „böhmischen Volkes Weise" (Rainer Maria Rilke) zu tun hatten. Unsere Arbeitskolonne bestand aus jungen, arbeitsfähigen Leuten, wir waren froh, dem Moderduft der Zellen wenigstens für Stunden entronnen zu sein. Die Sonne schien, die Luft war frisch, der Strom rauschte und glänzte, und so störte es uns nur wenig, daß wir aus halb gesunkenen Zillen im Elbhafen Wehrmachtsgut entladen mußten, meist graue Unterwäsche. Die Bündel waren schwer von Elbwasser, keuchend brachten wir sie in Schubkarren an Land. Plötzlich Schüsse, die SNB-Posten trieben uns am Kai zusammen, schrien auf uns ein. Drei unserer Mitgefangenen waren geflüchtet, und wir („Mitgefangen-Mit-gehangen" – diese prachtvolle deutsche Redewendung verwendeten die Bewacher mühelos!) sollten für sie büßen. Das war das letzte, was ich noch hörte ... Einige Zeit später kam ich wieder zu mir. Ich lag an der Kaimauer, ein älterer Mithäftling, Arzt aus Preßburg, beatmete mich. Er muß mich gegen den Befehl der SNB-Leute, die mich mit ihren Gewehrkolben zusammengeschlagen und schon als tot in die Elbe geworfen hatten, aus dem Wasser gezogen und wieder zu Bewußtsein gebracht haben.

Aber der Tag war für mich noch nicht zu Ende. Wir wurden aufs Schloß getrieben, und dann ging es hopp, hopp, mit Gewehrkolbenschlägen endlose Treppen in den Schloßfelsen hinab, immer tiefer und tiefer. – Ich hatte nur den einen bohrenden Gedanken: Kann eine Treppe überhaupt so endlos lang, so feucht und stinkend sein, nimmt das überhaupt kein Ende?

Es nahm ein Ende: Man riß uns die Hosen vom Leibe, wir mußten uns nacheinander über eine Bank oder einen Holzkasten beugen, dann sausten Peitschenhiebe auf uns herab. Sekunden – Minuten vielleicht, die Zeit quoll für uns auf wie der Geist aus der Flasche. Wie ich wieder nach oben ins Schloß kam, weiß ich nicht, ich sah die Blutspur, die ich selbst auf der Treppe markierte, und hatte die absurde, aber irgendwie einleuchtende Vorstellung, ich müsse jetzt, wie mein Vorfahr, auf ein Blutgerüst steigen. Statt dessen ging es zurück ins Gefängnis am Marktplatz; ich war schon zu stumpf, zu schwach, um noch etwas befürchten zu können. Sollte es so weitergehn?

Die Dinge nahmen aber dann – ein Wunder! – einen ganz anderen Verlauf. Einige Wochen später war die Gefängnisleitung aus der Hand der SNB in diejenigen eines stattlichen, weißhaarigen Mannes mit rotem Gesicht und noch röterer Nase übergegangen: Pan Ginzel, Mitglied der tschechoslowakischen Legion, einer Truppe, die im Ersten Weltkrieg zuerst auf russischer Seite und dann, als westliche Interventionsstreitmacht, gegen die eben entstehende Rote Armee gekämpft hatte und schließlich 1919 über Wladiwostok in die Heimat und neue Republik zurückgekehrt war. An Staatsfeiertagen trug Ginzel eine prachtvolle Legionärsuniform mit hoher Pelzmütze, roten Litzen und silbernen Ehrenzeichen – er hätte damit jeden Operettengeneral aus dem Felde geschlagen, zumindest was den Glanz seiner militärischen Kleidung betraf: ein Pfau. Ein älterer Zellengenosse konnte sich noch gut erinnern, daß Ginzel schon während der Ersten Republik im Tetschner Gefängnisdienst tätig gewesen war. Noch viel besser erinnerte sich derselbe aber an die vielen Nächte, die er und andere mit Ginzel im Dampfschiffhotel durchsoffen hatten, einem Mehrzweck-Etablissement von zweifelhaftem Ruf nahe der Elbbrücke. Wie dem auch gewesen sein mag, seit dieser wackere, zweisprachige Tscheche die Leitung des Stadtgefängnisses übernommen hatte, hörten die wahllosen Prügeleien der SNB-Bewacher auf, das Essen besserte sich, und die Gefangenen wurden nur noch auf Arbeitskommandos geschickt, wenn sichergestellt war, daß man sie nicht mißhandelte. Ginzel hatte eine Vorliebe für Ansprachen an die versammelten Häftlinge. Sie fanden im Gefängnishof statt und dienten der Erbauung der Inhaftierten: Höhepunkte des Galgenhumors in unseren Reihen. Da fielen dann starke, ermunternde Worte, etwa: „Ihr seid's alle anständige Menschen, und ihr kommt auch alle wieder frei!"

Das war allerdings eher eine Hoffnung, ein Trost; mehr konnte es auch nicht sein. Es gab einige Schicksalsgefährten in meiner Zelle, deren einziges Verbrechen darin bestand, daß sie im Mai 1945 Getränke und Lebensmittel an einen tagelang in Tetschen abgestellten Güterzug gebracht hatten, in dem schwerverwundete deutsche Soldaten nach Wasser und Nahrung schrien. Die sich ihrer erbarmten, wurden auf der Stelle verhaftet, später zu schweren Freiheitsstrafen verurteilt und in die berüchtigten tschechischen Zuchthäuser Bori und Pankraz verbracht. Dort sind einige dieser grausam bestraften barmherzigen Samariter auch elend gestorben... Pan Ginzels Schuld war dies allerdings nicht, dazu sah ihm trotz polternder Reden die Gutmütigkeit aus den Augen. Besonders das Seelenheil der weiblichen Häftlinge lag ihm am Herzen. Seine Reden vor versammeltem Häftlingsvolke wendeten sich deshalb besonders oft an die Frauen; und das hörte sich so an: „Ihr Weiber, ihr kennt's ganz zufrieden sein! Braucht nischt kochen, habt Ruhe vor eiern Mannsbildern, no, was wollt'r denn mehr?"

Das waren Lichtblicke in einer ansonsten tristen Zellenexistenz, wo ständig vom Essen die Rede war oder von den wechselnden Schicksalen auf den Arbeitskommandos. Als Siebzehnjähriger nahm ich dies alles eher leicht, machte mir nur um meinen herzkranken Vater Sorgen, den man in einer anderen Abteilung untergebracht hatte. Die Zellen waren alle überbelegt, so daß nachts nur jeweils die Hälfte der Insassen auf dem Fußboden schlafen konnte, während die andere Hälfte an der Wand stehen mußte; um Mitternacht war „Schichtwechsel". In solchen Nächten träumten wir davon auszuwandern, weit weg in die Pampas und Wälder Südamerikas, von denen ein weißhaariger Leidensgenosse mit leuchtenden Augen erzählte. Er hatte schon vor dem Krieg auswandern wollen und sich deshalb alle greifbare Literatur über diesen Kontinent der Zukunft verschafft. Wir lauschten seinen Worten in unserer dunklen, feuchtheißen Zelle wie Predigten vom Gelobten Land, wir atmeten auf, wenn er von der Freiheit der großen, noch fast menschenleeren Länder erzählte, von stillen Siedlungen am Rande der Regenwälder, von der kristallklaren Luft der Anden – es waren „Märchenstunden" voller Wirklichkeit, und jeden ergriff eine schmerzliche, ja rasende Sehnsucht, aus diesem verfluchten, blutigen Europa wegzukommen: dann, wenn uns endlich die Stunde der Freiheit schlagen würde. Für ihn, den hageren Erzähler mit den blauen Augen kam sie nie. Er starb in einem anderen Zwangsarbeitslager, ohne Südamerika je gesehen zu haben. Aber er hatte uns Mut und Hoffnung, ja Lust auf die Zukunft eingeflößt, eine Lust, die wir alle wie das tägliche Brot brauchten, um zu überleben.

Zum Überleben gehörte auch die Illusion, daß wir bald wieder frei sein würden, und diese Hoffnung nährte sich von vagen Gerüchten, die Amerikaner seien drauf und dran, Tetschen und natürlich das gesamte Sudetenland zu besetzen. Woher Meldungen solcher Art kamen, konnte niemand genau sagen.

Leistete sich die Wachmannschaft einen grausamen Scherz, um uns „bei Laune" zu halten? Ich weiß es nicht, aber dreimal während unserer Haft verdichteten sich die Gerüchte zu einer freudigen Massenpsychose, die auch die Nüchternsten unter uns mitriß. Jedesmal kam irreale Jubelstimmung auf und pflanzte sich wie ein Lauffeuer von Zelle zu Zelle fort. Keiner zweifelte. Manche Häftlinge wollten bei der Rückkehr von der Arbeit schon amerikanische Posten auf der nahen Elbbrücke gesehen haben. Wir waren felsenfest überzeugt, daß sich am nächsten Morgen die Türen öffnen und irgendein martialisch-elegant gekleideter Colonel uns die Entlassung aus der Haft in breitem Middle-West-Akzent verkünden würde. Wir fielen uns lachend und weinend in die Arme, drückten in der Nacht kein Auge zu, um auf keinen Fall den großen Augenblick zu versäumen. Aller Augen glänzten: Es war ein rauschhaftes Glück, eine Fata Morgana, in Wahrheit aber ein Paradestück für den Automatismus von Massenpsychosen. Dann, am nächsten Morgen die Einsicht in die grau-graue Realität: Das übliche Antreten der Arbeitskommandos, das Klappern der Schuhe, knallende Türen – der Glasbruch unserer Träume. Keiner verlor darüber ein Wort, wohl aus Scham über den gestrigen Freudentaumel; dennoch rollte diese Erlösungssze-nerie noch zweimal mit denselben Symptomen ab, nur mit der hinzukommenden beschwörenden Formel: „Aber diesmal ist es wirklich wahr!"; eine Formel, die man aus Wiederholungs-träumen kennt.

Ich gewann während dieser Zeit auch noch andere Einblicke in die Wandelbarkeit und labyrinthische Weite der Menschen-seele. Da gab es den SNB-Aufseher, den alle als einen uner-bittlichen, ja sadistischen Schläger und Quäler fürchteten. Bei einem Arbeitskommando zur Ausbesserung kriegszerstörter Straßen eingesetzt, war es mir gelungen, über deutsche Anrai-ner, die noch nicht verjagt waren, meine Mutter zu verständi-gen, wo sie mich – vielleicht – sehen und sprechen könnte; of-fiziell war für uns Häftlinge jeder Kontakt mit Angehörigen streng untersagt. Sie kam auch am nächsten Tag, stand aber hilflos und ratlos an einer entfernten Straßenecke. Wie sollten wir zusammenkommen? Ich winkte ihr verzweifelt ab, denn unser Kommando wurde von jenem gefürchteten SNB-Mann beaufsichtigt; es schien hoffnungslos, ja lebensgefährlich für meine Mutter, mit mir zu reden. Mein Schreck steigerte sich noch, als eben dieser Bewacher an mich herantrat, mich herauswinkte und abseits führte. Mir schwante das Schlimmste, denn er bog mit mir um die Ecke gerade jener Seitenstraße, in der meine Mutter wartete. Ungläubiges Erstaunen, als er sie selbst herbeiholte und, unruhig nach allen Seiten sichernd, zurücktrat, damit ich in Ruhe mit ihr sprechen und sie mir einige Lebensmittel in die Hand drücken konnte. Wir weinten beide, aber als der Bewacher uns nach geraumer Zeit trennte, sahen wir Tränen auch in seinen Augen – es war fast ein Wunder, wenn auch nur für einen Tag. Die nächsten Tage trat er den Häftlingen genauso brutal wie eh und je zwischen die Schenkel, mich schonte er; das eine war mir genauso unerklärlich wie das andere.

Ein anderes Beispiel, wie Haß und Menschlichkeit quer durch die Herzen der Völker gehen, sollte ich am Ende meiner und meines Vaters Leidenszeit erfahren; es feite mich für alle Zeiten gegen Kollektivurteile jeder Art. Meine Schwester, die über eine Tschechin, der sie Deutsch unterrichtete, einen höheren tschechischen Justizbeamten kennengelernt hatte, bat diesen um Hilfe für Vater und Bruder. Dr. Horák, ein älterer, soignierter Herr mit weinroter Fliege, der Tschechisch wie Deutsch sprach und sowohl in der Donaumonarchie wie in der Ersten Republik Staatsbeamter gewesen war, kümmerte sich denn auch sofort um unseren „Fall". Er sorgte dafür, daß unsere „Strafakte", die irgendwer verschlampt hatte, endlich aus dem Wust von Denunziationen hervorgezogen wurde. Er stellte fest, daß es gar keinen strafbaren Tatbestand gab, und leitete unsere Freilassung ein. So wurden wir im Frühherbst 1946 ziemlich unvermittelt „zum Abschub", d.h. zur Aussiedlung entlassen. Da mein Vater durch einen seltsamen Zufall den Böhmen-Band von Zeillers berühmter Topographie des Alten Reiches mit den Stadtansichten von Matthäus Merian gerettet hatte, wollte er dieses Buch Dr. Horák schenken; wir hätten es ohnehin nicht über die Grenze gebracht. So suchte ich unseren Retter in seinem Büro auf und übergab ihm das Werk. Er war von stiller, eher verhaltener Freundlichkeit, gab mir aber zu verstehen, daß er dies alles, was jetzt mit den Deutschen geschehe, mißbillige und war auf eine ungemein sympathische Art verlegen. Immerhin fiel mir auf, daß auf seinem Schreibtisch das Foto eines jungen Mannes stand; es war mit schwarzem Flor umrandet. Durch meine Schwester erfuhr ich später, daß dies sein einziger Sohn war, ein Student, den die Gestapo umgebracht hatte. Und dennoch half der Vater den bedrängten Deutschen, wo immer er konnte. Ehre seinem Andenken und Ehre allen seinen Landsleuten, die sich damals einer Welle von Haß und Rache entgegenwarfen; es waren nicht wenige.

Ähnliches fühlte ich später, als ich auf Gastvortragsreisen an amerikanischen Universitäten, in Harvard, Yale, in Princeton, an der Columbia-University in New York, in Stanford und Berkeley immer wieder erfahren konnte, daß die 1933 und 1938/39 emigrierten deutschen Kollegen fast immer die hilfreichsten, freundlichsten und verständnisvollsten waren, obwohl es unter ihnen kaum einen gab, der nicht Verwandte und engste Freunde zu beklagen hatte, die in den industrialisierten Mordhöllen des Hitlerstaates zugrunde gegangen waren.

Als wir im November 1946 in Viehwaggons außer Landes gebracht wurden – meine Eltern und meine Schwester hatten nach unserer Entlassung in einem abbruchreifen Hause, wo es von Ratten wimmelte, vorübergehend Quartier gefunden –, fühlte ich keinen Haß. Ohne Verwandte, Freunde und Nachbarn war dies keine Heimat mehr. Durch die Luke ein letzter Blick auf Schloß und Elbe, beizender Rauch aus der Lokomotive ließ die Augen tränen – oder war es etwas anderes? Vielleicht Trauer um die wertvolle Bibliothek des Vaters, um die grüngoldnen Nachmittage im Garten, in der Hängematte schaukelnd verbracht und die Schulaufgaben lustvoll vergessend; oder fiel mir Inge ein, die heißgeliebte Blondine aus dem Nachbarhaus, mit der es leider nichts geworden war – nicht einmal ein Kuß hinter den geschlossenen Vorhängen ihres herrlichen Kasperltheaters, für das ich „Stücke" geschrieben hatte? Oder dachte ich an den in Rußland verschollenen Bruder, der nie mehr durchs Gartentor hereinschlendern würde? Ich weiß es nicht mehr; aber daß die Fahrt nach Westen ins amerikanisch besetzte Bayern ging, empfanden wir alle als Erlösung, als Glück – als Szenenwechsel.

Seltsam auch, daß ich mich sogleich in dem kleinen, tiefverschneiten niederbayerischen Ort Simbach am Inn wohlfühlte, in dem wir abgeladen wurden. War es das vertraute, altbayerische Idiom, das ich von meiner böhmerwäldischen Mutter im Ohr hatte, oder war es ein sich allmählich einstellendes Glück, das randvolle Glück der Jugend, jung zu sein und Schrecken und Tyrannei ein für allemal hinter mir gelassen zu haben? Ich weiß es nicht. Aber ganz sicher spielte bei diesem Gefühl des Geborgenseins eine Rolle, daß ich so schnell einen guten Freund fand, mit dem ich bis heute eng verbunden bin: Erwin Liewehr. Er hatte mich für seine Musikband geworben, mit der nicht nur unsere Klassenfeiern bestritten wurden, sondern auch die Tanzvergnügungen in der Klosterschule der Englischen Fräulein auf der Marienhöhe. Fast immer kam ich zu spät in die Proben, und noch heute sehe ich seinen leicht geschmerzten Blick, wenn ich mit meiner Geige zugleich schuldbewußt und gutgelaunt bei ihm eintrat. Aber so entstehen eben Freundschaften, nämlich mit der Bereitschaft zur Großzügigkeit.

Simbach also wurde eine neue Heimat. Es störte mich nicht einmal, daß am anderen Innufer Braunau lag, die malerische alte Stadt, die das Pech hatte, Geburtsort Hitlers zu sein. Gegenüber dessen Geburtshaus – es war mir so gleichgültig wie nichts in der Welt – gab es die vortreffliche Konditorei Knollmayr, die Jahre später in besseren Zeiten unser Wallfahrtsort wurde. Besonders meine Mutter, die in Wien aufgewachsen war, machte diese süße Bleibe zu ihrem regelmäßigen Ausflugsziel: Ein Caféhaus ist eben mehr als ein Kaffee-Ausschank. Wien, Prag und Budapest haben es zur Geburtsstätte großer Literatur und zu einer nahezu meditativen Lebensform erhoben, in der das Vergnügen des vertraulichen Gesprächs ebenso möglich war wie das nachdenklicher Einsamkeit. Mein prussophiler Vater hingegen – ein echter Nordböhme (aus dieser Gegend kamen bekanntlich die „Preußen der Donaumonarchie"!) – ging lieber botanisieren, die Natur war immer noch seine Religion. Die Wiener und ihre Art zu leben mochte er nicht und schon gar nicht die „Caféhausmentalität".

Das Wiedersehn: Als ich 1967 auf Einladung der Prager Akademie der Wissenschaften das erstemal seit der Vertreibung wieder in Böhmen war, besuchte ich an einem strahlenden Spätsommertag auch Tetschen. In der Brückengasse, auf die ich einst aus meinem Gefängnis hatte sehnsüchtig hinausschauen können, flanierten lachende Leute. Junge Mütter beugten sich zu ihren Kindern herab, schmächtige Bürschchen radelten, genauso wie wir vor dreißig Jahren über die Elbbrücke, lässig-stolz, mit beiden Händen in den Hosentaschen. Es war Sonntag, und da lag auch das Thun-Hohensteinische Schloß mit seinen 400 Fenstern auf dem mächtigen Felsen. Der leuchtende Sommertag ließ keine Bitterkeit aufkommen. Es war seltsam, ich konnte das Gewesene einfach beiseite schieben; denn der Mensch ist, gottlob, nicht nur der Sklave seiner Erinnerungen, sondern auch – wenn er nur will – deren Herr. Deshalb faßte ich mich und ging in die Kudlichstraße vor mein Elternhaus. Es stand fast unverändert da, jetzt sah ich es mir zum erstenmal genauer an: Von der grüngestrichenen Gartenpforte führten Stufen über Terrassen empor; dann der Weg an der südlichen Hauswand mit dem Aprikosenspalier bis zur Haustür. Nur die Holzbank links davon, auf der ich stundenlang mit Wasserfarben gemalt oder gelesen hatte, war fort. Auch die Hundehütte fehlte für die Spitzin Nelly, die jedes Frühjahr Freier vor dem Gartenzaun versammelte, dieselben aber heftig anbellte, wenn einer von uns heraustrat: Pflicht und Neigung. In Gedanken ging ich durch die Räume: Die Bibliothek an der Südostecke, deren Bestände aber schon damals zur gelinden Verzweiflung meiner Mutter durchs ganze Haus gewuchert waren. Daneben das Wohnzimmer, wahrscheinlich immer noch mit dem unverwüstlichen Ledersofa bestückt, das ich bei meinen vielen Kinderkrankheiten wochenlang

„bewohnte". Von dort aus konnte ich vieles miterleben, was mir sonst entgangen wäre, hätte man mich in meinem Schlafzimmer im oberen Stockwerk gelassen. Besonders Gespräche der Erwachsenen in den angrenzenden Räumen und aus der Küche, dem interessantesten Ort. So wußte ich oft mehr als mein Bruder oder legte mir manches besserwisserisch zurecht. Der Vater trat öfters aus der Bibliothek, um mich mit Bilderbüchern zu versorgen. Im Obergeschoß war auch sein Herbarium in einem eigenen Raum untergebracht, der abseits der Schlafzimmer und des Wohnzimmers der älteren Schwester lag. Diese botanische Sammlung umfaßte je ein getrocknetes Exemplar jeder in Böhmen wachsenden Pflanze, auf dem Deckblatt waren Fundort, Pflanzenname (deutsch und lateinisch) und Datum des Fundes vermerkt sowie Notizen und Verweise auf andere Mappen. Mir hat es immer etwas gegraust vor diesem botanischen Friedhof, der starke Geruch von Naphtalin gegen Insekten tat ein übriges, den Ort zu meiden.

Sicher hatten die jetzigen Bewohner Vaters Sammlung so rasch wie möglich verbrannt. Auch die geologischen Handstücke, Riesenammonite, Korallen, Muscheln, Steinabdrücke urweltlicher Lurche und Pflanzen, die mein Vater auf dem Dachboden auf Gestelle geschichtet hatte, dürften nach unserem Hinauswurf uns bald nachgefolgt sein. Es war eine Urwelt „en miniature", die unser Interesse erregte, vor allem die Edelsteinsammlung, die Smaragde, Chrysoberylle und unbearbeiteten Topase, dann die wundervollen Anschliffe von äußerlich rohen Felsbrocken, die seltsame Figuren und Farbmuster zeigten: Hieroglyphen vom Anfang der Welt.

Betreten habe ich unser Haus dann doch nicht, aber bei den Nachbarn schräg gegenüber klingelte ich. Sie hatten bleiben können, weil der Mann Kommunist, seine Frau Tschechin war. „Jesses Maria, der Prinz Fritzl!" Man erkannte mich auf den ersten Blick, Freude und Verlegenheit wechselten bei unserem Wiedersehn; das entsprach recht genau unserer Erinnerung. Weshalb ich froh war, am Abend wieder auf der Prager Kleinseite flanieren zu können, weiß ich kaum zu sagen. Aber es umfing mich eine milde Nacht und ich hatte zwei Schoppen

„Rote Ludmilla" getrunken – Wein vom Melniker Schloßberg. Prag – Kafkas „Mütterchen mit Krallen" – zeigte sich friedlich und ich war es auch.

Behaust und unbehaust

Wir hatten zu Hause einen Nußbaum, der viele Jahre immer höher wuchs, ohne daß er uns eine einzige Frucht für sein bequemes, breitästiges Dasein schenkte. Aber mein Bruder und ich bauten uns in seinem herb duftenden Blattgewölbe schmale Sitze, von denen aus wir die Leute beobachten konnten, die unten die Kudlichstraße entlanggingen, um Blumen auf den Friedhof zu bringen. Manchmal pflückten sie verstohlen von unseren üppigen Dahlien am Gartenzaun; sie waren der Stolz der Mutter. Dann brachen wir in ein mörderisches Geheul aus, daß die Friedhofgänger, zumeist alte Weiblein, verdattert davonliefen, bis unser Geschrei in Gelächter überging; dann schimpften sie zurück.

Unter diesem Nußbaum, der endlich zu tragen begann, als wir das Haus verlassen mußten, vergrub der Vater im Juni 1945 die wertvollen Linsen unseres Fernrohrs, mit dem mein Bruder in eiskalten, sternklaren Nächten den Himmel stundenlang abgesucht hatte. Ich höre ihn immer noch, wie er laut rufend ins Haus lief und die ganze Familie herbeiholte: „Ich hab' die Jupitermonde, einige davon; da, schaut durch, aber nichts verrücken!" Als ich zuletzt drankam, war das Fernrohr dennoch verstellt, nur wagte ich nicht, es zu sagen. Alles war sehr aufregend. Ich platzte dann gleich mit der Frage heraus, ob „da oben" auch Menschen seien, was mein Vater als Naturwissenschaftler mißmutig verneinte; er ahnte schon meine nächste Frage, ob es überhaupt noch andere Menschen oder „ähnliche Lebewesen" auf anderen Planeten oder Sternen gäbe und ob die Welt erschaffen sei und von wem. Er sah sich ungern der unentrinnbaren Frage nach dem lieben Gott ausgeliefert, weil er meine Enttäuschung nicht sehen konnte, wenn er dann als ehrlicher Agnostiker alles im Ungewissen ließ.

Der Nußbaum dürfte wohl seit seinem ersten Fruchtjahr,

das für uns das letzte Jahr zu Hause gewesen ist, regelmäßig viele Nüsse getragen haben und tat es, wie ich 1967 sah, auch später noch. Die Fernrohrlinsen liegen vermutlich noch im wachsversiegelten Eisentopf unter seinen Wurzeln, es gab ja weder Zeit noch Gelegenheit, sie wieder hervorzuholen. Als wir beide, mein Vater und ich, schon ein paar Tage ins Gefängnis „abgeholt" worden waren, mußten die Muttter und Schwester innerhalb einer Viertelstunde mit winzigem Gepäck das Haus ebenfalls verlassen. Der neue „Eigentümer", ein bürokratisch-böser Zollbeamter, kontrollierte eigenhändig ihre Sachen, nahm noch dies und jenes, was ihm brauchbar schien, heraus – das Durchsuchen hatte er ja gut gelernt –, dann wurden die beiden Frauen abgeschoben. Aber noch nicht zum Abtransport, sondern in eine winzige Mansardenwohnung in der Berggasse, wo auf der Treppe schon die Ratten huschten. Auch in dieser Behausung hatten Deutsche gewohnt, weshalb es für meine Mutter und Schwester schrecklich war, von fremdem Eigentum umgeben zu sein; sie kamen sich irgendwie schuldig vor in diesen muffig riechenden Kulissen gewaltsam abgebrochenen Lebens.

Meine Schwester, ansonsten eher zaghaft und abwartend, stellte bald fest, daß unter den wenigen mitgebrachten Habseligkeiten kein Stück Wäsche war, allzu sehr hatte sie der plötzliche Hinauswurf verwirrt, als daß man an das Notwendige denken konnte. Was tun? Da fiel ihr ein, daß in ihrem Zimmer im ersten Stock das Fenster offen geblieben war. Der neue „Besitzer" hatte zwar vor ihren Augen die Haustür abgeschlossen, war aber für zwei Tage „ins Tschechische" zurückgefahren, um seine Familie zu holen. Das schien eine Chance zu sein, im eigenen Haus einzubrechen, war indessen auch gefahrvoll, denn im Nebenhaus wohnten schon Tschechen. Es waren mißtrauische „Neusiedler", und so bedeutete es für meine Schwester ein riskantes Unternehmen, nachts mit einer Leiter in unser Haus einzusteigen. Sie tat es dennoch, holte trotz ihrer Angst sogar aus dem Schreibtisch mein schwülstiges Jamben-Drama, das ich vor meiner Einberufung zum Militär geschrieben hatte: Es sollte die erste Stufe literarischen Ruhms werden, und da meine gute Schwester dies wußte, nahm sie es mit aus dem Haus -, sicher am ganzen Leibe zitternd. Die grauen, linierten Schulhefte habe ich heute noch, als Erinnerung an ihren Mut, den sie für den kleinen Bruder aufbrachte – weil der ein Dichter werden wollte.

Als mein Vater und ich endlich im Oktober 1946 dank der Hilfe Dr. Horáks aus der Haft entlassen wurden, lebten wir vier noch etwa drei Wochen im provisorischen Rattennest der Berggasse, eine kurze Epoche zwischen Bleiben und Gehen-Müssen, ein Zwischenspiel, eine Atempause mit ungewissem Fortgang. Meine Schwester verdiente als Hilfskraft im nahen Krankenhaus etwas Geld, von dem wir leben konnten. Die Stadt war schon so gut wie leer, auf den Straßen sah man nur wenige Leute mit weißer Armbinde. Jeder sammelte fieberhaft Informationen: Man hörte viel über Selbstmorde von älteren Ehepaaren oder ganzen Familien, die einfach nicht fassen konnten, daß sie Haus und Heimat verlieren sollten und deshalb den Gashahn aufdrehten; allein in Tetschen sollen es Hunderte gewesen sein. Oft waren zuvor schon die Söhne gefallen, wie bei unserem Nachbarn. Russische Truppen lagen noch in der Stadt, ihr Verhalten war widersprüchlich. Einerseits geboten sie spontan den Plünder-, Mord- und Prügelorgien der tschechischen „Goldgräber" Einhalt, andererseits waren sie hinter Frauen und Mädchen her, vor allem dann, wenn sie wieder ein Wehrmachtslager mit Spirituosen entdeckt hatten und betrunken in den Straßen patrouillierten; es kam zu Selbstmorden nach Vergewaltigungen. Am wichtigsten war für uns aber die Frage: Wohin gingen die Abtransporte? Nach dem „Westen" – das war die Hoffnung – oder in die sowjetische Besatzungszone? Die Richtungen der Eisenbahnzüge wechselten von Tag zu Tag, es war reines Roulette, welche Chance man bekam. Im Grunde war es uns am Schluß fast gleichgültig, wir wollten nur noch hinaus aus der großen Räuberhöhle Heimat. Gerüchten zufolge sollte in der „Ostzone" die Brotversorgung sogar wesentlich besser sein als im Westen; Genaueres konnte man aber nicht erfahren. Zwischendurch Meldungen, daß alle Deutschen wieder zurückkehren dürften;

das hätten die Siegermächte in Potsdam beschlossen. Man klammerte sich an solche vagen Hoffnungen. Dann hörte man, daß inzwischen einige Tschechen im Tetschner Gefängnis saßen, die sich bei der Mißhandlung und Ausplünderung der Deutschen besonders hervorgetan hatten, aber Kollaborateure des NS-Regimes gewesen waren; auf diese Weise wollten sie wohl ihre braune Spur verwischen. Einen davon – den nämlich, der uns verhaftet hatte –, konnten wir im Gefängnis noch wiedersehen, zerzaust wie ein Uhu. Ich müßte lügen, wenn ich verschwiege, daß die Prügel und Fußtritte, die er bekam, keine Regungen des Mitleids in mir erweckten. Der ertappte Kollaborateur soll noch in der Haft gestorben sein. Wie tief sich aber sein Bild bei mir eingeprägt hat, mußte ich wenige Jahre danach in Passau erfahren, als ich zu einem Klavierabend eines russischen Pianisten ging, der hinreißend Rachmaninoff spielte; gleichwohl hielt ich das Konzert nur mit Mühe bis zur Pause aus, denn der Virtuose sah unserem tschechischen Peiniger zum Verwechseln ähnlich. Die Erinnerung an die Schläge, die wir von seinem Doppelgänger bei der Verhaftung bekommen hatten, trieb mich einfach aus dem Saal.

Vergebens versuche ich mich meiner Empfindungen in den letzten Wochen in der Heimat zu entsinnen. Vorherrschend war allein das Gefühl: weg von hier, wohin auch immer. Es folgten im November ein paar Tage im Aussiedlungslager, wo die Transporte zusammengestellt wurden. Letzte Kontrollen des spärlichen Gepäcks; Ironie des Schicksals: Jetzt hätten wir selbst Pretiosen mitnehmen können, wären sie noch in unserem Besitz gewesen, denn als Kontrolleurin der Koffer tauchte eine fesche Tschechin auf, die einen Stapelplatz am Marktplatz leitete, wohin Kleider, Wäsche, Kunstgegenstände und auch Bücher aus verlassenen deutschen Wohnungen zusammengetragen wurden – soweit letztere nicht schon längst ausgeplündert waren. Dort hatte ich als Häftling längere Zeit gearbeitet, und da ich der Jüngste war, wurde ich von ihr gut behandelt. Sie gab mir oft zu essen, und als sie hörte, daß ich auch malte, holte sie mich sogar einmal sonntags unter dem Vorwand unaufschiebbarer Ordnungsarbeiten aus der Gefängniszelle. In

Wirklichkeit nahm sie mich in ihre Wohnung, wo ihr leicht debiler Sohn sich mit Ölmalerei die Zeit vertrieb. Es gab ein köstliches Mittagessen: Svičkova (Sauerbraten) mit böhmischen Serviettenknödeln; dann durfte ich mit dem Sohn malen. Ab und zu kam die Mutter ins Zimmer, brachte Powidltatschkerln und bestaunte unsere grellen Landschaften, die wir reihenweise mit höchster Geschwindigkeit auf Sperrholzplatten schmierten. Am Abend brachte sie mich wieder ins Gefängnis, wo meinen Zellengenossen meine ausnehmend gute Laune auffiel und ebenso, daß ich großzügig die abendliche Brotration verschenkte.

Diese Dame also kontrollierte unser Gepäck, zwinkerte mir zu, schaute pro forma in unsere Koffer und Bündel und ließ uns laufen. Ein Intermezzo der Freundlichkeit; wieviel hunterttausend andere mag es damals gegeben haben? Nach der Gepäckkontrolle ging es sofort zur „Einwaggonierung", wie dies in bestem k. u. k.-Deutsch hieß. Meine Schwester hatte mit dem letzten Geld viel Brot, Butter und Schmalz gekauft, denn wir wußten: Wir gingen hungrigen Zeiten entgegen.

Es wurde kaum geweint, als sich die Viehwaggons in Bewegung setzten, der Zug dröhnend die Elbebrücke überquerte und – wir hielten die Luft an – nun doch in westliche Richtung fuhr.

Mir fiel der Abschied besonders leicht, denn am Tag zuvor hatte ich noch heimlich einen Rundgang durch die Stadt meiner Jugend unternommen. Da war die Schule, in der ich mich noch vor zwei Jahren über schlechte Noten geärgert hatte. Lange zögerte ich, ob ich noch einmal die Kudlichstraße, die jetzt „Liberecka" – Reichenbergstraße – hieß, entlanggehen sollte. Schließlich tat ich es doch. Es waren noch dieselben Häuser, mochten auch die Gärten bereits verwildert sein. Ein Gefühl äußerster Fremdheit fiel mich an: Ja, das war noch die Kulisse meiner Kinderzeit, das waren die Häuser der Freunde, Inges schönes Elternhaus, das Haus des Nachbarn Proft, dessen Gattin bei der Nachricht vom Tod ihres einzigen Sohnes so entsetzlich geschrien hatte, und der Weg zum „Bachl", wo wir die knatternden Blechbötchen ausprobiert hatten, war auch noch da. Aber es hatte dennoch ein völliger „Szenen-wechsel" stattgefunden, die Häuser standen verfremdet da. Zur Frau Tomas, jetzt wieder Tomaš, ging ich ebenso wenig wie zur dicken Frau Hodina, deren immer noch schnatternde Gänse jetzt der einzige Originalton der zerstörten Heimat war. Mich hatten wegen der weißen Armbinde auf diesem Wege so viel böse Blicke, Signale des schlechten Gewissens, getroffen, daß ich weder Frau Tomaš noch Frau Hodina in Schwierig-keiten bringen wollte. So ging ich schnell ins Abschiebelager zurück; es war mir jetzt heimatlicher als die Kudlichstraße mit dem Haus Nr. 928.

Als wir nach einer beschwerlichen Nachtfahrt am über-nächsten Tag gegen zwölf Uhr bei Furth im Walde die bayeri-sche Grenze überschritten, entlud sich die allgemeine Erleich-terung in allen Wagen mit einem spontanen Akt: Hunderte von weißen Armbinden flogen aus Luken und halb geöffneten Türen auf den Bahnsteig. Wir waren frei, das tschechische Be-gleitpersonal zog sich rasch zurück, und der erste amerikani-sche Soldat, der gleichgültig Kaugummi kauend die Waggons zählte, erschien uns fast als höheres Wesen. Dann begannen die Prozeduren, denen sich alle Ankömmlinge unterziehen mußten: Aussteigen, Entladen der dürftigen Habe, gründliche Entlausung nach amerikanischen Vorschriften, denn die Angst der Besatzungsmacht vor Seuchen war groß. Man bekam mit einer Art Spritzpistole eine überreichliche Dosis DDT-Pulver zwischen Haut und Hemd geblasen; dann gab es Suppe, wobei wir besorgt nach unseren Koffern und Säcken schielten. Schließlich rollten riesige amerikanische Lastwagen der Marke „Dodge" an, die ich schon aus der Gefangenschaft kannte. Auf die verlud man unser Gepäck, und als alle Wagen vollgepackt waren, mußten wir selbst auf dieses Gebirge von Koffern, Bündeln und Säcken hinaufsteigen. Meine arme Mutter zitterte vor Angst, als sie vom Vater, der Schwester und mir unter kräftiger Mithilfe des amerikanischen Lastwagenfahrers nach oben gehievt wurde. Mit weit aufgerissenen Augen saß sie zwi-schen Wäschebündeln und sorgte sich schon wieder darum, daß auch mein Vater heil „aufs Gebirge" hinauf kam. „Es geht auf die Alpen zu", scherzte er, und in der Tat ging es südwärts, bis in die Nacht hinein. Der Motor brummte, die Sterne leuchteten, und obwohl es November war, strich lauer Fahrtwind über unsere müden Gesichter. Seltsam: So laut auch die Dodge-Motoren liefen, man spürte die große Stille des dunklen Bauernlandes. Alle schwiegen, nur ab und zu deutete einer nach oben, wenn eine Sternschnuppe Lichtspuren durchs Firmament zog. Wir wußten noch nicht, was es mit dem warmen Föhn im bayerischen Spätherbst auf sich hatte, jenem letzten Gruß Italiens an den germanischen Norden, dem dann meist in jähem Wettersturz einer einzigen Nacht der erste Schnee folgt. Irgendwann kamen wir in tiefster Dunkelheit irgendwo an. Vor einem größeren Gebäude, Kinosaal oder Turnhalle, wurde abgeladen, jeder suchte sich seiner Habseligkeiten zu bemächtigen und dann, steif von der Dauerbalance auf dem Lastwagen, schleppten wir uns in einen spärlich erleuchteten Saal, in dem Stockbetten standen. Es gab eine wässrige Gemüsesuppe, die wir voll trüber Ahnung mit unserem böhmischen Brot aßen, dann verkrochen wir uns auf die Liegen: Vater und Mutter „Parterre", die Schwester und ich im „ersten Stock". Meine Mutter hatte schon ihren Humor wiedergefunden und erinnerte an Johann Nestroys Komödie „Zu ebener Erd' und im ersten Stock". Wir fielen in einen schweren Erschöpfungsschlaf. Ich mußte noch an das militärische Nachtlager im Wald denken, als die Einschläge der amerikanischen Artillerie immer näherkamen, die Bäume krachend zusammenbrachen und dennoch keiner aufstand, um in den Keller des Jagdhauses zu gehen. Aber ehe ich diesen Gedanken zu Ende denken konnte, war ich schon hinüber. Nur eins noch sickerte in mein Bewußtsein: Der Ort, wo wir jetzt waren, hieß Simbach am Inn, und jenseits des Flusses lag Braunau, die Geburtsstadt Hitlers, für den wir im HJ-Dienst all die dummen Nazi-Lieder auswendig lernen mußten. Aber auch das war mir jetzt gleichgültig.

Tschechen und Deutsche

Nicht ohne Zögern greife ich ein Thema auf, das nicht fehlen darf, aber Schwierigkeiten besonderer Art hat. Geht es in den anderen Kapiteln meist um den Lebensbericht und um Ereignisse aus dem engsten Kreise, muß hier sehr Verschiedenartiges zusammengefügt werden: Eigene Erlebnisse, aber auch der weitere, politisch-gesellschaftliche Hintergrund, den ich damals noch nicht durchschauen, höchstens erahnen konnte. Viel später Erfahrenes oder gar wissenschaftlich Durchforschtes tritt bewußt oder unbewußt hinzu, so daß wohl oder übel zwei sehr verschiedene Aspekte aus weit auseinander liegenden Epochen diesem Abschnitt zugrunde liegen.

Bis zu meinem zehnten Lebensjahr, d. h. bis zum sogenannten Anschluß an das Reich im Jahre 1938, merkte ich wenig von tschechischen Mitbürgern, dann allerdings, in den Monaten der „Sudetenkrise", stürzten plötzlich lange zurückgehaltene Informationen auf mich ein. Bis dahin gab es in der Schule Tschechisch als Pflichtfach und Staatsbürgerkunde als politische Indoktrination, die aber eher das Gegenteil des Beabsichtigten bewirkte. Sie wurde nämlich als aufdringliche Selbstbeweihräucherung der Republik dargeboten, und die Deutschen kamen in diesem Ideenkonglomerat kaum vor. Unsere Begeisterung, Tschechisch zu lernen, hielt sich daher in Grenzen, wobei sicherlich unsere Abneigung gegen ein zusätzliches Schulfach eine Rolle spielte und wohl auch die Schwierigkeit für deutsche Zungen, gewisse tschechische Reibelaute richtig auszusprechen.

Tetschen hatte zwischen 1918 und 1938 etwa 7 Prozent tschechischer Einwohner, ein Teil davon lebte schon lange hier, die meisten waren jedoch als Beamte und Angestellte der Staatsverwaltung nach 1918 hergekommen und verließen daher aus demselben Grunde 1938 wieder die Stadt. Diesen Abzug mit dem radikalen Abschub aller Deutschen aus ihrer angestammten Heimat zu vergleichen und damit zu „verrechnen", wie dies heute verschiedentlich geschieht, zeugt von hochgradiger geistiger Unredlichkeit. Ähnliches gilt für die tschechischen Schulen, die mit großem Aufwand nach der Staatsgründung und meist auf Kosten des vor 1918 hoch entwickelten deutschböhmischen Schulwesens entstanden waren; nunmehr war für sie nach 1938 nur noch geringer Bedarf. Den Kampf um die jeweils tschechische oder deutsche Schule gab es schon seit dem 19. Jahrhundert; 1848 hatte bereits die tschechische Mehrheit im Prager Magistrat kategorisch die Schließung aller deutschen Schulen der Stadt gefordert, doch wies damals die Wiener Regierung dieses Ansinnen mit Recht zurück. Umgekehrt wurde die Gründung tschechischer Schulen in Deutschböhmen schon vor 1918 als Entnationalisierungstaktik der Tschechen von deutscher Seite beargwöhnt und bekämpft. In der Tschechoslowakischen Republik setzte sich dann dieses sinnlose Kampfspiel der Nationen fort, nur fehlte jetzt die übergeordnete und daher national ausgleichende Instanz der zentralen Schulbehörden und des vorbildlichen Wiener Gerichtshofs für nationale Streitfragen, der bis zum Ende des Ersten Weltkrieges erfolgreich gewirkt hatte. Jetzt prallten die Gegensätze in voller Wucht aufeinander und die Presse tat auf beiden Seiten das ihre, die Konflikte anzuheizen; ausgenommen das hervorragend redigierte, deutsch-jüdische „Prager Tagblatt", das sich – wie insgesamt die deutschprager, meist jüdische Kulturelite – verzweifelt um Ausgleich zwischen den Nationen bemühte; leider ohne bleibenden Erfolg.

Konkreter als diese fast schon klassischen und dennoch widerlichen nationalen Kämpfe um Schulen und Seelen war für mich aber das, was ich in unserer Straße erlebte, der langen, bis weit ins Bauernland hineinreichenden Kudlichstraße. Zwei bis drei tschechische Familien wohnten da, seit ich denken konnte, und da sie ortsansässig waren und mit uns den vertrauten nordböhmischen Dialekt redeten, fielen sie mir gar nicht als Tschechen auf. Schräg gegenüber lag das hübsche Einfamilienhaus der verwitweten Frau Tomaš, die nach 1938 lediglich das

Hatschek auf dem „s" weg ließ, um es 1945 wieder ihrem Namen hinzuzufügen, eine kleine Änderung, die ihr das Leben erleichterte. Sie konnte es nicht fassen, daß wir alle weg mußten, sondern glaubte, wie viele Sudetendeutsche damals auch, daß dies nur eine vorübergehende, revolutionäre Strafmaßnahme sei und wir nach wenigen Wochen wieder heimkommen würden. Sie schämte sich in den Hals hinein wegen jener Leute, die seit Mai 1945 als „Neusiedler" auftauchten, aber oft nur „Goldgräber" und Plünderer waren; aber was konnte sie dagegen tun? Dann gab es weiter oben, wo die Straße schon ins Land überging, die Frau Hodina, rund wie ein Faß und mit der Aufzucht von Gänsen, Enten und Hühnern geräuschvoll beschäftigt. Sie wurde daher mit ihrem Federvieh manchmal für die Nachbarschaft ein akustisches Problem, war aber ansonsten wohlgelitten. Ihre hübsche dunkelhaarige Tochter hatte einen deutschen Kommunisten geheiratet, der mit im Hause wohnte, am 1. Mai pflichtgemäß die rote Fahne aus dem Fenster hängte, ansonsten aber ein ruhiger Metallarbeiter war, für den die erstrebte Weltrevolution ungefähr dieselbe Bedeutung hatte wie für einen braven Christenmenschen das Paradies: Eine lebenserleichternde Hoffnung. Wahrheitsgemäß muß ich allerdings hinzufügen, daß wir Buben von der Kudlichstraße nur zu gern Gänse, Enten und Hühner der Frau Hodina aus lauter Freude an deren Gezeter aufscheuchten, aber das taten wir nicht, weil die Frau Tschechin war, sondern weil es uns ergötzte, wenn sie, watschelnd wie ihre gefiederten Schützlinge, herbeilief und hochroten Angesichtes auf uns einschimpfte, allerdings auf Tschechisch, was unsere Lust nur noch steigerte. Ab und zu beschwerte sie sich, kurzatmig die Worte hervorstoßend, bei meinem Vater, und der verbot uns dann unser Treiben, denn Frau Hodina sei eine anständige Frau.

Einmal am Tage erschien die tschechoslowakische Staatsgewalt persönlich in unserer Straße, und zwar in Gestalt eines beleibten Fußgendarms, der einen stoffbespannten Helm mit dem Hoheitszeichen und eine Respekt einflößende Pistolentasche trug. Wir lagen hinter den Zäunen auf der Lauer, vom Gebüsch verdeckt und hofften auf irgendeinen Akt der Staatsgewalt; aber nichts dergleichen erfolgte. Mit der Zeit kriegten wir aber heraus, daß seine glänzende Pistolentasche leer und zu einem Behältnis für Bonbons umgewidmet war, die er sich in den Mund schob, wenn er sich unbeobachtet glaubte. Im Sommer schwitzte er unter seinem Helm und hing sich denselben an den Gürtel. Man grüßte ihn gern, weil er dann so schön salutierte.

Das alles schien eher idyllisch und war es wohl auch. Dazu paßte, daß in den Schulferien regelmäßig meine Schwester zur Erlernung der Sprache „ins Tschechische", d.h. nach Innerböhmen geschickt wurde und dafür im Austausch ein tschechisches Mädchen ins Haus kam; meist ein dralles, hübsches Ding mit dunklem Wuschelhaar und blitzenden Augen. Das gefiel mir alles sehr, auch die knallbunten Kleider, die der mehrwöchige Gast trug und ebenso der etwas singende Akzent, mit dem die adrette Person vorsichtig ihre deutschen Sätze vortrug. Solcher Austausch war schon lange landesüblich gewesen, nur extreme Chauvinisten auf beiden Seiten fanden ihn überflüssig, weil er „die Fronten verunkläre". Solche Meinungen ließ man im Elternhaus auf sich beruhen, denn mein Vater war als Leiter einer „Botanischen Arbeitsgemeinschaft" und als Herausgeber einer Zeitschrift mit dem Titel „Natur und Heimat" mit Erfolg bemüht, Brücken zu tschechischen Naturfreunden, besonders unter den Lehrern, zu schlagen. Man unternahm zusammen botanische und geologische Exkursionen und tauschte Publikationen aus. Der Vater war dabei insofern in einer guten Position, als er das umfangreichste Herbarium aller in Böhmen wachsenden Pflanzen besaß und von den botanischen Universitätsinstituten in Prag und Brünn wie in Halle und Leipzig immer wieder um Auskünfte gebeten wurde.

Und doch sollte sich dies alles als eine trügerische Idylle herausstellen und 1938 mit der Landeseinheit zerbrechen. Dies kam nicht von ungefähr, und so jung ich damals war, nämlich zehn Jahre, bekam ich doch mehr von den heranwachsenden Katastrophen mit als meinen Eltern lieb sein konnte. Oft waren es nur Gesprächsfetzen, einzelne Meldungen, die ich er-

haschte und zu verstehen suchte. So waren „Pankraz" und „Bori"
zwei Worte, deren Bedeutung mir bald klar wurde. Es waren
dies zwei große tschechische Zuchthäuser, in denen viele Sudetendeutsche aus politischen Gründen verschwanden; dies besonders seit der Präsidentschaft des Dr. Edward Beneš, der
sich zwar eines verschwommenen, demokratisch drapierten
Vokabulars bediente, in Wirklichkeit jedoch ein knallharter
Chauvinist war. Seit dem sogenannten „Republikschutzgesetz"
von 1936 wurden demokratische Grundrechte außer Kraft gesetzt, deutsche Zeitungen und Zeitschriften zensiert oder völlig
beschlagnahmt, es gab häufig gesetzwidrige Hausdurchsu-
chungen und Verhaftungen ohne richterlichen Befehl; alles
Maßnahmen, die in der alten Monarchie undenkbar gewesen
wären. Darüber hörte ich meinen Vater voller Empörung reden. Seit 1918 war eben vieles anders geworden, es kam zu nationalistischen Schikanen und Zurücksetzungen durch die
tschechischen Schulbehörden, der Vater galt plötzlich als
„politisch unzuverlässig". Dies alles war kein Zufall, kein per-
sönliches Mißgeschick, denn auch im tschechoslowakischen
Parlament wurde jede nationalitätenrechtliche Initiative deutscher Abgeordneter von der herrschenden „Staatsnation" nie-
dergestimmt oder gar als Verrat am Staat denunziert. Frustra-
tion breitete sich unter den Sudetendeutschen aus und zwar
lange bevor im Nachbarland Hitler das Sagen hatte.

Gleichzeitig gab es antideutsche Hetzkampagnen in Beneš's
chauvinistischem Parteiorgan „Česke Slovo" (Tschechisches
Wort), ein Blatt, dessen Niveau sich kaum von der verlogenen
Parteipresse jenseits der Grenze in Hitlerdeutschland unter-
schied. Besonders schwer hatten es die demokratischen deutschen Parteien, Sozialdemokraten, Christlichsoziale und
Agrarier, die sich bis 1937/38 als Demokraten zur Republik
bekannten und zeitweise, wenn auch ziemlich erfolglos, in der
Prager Regierung mitgearbeitet hatten. Bis 1935 standen aber
hinter diesen Parteien noch zwischen 70 bis 80 Prozent aller
Sudetendeutschen, während die offiziellen tschechischen Organe unentwegt darüber jammerten, „naše Němci" – unsere
Deutschen (ein bezeichnender Ausdruck!) – seien nicht loyal

genug. Überall witterte man den Einfluß des „Hitlerismus", obwohl sich, wie wir heute aus archivalischen Quellen wissen, Hitler bis 1937 kaum für die Sudetendeutschen interessierte. Es war nicht zuletzt die Erfolglosigkeit der staatstreuen deutschen Parteien in allen nationalen Fragen und vor allem der Ausbruch der Weltwirtschaftskrise, die immer mehr deutsche Wähler seit 1935 in die neue Massenpartei des „Turnführers" Konrad Henlein trieb, jenes Mannes, der – ebenso paradox wie typisch böhmisch – auch tschechische Vorfahren hatte. Es war sicher nicht die Schuld der Prager Regierung, daß die Krise vor allem die Leichtindustrien der deutschen Gebiete, nämlich die Textil- und Glasindustrie, schwer in Mitleidenschaft zog, so daß dort die Zahl der Arbeitslosen beängstigend in die Höhe schnellte. Nationalpolitischen Charakter nahm der Niedergang der sudetendeutschen Industrielandschaften Nord- und Ostböhmens erst dadurch an, daß die teilweise erfolgreichen Stützungsmaßnahmen des Staates durch Großaufträge sich einerseits besonders auf die tschechische Schwerindustrie im Innern des Landes konzentrierten und man andererseits – was noch viel schlimmer war – Aufträge an deutsche Firmen davon abhängig machte, daß dort vorrangig tschechische Arbeiter und Angestellte eingestellt wurden, die deutschen Erwerbslosen somit meist leer ausgingen. Kein Wunder, daß man in diesem Vorgehen der Regierung den Versuch sah, die Wirtschaftskrise nationaltschechisch zu manipulieren, nämlich als „Wiedereroberung" der „eingedeutschten Gebiete", wie das mit krasser Offenheit von der Prager Boulevardpresse schon lange propagiert wurde. Vor allem die deutschen Sozialdemokraten, die bislang in den nordböhmischen Industriegebieten mehr als 50 Prozent Wählerstimmen hatten, erlitten seit 1935 schwere Verluste, die Arbeiter liefen in großer Zahl zur Partei Konrad Henleins über. Ein Notprogramm, das der neue Parteivorsitzende der Sozialdemokraten, Wenzel Jaksch, in letzter Minute bei der Regierung durchsetzen konnte, blieb wegen der Kürze der Zeit so gut wie wirkungslos, es scheiterte aber auch an der Intransigenz des Präsidenten Beneš. Es konnte nicht ausbleiben, daß sich die nationale Polarisierung zwischen Tschechen und Deutschen seit 1937 unheilvoll verschärfte. Jetzt erst griff das „Dritte Reich" über einen Teil von Henleins „Sudetendeutscher Partei" (SdP) in die Politik der Republik entscheidend und verhängnisvoll ein. Kein Wunder auch, daß die tschechische Politik, durch einen Freundschaftspakt mit der Sowjetunion seit 1935 vom Westen völlig isoliert, in Panik geriet, als im März 1938 der Anschluß Österreichs an das Reich die ohnehin lange tschechoslowakische Grenze zu Deutschland fast verdoppelte und gleichzeitig die politischen Autonomieforderungen der SdP gegenüber der Prager Regierung sich grundsätzlich verschärften.

Das alles waren Entwicklungen, von denen ich damals so gut wie nichts begriff, nur die wachsende Euphorie der Sudetendeutschen nach Österreichs „Heimkehr ins Reich" spürte ich als einen jähen Stimmungswechsel, der „Anschluß" schien jetzt der Mehrzahl als die einzig mögliche Lösung, obwohl man sich in der „Sudetendeutschen Partei", jedenfalls in den Führungsgremien, bis zum Schluß uneinig war, ob man nur Autonomie nach Schweizer Muster oder den radikalen Anschluß an Deutschland wollte. Aber damals, im Jahre 1938, waren Tschechen wie Sudetendeutsche ohnehin nur noch „Bauern" im Schachspiel Hitlers mit den europäischen Mächten, die Dinge nahmen ihren verhängnisvollen Lauf.

Was ich 1938 begreifen oder wenigstens erspüren konnte, waren Gesprächsfragmente und die wachsende Erhitzung der Gemüter auf beiden Seiten. Offenbar hatte die Prager Regierung und die tschechische politische Klasse kein Gespür für latente und nun deutlich hervortretende Stimmungen. Einerseits hatte man die Sudetendeutschen für den Staat der Tschechen und Slowaken gewinnen wollen – obwohl letztere nur halbherzig und immer kritischer die offizielle tschecho-slowakische Staatsideologie mittrugen; andererseits tat man kaum etwas, den künstlich prolongierten tschechischen Siegesrausch von 1918 und die damit verbundene antideutsche „Reconquista-Ideologie" rechtzeitig zu beenden. Aus vielen Gesprächen bekam ich mit, daß es beispielsweise nicht ungefährlich war, in Prag auf offener Straße deutsch zu sprechen oder deutsche Landestrachten zu tragen. Man konnte leicht angepöbelt, bespuckt oder gar verprügelt werden. Durfte man unter diesen Umständen, gegen die von seiten der Regierung nichts unternommen wurde, von den Deutschen erwarten, daß sie Prag als „ihre Hauptstadt" akzeptierten? Und doch wäre dies dringend nötig gewesen. Traditionell waren die Deutschböhmen ohnehin seit langem auf Wien orientiert, wo ihre Eliten in Politik, Wirtschaft und Kultur aufgestiegen waren und wo jede dritte sudetendeutsche Familie Verwandte hatte.

Man konnte die Beschränktheit der politischen Klasse des offiziellen Prag auch in anderer Weise mit Händen greifen. Ich erinnere mich eines Prachtbandes über die „Tschechoslowakische Republik", der 1937 in den Schulen auflag und in dem sich vor allem die Tschechen, weniger die Slowaken, gewaltig auf die eigenen Schultern klopften, während die dreieinhalb Millionen Deutschen so gut wie gar nicht vorkamen. Das Echo auf dieses plumpe Werk der Selbstbeweihräucherung muß dann aber doch so verheerend gewesen sein, daß man eine Neuauflage nachschob, in der es dann einen inhaltlich kümmerlichen, in jeder Hinsicht dünnen Beitrag über „unsere Deutschen" gab. Dies alles war mehr als unzulänglich und sicher nicht geeignet, sudetendeutsche Sympathien zu wecken; schon das Wort „unser" erregte Mißfallen, da die Tschechen sicher nicht auf die Idee gekommen wären, ihr Brudervolk „unsere Slowaken" zu nennen.

Nervosität, ja Hysterie nahmen jedenfalls auf beiden Seiten zu, als nun Hitler wirklich die böhmische Karte zu spielen begann. Im Mai 1938 kam es zu einer tschechoslowakischen Mobilmachung, vor der man in Berlin noch einmal zurückzuckte, dies war jedenfalls der Eindruck, den die Westmächte damals gewannen. Panzer rollten durch die Stadt zur Grenze und Militär rückte in die neuen Bunkerlinien ein, Teile der SdP-Führung flüchteten nach Deutschland, es kam zur Bildung sogenannter Freikorps jenseits der Grenze. Das waren aber nur kleine Verbände, denn das Bemerkenswerteste an dieser Mobilmachung war die Tatsache, daß die überwältigende Mehrheit der sudetendeutschen Wehrpflichtigen ordnungsgemäß zu ihren tschechoslowakischen Einheiten einrückten: Gab es doch noch eine Hoffnung, die Einheit Böhmens zu bewahren?

Hitler selbst empfand, wie wir heute wissen, die Mobilmachung der Tschechoslowakei als Provokation und beschloß deren „Zerschlagung", entweder diplomatisch oder militärisch. Die Westmächte wichen Schritt für Schritt zurück, bis es im Herbst 1938 zum Diktat von München kam; es ist bis heute für jeden Tschechen ein Trauma.

Zu Hause überstürzten sich die Ereignisse, es bildeten sich tschechische und sozialdemokratische Milizen, die den Staat erhalten wollten, aber keinen Beistand mehr bei der Mehrheit der sudetendeutschen Bevölkerung fanden. Es kam auf beiden Seiten zu Ausschreitungen. Als mein Vater einmal die willkürliche Verhaftung mehrerer Bürger auf offener Straße durch solche Milizionäre unter Berufung auf die Verfassung verhindern wollte, wurde er selbst verhaftet und mit Gewehrkolbenschlägen verletzt, man lieferte ihn mit gebrochenen Rippen ins Krankenhaus ein. Dort war schon Panik ausgebrochen, denn alle Patienten, darunter viele mißhandelte Bürger der Stadt, hatten sich auf dem Dachboden verbarrikadiert und erwarteten ernstlich einen Angriff des Militärs. Inzwischen ordnete die Regierung etwas an, was ihre eigene Hilflosigkeit zeigte: Alle Deutschen mußten bei Androhung schwerer Strafen binnen 12 Stunden ihre Radioapparate bei der Polizei abliefern. Ohne den Vater völlig orientierungslos geworden, befolgten wir diese psychologisch bemerkenswert törichte Anordnung, doch hatten wir eine Möglichkeit, uns dennoch Informationen zu verschaffen. Mein Bruder war schon lange ein eifriger Radio-Bastler und so konnten wir nachts im verdunkelten Wohnzimmer sowohl den Schweizer Sender Beromünster wie auch die deutschen Sender empfangen; auch Hitlers Brandrede auf dem Nürnberger Reichsparteitag, die uns eher bedrückte: Sie schmeckte nach Krieg. Die Angst vor weiteren Massenverhaftungen wuchs von Stunde zu Stunde, bis das Münchner Abkommen die – scheinbare – Lösung brachte; es schlug wie eine Bombe ein. Das Militär zog sich Anfang Oktober 1938 vertragsgemäß aus den deutschen Gebieten zurück, mit ihm die tschechischen Beamten, Lehrer und Angestellten, die nicht vor 1918 schon ansässig gewesen waren. Die sudetendeutschen Offiziere und Soldaten konnten jetzt regulär ihre Truppenteile verlassen und kehrten heim. Besonders hart traf es die deutschen Sozialdemokraten, die bis zuletzt die Regierung gestützt hatten und jetzt Hals über Kopf in die restliche Tschechoslowakei flüchteten und oft unter entwürdigenden Umständen von den tschechischen Behörden in die sudetendeutschen Gebiete zurücktransportiert wurden. Ein böser Dank der Prager Burg für erwiesene Staatstreue! Viele sudetendeutsche Sozialdemokraten kamen damals ins Konzentrationslager Dachau. Zusammen mit den deutschböhmischen Juden, die bislang wesentliche Träger der Wirtschaft und der deutschen Kultur im Lande gewesen waren, wurden sie die ersten Vertreibungsopfer in der böhmischen Geschichte des 20. Jahrhunderts. Nur wenige von ihnen kamen nach 1945 wieder zurück: Weder wollten die Tschechen deutsche Sozialdemokraten im Lande haben noch fanden die deutschen Juden wieder eine Heimat – soweit sie die Mordhöllen des Dritten Reiches überlebt hatten. Das Jahr 1945/46 vollendete dann mit der kollektiven Vertreibung der Sudetendeutschen die Zerstörung einer Jahrhunderte langen Lebensgemeinschaft von Tschechen, Deutschen und Juden; aber daran dachten 1938 die wenigsten der „Befreiten", die mit frenetischem Jubel den Einmarsch der deutschen Truppen begrüßten. Sie waren das vermeintliche Joch des tschechoslowakischen Staates losgeworden; nur wenige dürften damals geahnt haben, welchen Schrecknissen unerhörter Art sie bald entgegengehen sollten. Vermutlich hätte Hitler früher oder später, mit oder ohne Zustimmung der Sudetendeutschen die Tschechoslowakei überrannt, um seine Großmachtspläne durchzusetzen. Doch war es eine verhängnisvolle Schuld jenes Teils der Sudetendeutschen Partei, der 1937/38 die Oberhand gewann, daß es nicht mehr dazu gekommen war, das ehrlich gemeinte Autonomie-Konzept der anderen Parteigruppe innerhalb der Republik zu erproben. Die Häupter dieser letzteren Gruppe mußten dann dafür büßen. Sie wurden in Geheimprozessen „ausgeschaltet" und verschwanden im KZ. Beneš's Unnachgiebigkeit gegenüber den deutschen Autonomie-Forderungen trug allerdings auch wesentlich dazu bei, daß der verhandlungsbereite Flügel der SdP unterlag: Die Chauvinisten in beiden Lagern hatten zum Schaden der Völker triumphiert, um beide wenige Jahre darauf unterzugehen. Zum Schuldkonto auf sudetendeutscher Seite gehört, daß die Mehrheit nach 1935 und besonders seit 1937 den Schutz des Hitlerreiches erwartete, obwohl die nach Prag geflohenen reichsdeutschen Emigranten genug über die Verbrechen der neuen Machthaber in Berlin zu erzählen wußten. Man wollte dies – ebenso wie ein Teil der Engländer und Franzosen – einfach nicht wahrhaben, tat alles als „Greuelpropaganda" ab oder entschuldigte es – mit Blick auf die Massenmorde in der Sowjetunion – als vergleichsweise geringfügige Härten einer Revolution, die vorübergehen würden: „Wo gehobelt wird, fallen Späne"; – mit diesem Sprichwort schaffte man sich vieles vom Halse, leider auch eine klare Stellungnahme zu den Judenverfolgungen des NS-Systems. Wie dem auch sei; wenn ich im Geiste die lange Kudlichstraße abgehe, in der ich aufgewachsen bin, drängt sich mir das Fazit der „Heimkehr ins Reich" von selbst auf: Von den älteren Jugendfreunden kam keiner aus dem Krieg zurück ...

Aber wer dachte im sonnigen Oktober 1938 noch an die Prophezeiung der sudetendeutschen Sozialdemokraten, daß Hitler Krieg bedeute? München – für die Tschechen eine Schmach und ein Schmerz bis zum heutigen Tage – wurde von der Mehrheit der Deutschen in der Republik als Erlösung empfunden. Wieder einmal schien der „Führer" bewiesen zu haben, daß er keinen Krieg beabsichtigte, sondern geduldig und erfolgreich verhandelt hatte. So stellten es die Medien jedenfalls dar, und man glaubte es nur allzu gern. Die grauen Bunkerketten, die fast überall die deutschen Siedlungsgebiete durchzogen und verunstalteten, waren über Nacht überflüssig geworden – ein tristes Andenken an einen Staat, in dem man damals nicht mehr sein wollte.

Der Vater war wieder aus dem Krankenhaus heimgekommen, zwar bleich und wegen seiner gebrochenen Rippen nur mühsam gehend, aber er war da und wir atmeten auf. Tags darauf wurde er auf dem Marktplatz vor dem Mikrophon von Berichterstattern der Wehrmacht über seine Erlebnisse in den letzten Tagen ausgefragt; darüber erschien ein Foto in der Tageszeitung. Es wurde meinem Vater und damit auch mir im Juni 1945 zum Verhängnis, denn die Tschechen vermuteten, daß der junge Soldat auf dem Bild nur ich sein könne, eine völlig unsinnige Annahme, da ich 1938 erst zehn Jahre zählte.

Unsere Verhaftung im Juni 1945 war ein tragikomisches Spektakel, denn es erschien in unserem Hause ein uniformierter Wüterich, der meine Mutter an der Haustür beiseite stieß, den Vater und mich barsch aufforderte, uns mit erhobenen Händen, Gesicht zur Wand, aufzustellen; dann durchwühlte er Schreibtisch und Schränke. Sein Begleiter aber war zu unserem Erstaunen jener Nachbar N., ein Kommunist, den mein Vater seit 1939 vor Verfolgung durch die Gestapo schützen konnte, ein harmloser Mann. Auch er hatte jetzt eine Pistole in der Hand, aber kaum war der Wüterich in die anderen Räume des Hauses verschwunden, versicherte er uns flehentlich, daß er nichts dafür könne, sondern als Nachbar mitzugehen gezwungen worden sei. Solange der andere nicht wieder im Zimmer war, sollten wir doch um Gottes Willen wieder die Hände herunternehmen. Es hörte sich an, als sei nicht der Vater der Delinquent, sondern er, und das entbehrte nicht einer gewissen Komik. Immerhin konnte er uns zuflüstern, daß jenes Zeitungsbild die Ursache der Verhaftung sei, sicher würde zumindest ich nach Aufklärung dieses Irrtums wieder freigelassen werden. Mit diesem kleinen Trost landete ich dann auch in der Gefängniszelle und plapperte diese Aussicht auf baldige Freilassung in meiner Aufregung gleich heraus. Schallendes Gelächter war die Antwort und zugleich die grimmige Versicherung, mit dieser falschen Hoffnung sei so ziemlich jeder hier gelandet. So programmierte die „Heimkehr des Sudetenlandes ins Reich" für Vater und Sohn zugleich einen weiteren Lebensabschnitt, aber wer dachte damals schon an Krieg, Gefängnis und Vertreibung? Obwohl die deutsche Kriegsmaschine sich warm lief, spielte man in Berlin noch Friedensschalmeien und beruhigte das Ausland mit der Versicherung, dies sei die letzte territoriale Forderung Deutschlands an Europa gewesen.

Eins ist mir aber noch erinnerlich, und ich bin sicher, daß ich mir dies nicht erst im Rückblick zurecht lege: Ich konnte die Begeisterung nicht teilen, mit der meine Schulkameraden auf Kanonen und Panzern der Wehrmacht herumkletterten und sich von den lachenden Soldaten alles haarklein erklären ließen. Mein Abseitsstehen fiel auf und ich mußte deswegen viel Spott einstecken, galt als Muttersöhnchen und Miesmacher. War ich nicht doch ein komischer, trister Vogel? Das fragte ich mich damals ernstlich, denn auch meine Freunde verstanden mich nicht.

Lagerleben und Freiheit

Stockbetten, ganz gleich, ob zwei- oder dreistöckig, sind in meiner Erinnerung eng mit Zwang, Not, Unfreiheit verbunden, mit der kurzen Militärzeit, der längeren Haft im Tetschner Gefängnis und im Rabsteiner Lager. Nur in Simbach blieb das Gefühl des Zwangs, der Unfreiheit aus. Im Gegenteil, sich wieder frei bewegen zu können, am hellgrünen Wasser des Inns dahinzuschlendern und nach drüben, nach Österreich, auf die gotisch-barocke Stadtsilhouette von Braunau zu blicken, ohne weiße Armbinde, ohne Bewachung und daher auch ohne Angst, – das war ein Glücksgefühl, das selbst die Miseren des Lagerlebens vergessen ließ, die peinliche körperliche Nähe zu fremden Menschen, die mangelhafte Ernährung.

Das Empfinden, frei zu sein, hatte ab und zu auch seine bitteren Zäsuren. Da irrte ich stundenlang durch die waldigen Hügel hinter Simbach und kämpfte vergeblich gegen Schmerz und Wut an. Denn erst jetzt, ohne die Angst vor Gefängnis und Mißhandlung, die mich nur noch nachts im Traum anfiel, erst jetzt überwältigte mich dann und wann ein fast körperlicher Schmerz. Ich spürte den Verlust der Heimat – nicht als allgemeines „politisches" Gefühl, sondern sehr konkret. Unser Haus in Tetschen, von den Eltern mühsam genug erworben und bewahrt, war uns mit Haß und Schimpf genommen worden; jetzt saßen wir in zwei winzigen Dachstuben – als Flüchtlinge. Daß die Eltern diesen Verlust stumm, fast geduldig trugen, beruhigte mich gar nicht, sondern preßte mir in solchen finsteren Stunden Tränen ohnmächtigen Zorns ab. Heimatgefühl der schwärzesten Art – die Seele deformierend, eine offene Wunde. Das Schlimmste für mich: Mir fehlte die schützende Hülle des Elternhauses am allermeisten. Mir fehlten dessen Düfte, und zwar nicht nur die verheißungsvollen aus der mütterlichen Küche und aus dem Obstkeller, sondern auch der

Pfeifengeruch in Vaters Bibliothek, der noch Flur und Treppe durchzog; sogar das allzu herbe Aroma des Herbarium-Zimmers vermißte ich und die Ausdünstungen des nassen Haushundes Susi, kurz, es fehlte jetzt alles, was Geborgenheit bedeutete und jene entschwundene „süße Gewohnheit des Daseins" ausmachte, die Goethes Egmont erst im Kerker als Geschenk des Lebens erkennt. Ich hatte gegen ein Gefühl des Ausgestoßenseins zu kämpfen. Ausgestoßen von einem blinden Schicksal, gegen das keine Klage half: Ein Ascheregen von dumpfer Resignation und gegenstandslosem Haß. Und je länger das Leben im winterlichen Flüchtlingslager währte, um so dünner wurde die seelische Haut, um so schwächer die Energie, gegen die eigene Verfinsterung anzukämpfen.

Die „Normalität" des Lagerlebens und der „Schlangenfraß" aus der Gemeinschaftsküche waren nicht dazu angetan, meine Anfälle von Verzweiflung, die ich vor Eltern und Schwester verbarg, auszuheilen. Ich wäre damals in manchen Stunden wohl zu allem fähig gewesen und erkenne mich noch heute im halb bittenden, halb wütenden Blick all jener wieder, die als verachtetes „Strandgut der Gesellschaft" in den U-Bahnhöfen der Großstädte herumirren oder wie schwarze Mumien eingewickelt an den Wänden entlang liegen ...

Es scheint fast ein Gesetz zu sein, daß „Gemeinschaftsverpflegung" oft mit Betrug und Unterschleif verbunden ist; Lebensmittel werden „abgezweigt", es gibt „Sonderküchen" und eine dicke Traube von Wanzen und Schmarotzern, die von diesem Zustand listig oder demütig profitieren. Gemeinschaftsküchen scheinen das Diktum zu bestätigen, daß allzu viel Gemeinschaft gemein macht. Jedenfalls roch es in der Lagerküche im Haus gegenüber immer ganz anders als nach den dünnen Lagersuppen, die wir bekamen. Trat man dort unangemeldet ein, konnte man sicher sein, daß der örtliche Flüchtlingskommissar, ein entlassener Feldwebel, üppig speiste oder mit einem Paket unterm Arm verschwand. Manchmal wurden auch hastig Kuchenbleche verräumt. Man wies kaltblickend auf das Türschild: „Unbefugten Eintritt verboten". Manche Lagergenossen hatten dennoch sehr schnell Kontakt zum Küchenpersonal, besonders zum weiblichen, und verschmähten daher die „Gemeinschaftskost". Ein kraftstrotzender Mensch in den „besten Jahren", der meist über Nacht ausblieb, ist mir besonders in Erinnerung, weil er regelmäßig am Morgen vom Bett seiner nahrhaften Küchenfee zurückkam und provokant gute Laune verbreitete, nämlich durch lautes Absingen von Liedern der Jugendbewegung. In der Tat ein seltsamer Gegensatz: die grobschlächtige Schlauheit des Kerls und sein dröhnender Singsang aus dem „Zupfgeigenhansl". Meine gute Schwester, die oft an den sudetendeutschen Singwochen von Walter Hensel teilgenommen hatte, litt unter dieser derben musikalischen Munterkeit schon deshalb, weil mein Vater es aus diesem Anlaß an sarkastischen Bemerkungen über „Sein und Schein" der Jugendbewegung nicht fehlen ließ; letztere war seiner Überzeugung nach nichts anderes als ein ästhetisierendes „Hinter-die-Schule-Laufen" gewesen, nämlich vor den wirklichen Herausforderungen der Zeit. Die singende Nervensäge, die sich ganz offensichtlich von „abgezweigten" Nahrungsmitteln unseres Lagers mästete, konnte seine Galle nur noch steigern. Schließlich wandte sich unser Vater wegen der elenden Lagerkost an den für den Landkreis zuständigen amerikanischen Kontrolloffizier. Es stellte sich heraus, daß die Lagerleitung uns schlicht belog, wenn sie auf unsere Klagen hin immer wieder behauptete, wir, die Neuankömmlinge, hätten noch keine Lebensmittelkarten erhalten. In Wahrheit waren dieselben längst in die Küche gewandert und ermöglichten dort die Festmähler des Managements und seiner Günstlinge. Das Essen wurde daraufhin etwas besser, aber doch nicht so gut, daß sich nicht jeder nach anderen Möglichkeiten, den Hunger zu stillen, umsah.

Damit kam meine Stunde, denn ich hatte, eher zufällig als absichtlich, Wasserfarben und Aquarellpapier gerettet und zog nun von Bauernhof zu Bauernhof, um gegen Lebensmittel die stattlichen niederbayerischen Gehöfte zu malen, Vierkanthöfe wie kleine Burgen. Das gelang mir in vielen Fällen, und selbst dort, wo man auf meine künstlerischen Dienste barsch verzichtete, steckten mir gutmütige Bäuerinnen heimlich oft noch etwas Eßbares zu, denn es war inzwischen bitterkalter Winter mit tiefem Schnee. Bekam ich aber einen „Arbeitsauftrag", dann war größte Genauigkeit erfordert; denn das Fehlen eines Blitzableiters, eines Baumwipfels oder eines Fensters auf meinem Aquarell konnte schwerwiegende Folgen für Quantität und Qualität der Naturalbezahlung nach sich ziehen. Im allgemeinen jedoch zeigten sich die Niederbayern – ein eher verschlossener, wortkarger Menschenschlag, wenn man sie nicht vom Wirtshaus her kannte – hilfsbereit, mochten sie auch oft bilderreich-barock fluchen, wenn schon wieder einer „von die Flichter" an der Glocke zog: „Herrgottsakrament, Du bist heit' schon der acht', der wo wos wui!" Auch in diesem Fall klafften Sein und Schein auseinander, aber mir war es wahrhaftig lieber, wenn ich dann trotz der rauhen Anrede drei Eier bekam und nicht nur mit Mitleidsgesäusel hinauskomplimentiert wurde. Ein guter Menschenschlag und obendrein in moralischen Fragen von jener Nachsicht des „Leben-und Leben-Lassens", die man in manchen anderen Landschaften Deutschlands, wo säuerlicher Puritanismus nur Geiz und Hartherzigkeit kaschiert, vergebens suchen würde.

Auf jeden Fall waren es für mich Augenblicke des Triumphs, wenn ich mit Speck, Butter, Brot und Eiern zurückkehrte, und zwar auch deshalb, weil der Vater in früheren Jahren meine Malerei immer sehr abschätzig kommentiert hatte; für den Naturwissenschaftler war sie einfach „Zeitvergeudung" und „Materialverschwendung", eine Marotte, die mich nach seiner Meinung von wichtigeren Dingen abhielt. Jetzt jedoch, im Hungerwinter 1946/47, gewann mein Hobby eine buchstäblich lebenserhaltende Bedeutung, und ich war taktlos genug, dies dem Vater, den ich doch mochte, deutlich zu sagen. Vielleicht tat ich dies auch deshalb, weil es mein erster, von der Realität bestätigter, selbständiger Schritt aus dem anspruchsvollen Revier väterlicher Hausherrschaft hinaus gewesen ist.

So lebten wir zwar mit meinem Malerverdienst merklich besser, aber es war doch nach wie vor unser größter Wunsch, aus dem Lager herauszukommen, und dies möglichst noch vor dem Weihnachtsfest. Das gelang auch, denn meine Schwester erhielt eine vorerst befristete Anstellung als Turnlehrerin im „Institut der Englischen Fräulein auf der Marienhöhe", einer höheren Schule, in der auch ich bald danach meine Schullaufbahn fortsetzen konnte. Da es damals in Simbach kein anderes Gymnasium gab, sprangen die „Englischen Fräulein" in die Bresche und unterrichteten gegen ihre sonstigen Gepflogenheiten sowohl Buben wie Mädchen. Ich hatte nicht das Gefühl, daß sie es bedauerten, denn als wir im Februar 1947 in den Klassenzimmern Fasching feierten und zu wilden Jazz-Rhythmen tanzten, standen die Nonnen eher amüsiert in der Tür und wiegten sich ebenfalls – wenn auch diskret und zaghaft – in den Hüften. Etwas kompliziert wurden die Dinge allerdings dadurch, daß sich nicht nur engere Fäden zu den Mädchen in der Klasse schlangen, sondern daß Mater Ancilla, eine jugendliche Nonne, die sehr streng war und außerdem mein Horrorfach Mathematik unterrichtete, mein Herz – und nicht nur das meine – entflammte; so sehr nämlich, daß mir auch ihr strenger Tadel wegen mangelhafter mathematischer Leistungen wie ein warmer, angenehmer Schauder den Rücken herablief: Sie hatte immerhin zu mir gesprochen, auch wenn es nur der schroffe Satz war: „Prinz, Sie haben schon wieder gespickt!", nämlich abgeschrieben.

Der erste Schultag in „Marienhöhe" ist mir wie ein Vorgeschmack himmlischer Freuden vorgekommen: Nach Krieg, Gefangenschaft, Gefängnis und Arbeitslager, nach dem Rattenhaus in der Berggasse und dem kalten, miefigen Flüchtlingslager sog ich den unverkennbaren Geruch des „Instituts der Englischen Fräulein" – eine Melange von Weihrauch, gutem Essen und Bohnerwachs – wohlig ein, genoß das saubere, geheizte Schulzimmer und widmete mich den Schulaufgaben, denen ich durch meine Erlebnisse längst hätte entfremdet sein müssen, mit einem Eifer, der zugleich willentliche Flucht vor dem Erlittenen war. Da das Klassenzimmer eigentlich schon überfüllt, alle Schulbänke besetzt waren, richtete man mir neben der Tür einen Extraplatz ein. Ich fühlte mich sehr wohl an meinem Katzentischchen, denn die höheren Bänke vor und neben mir boten beim „Spicken" einen willkommenen Schutz vor Mater Ancillas feurigem Rächerblick. In der nächstgelegenen Bank saß auch Erwin Liewehr, der beste Mathematiker der Klasse, der die Abgründe meiner Unkenntnis rasch erkannte und mich willig abschreiben ließ. Dafür konnte ich das Niveau seiner Hausaufsätze beträchtlich heben, eine Symbiose, die bald zur Lebensfreundschaft werden sollte. Beflügelt wurde unsere Freundschaft auch dadurch, daß Erwin Schlager komponierte, deren Texte ich schrieb. Sie fanden aber in der U-Musik-Abteilung des Bayerischen Rundfunks keine Gnade. Dennoch erinnere ich mich mit Vergnügen der Kompositionsstunden an Erwins schwarzem Piano, über dem an der Wand – Entnazifizierung hin, Niederlage her – immer noch eine riesige Tuschzeichnung des Freundes hing: Deutsche Stukas bombardieren alliierte Schlachtschiffe – eine mit „Sehr gut" benotete Schularbeit aus kürzlich vergangenen Zeiten.

Mit Erwin erlebte ich das erstemal die Alpen. Wir fuhren mit unseren Fahrrädern über das hügelige Voralpenland um den Chiemsee herum nach Salzburg und von dort mit der winzigen „SKGLB" (Salzkammergutlokalbahn) bis an den Hallstädter See, der schon tief im Hochgebirge liegt. Von dort aus stiegen wir eines Morgens zum Dachstein auf, einem der mächtigsten Massive der Alpen. Für einen, der bislang nur die sanft gewölbten Waldrücken des Mittelgebirges kannte, war es ein gewaltiges Erlebnis: Der lange Aufstieg durch dunkle Fichtenregionen, entlang an steinigen Hängen, bis in die Zonen um 2000 Meter Seehöhe, wo sich der Wald in einzelne, oft vom Blitz gespaltene Bäume auflöste; graue Stämme mit gelben Flechten überdeckt, abgestorbene, weiße Stümpfe und endlich die Almen, auf denen im Juni der „Bergfrühling" eingekehrt war mit einem Blütenmeer, wie ich es noch nie gesehen hatte: Ich schrie und sang vor Glück, und Erwin, der den Höhenrausch schon von vielen Wanderungen kannte, mußte lachen. Dann, um die Mittagszeit, kamen wir in steile Felsen, die sich wie Türme unserem Aufstieg entgegenstellten. Enziane leuchteten in Mulden, und auch der Himmel über uns ging in immer tieferes Blau über. Die Sonne brannte auf uns herab; wir hielten im Schatten einer Felswand lange Rast. Es war ein Föhntag, und ungezählte Gipfel und Bergketten reihten sich vor unseren Blicken hintereinander auf. Erst am späten Nachmittag erreichten wir die Dachsteinhütte und den Gletscher. Rings um uns Gestein in tausend Farbschattierungen von Gelb über Violett bis zu Graugrün und Graublau, alles kahl wie eine Mondlandschaft, stumm und majestätisch abweisend. Es war totenstill, unsere Rufe verschluckte die stumme Welt, wir schwiegen. Bei sinkender Sonne erglühten die Felsendome, welche die dunkelgrünen Matten um die Schutzhütte umstanden, später wandelte sich das helle Rot des Gesteins zu Violett und dann zu einem metallischen Blau, das mit zunehmender Stärke des Mondlichts silbrige Spuren zeigte. Dann – aus den warmen Wänden der starke Duft des Thymians, Weihrauch unter der nächtlichen Ampel, fast betäubend. Die Windstille fiel mir auf, denn der Dachstein war wie ein hohler Backenzahn, sein Inneres lag geschützt fast nach allen Seiten. Nur der Gletscher blieb oben noch grellweiß, die Abbruchstelle glänzte wie dunkelgrünes Flaschenglas; spiegelte sich in einem See, der das Schmelzwasser sammelte und in dem des Mondes wässriger Zwilling zitterte. Bevor wir unser Matratzenlager aufsuchten, traten wir noch einmal aus der rauchigen Gaststube ins Freie. Nie mehr im Leben habe ich so viele Sterne und das Band der Milchstraße so riesig gesehen: Ich mußte an meinen Bruder, sein Fernrohr und an die Jupitermonde denken. Das lag jetzt fünf Jahre zurück, und was sich inzwischen ereignet hatte, begleitete mich trotz meiner Müdigkeit noch lange in den Schlaf hinein. Es war seit diesem Tag und dieser Nacht auf dem Dachstein, daß mir das Hochgebirge mehr wurde als ein sportliches Wanderziel: nämlich ein Stück Freiheit und ein Empfinden völliger Losgelöstheit von „der Welt" tief unten.

Im Frühjahr zogen Erwin und ich mit Skizzenblöcken durchs Land, von dessen Anhöhen man im Süden die Alpen schimmern sah. Wenn wir um die Wette zeichneten und malten, dann hatte dies auch mit einem am Ort lebenden Künstler zu tun, der während des Krieges Erwins Zeichenlehrer gewesen war: Josef Karl Nerud. Er war bis 1933 Mitglied der jüngsten modernen Künstlervereinigung Münchens gewesen, den „Jury-Freien", die dann als „entartet" aufgelöst wurde. Nerud, der sich damals schon einen Namen gemacht und 1931 beim Brand des Glaspalastes in München mehrere Bilder verloren hatte, erhielt 1933 Malverbot und fristete in Simbach sein Leben als Zeichenlehrer. Er wohnte mit seiner Familie recht beengt in der Mansarde einer alten Villa. Noch während des Krieges trat er unbegreiflicherweise in die NSDAP ein, ohne daß sein Berufsverbot gelockert worden wäre. Dafür konnte er sich nach 1945 als ehemaliges Parteimitglied nicht in die Phalanx der wiedererstandenen oder neuen Avantgarde einreihen; er saß nun zwischen allen Stühlen. Rettung und neuerlichen Aufstieg brachte ihm dann das Münchner Blatt der amerikanischen Besatzungsmacht, die „Neue Zeitung". Sie hatte einen hervorragenden, von zurückgekehrten Emigranten gestalteten Kulturteil, der für uns ein Fenster zur westlichen Kunst und Literatur in einer Zeit wurde, als Bücher noch rar waren und überall noch die erbärmlichen Wälzer der Zöberlein, Kolbenheyer und Vesper herumlagen. Eine Sondernummer dieser Zeitung brachte die deutsche Übersetzung von Ernest Hemingways Novelle „Der alte Mann und das Meer", und Nerud durfte den schwierigen Text illustrieren. Diese Arbeit begründete dann doch seinen Wiederaufstieg. Charakteristisch für Neruds Stil in Graphik und Malerei waren kühne Vereinfachungen, eine aufs äußerste zurückgenommene Geschlossenheit und spartanische Sparsamkeit der Umrisse und Flächen. Kein Wunder, daß wir nach langen Aufenthalten in seinem Atelier – er war sehr fleißig, spielte das aber gern herunter – in unseren eigenen schüchternen Kunstversuchen immer „nerudianischer" wurden und in unserem Geschmack immer anspruchsvoller. Kunstgespräche mied Nerud nach Möglichkeit, wodurch er uns jene peinlichen Erfahrungen ersparte, die ich später machen mußte, wenn bildende Künstler eifrig versuchten, ihre Werke in angelerntem Kunstexperten-Jargon zu „erklären"; meist mit mäßigem Erfolg. Nerud hingegen begnügte sich mit Anekdoten oder sagte mit breitem Grinsen etwas wie: „Gell, Bua, do schaugst? Do haut's dir alle Sicherun-

gen raus, do gehst lautlos in die Grätschen . . ." Solche Sprüche
konnten sich zu selbstironischen barocken Wortkaskaden steigern, wenn wir in Braunau in der dunklen Stube beim „Alten
Wein-Hans" saßen und der rote Tiroler seine Beredsamkeit
beflügelte und ihm der Schalk aus den tausend Fältchen um die
dunkelbraunen Augen blitzte.

Der Mensch lebt von der Hoffnung. So wie wir einst in der
Haft mit fiebrigen Illusionen auf die Befreiung durch „die
Amerikaner" hofften, klammerten sich die meisten im Flüchtlingslager an den Gedanken, wieder heimkehren zu können.
Das spürte ich vor allem dann, wenn – was immer häufiger
vorkam – ein älterer Mitbewohner starb und mein Vater gebeten wurde, am Grab ein paar Worte zu sagen. Es fiel ihm von
Mal zu Mal schwerer; denn jedesmal fragten ihn nach dem Begräbnis ältere Frauen und Männer flehentlich: „Herr Direktor,
werd' ma denn wieder heimkumma? Derf denn unser Herrgott so a Unrecht zulassen?", eine Frage, die ihn vor Schmerz
grau im Gesicht werden ließ. Was konnte er als Agnostiker
darauf antworten? Ich sah ihm an, daß er es in diesen Augen-
blicken bitter empfand, keinen Trost spenden zu können, kein
Vertrauen in die unergründliche Gerechtigkeit Gottes. Der
Vater mußte sich bei solchen Gelegenheiten mitunter sogar
Tadel des anwesenden katholischen Geistlichen gefallen lassen,
wenn er den Prager Erzbischof Beran als ungetreuen Diener
der Kirche anprangerte, weil er die Vertreibung der Sudetendeutschen gutgeheißen hatte. War es nicht in der Tat schrecklich, ja pervers, daß damals hohe Kleriker in der Tschechoslowakei wie in Polen ihrem Haß gegen die Deutschen freien
Lauf ließen? Eine sich allumfassend nennende Kirche ver-
säumte eine große Stunde, während die Freikirchen und
christlichen Sekten Amerikas schon in dieser „Stunde Null"
helfend und verzeihend zur Stelle waren. Hatte der Nationalismus sein geistig-moralisches Zerstörungswerk innerhalb der Kirchen schon so weit vorangetrieben? Um wieviel
„christlicher" im tieferen Sinn waren damals Männer wie der
jüdische Schriftsteller und Verleger Victor Gollancz oder der
große Geiger Yehudi Menuhin, die sofort nach dem Kriege für

Versöhnung und tatkräftige Hilfe für das zerschmetterte Deutschland eintraten, ebenso wie ungezählte Amerikaner, die durch die CARE-Paketaktion Millionen verhungernden Menschen das Leben retteten.

Passauer Barock und puritanische Erfahrungen

Das Simbacher Institut der Englischen Fräulein konnte nicht bis zum Abitur führen, nach der sechsten Klasse hatte ich mich daher nach einem anderen Gymnasium umzusehen. Durch einen Zufall erhielt ich einen Platz im Evangelischen Schülerheim der Stadt Passau. Es lag außerhalb der Altstadt am Inn und war mit ehemaligem Kasernenmobilar behelfsmäßig eingerichtet; nicht wohnlich, aber für mich die einzige Möglichkeit, die Schulzeit normal abzuschließen, da es meinem Jahrgang nicht mehr erlaubt wurde, mit einem Notabitur nach dem Zeitverlust des Krieges schnell zum Studium zu kommen; dies hatte man den etwas älteren „Kriegsteilnehmern" immerhin konzediert. Ein merkwürdiges Wort übrigens, das eine Freiwilligkeit der Teilnahme am Massenmord nahelegte, die es niemals gegeben hat. Kriegsteilnehmer war ich ebenfalls, aber plötzlich kein regulärer mehr; so drückte ich mich wieder in die Schulbank, als wäre nichts gewesen. Es ärgerte mich aber kaum, das Gefühl, Drill und Tod entronnen zu sein, war auf Jahre hinaus so mächtig, daß es alle Schwierigkeiten der Jahre nach 1945 in den Hintergrund drängte.

Die Eltern und die Schwester blieben vorerst in den zwei Simbacher Dachstübchen, die wir in einem stillen katholischen Pfarrhaus zugewiesen bekommen hatten; ich machte mich im September 1947 auf den Weg in die alte Dreiflüssestadt. Da ich selbst aus einer stark industrialisierten, weitgehend laizistischen Region kam, zogen mich Geist und Atmosphäre Passaus mit ihren mannigfachen Ingredienzen sogleich in ihren Bann: Da spürte man, trotz der Überfüllung mit Vertriebenen, etwas von altbayerischer Behäbigkeit und Unaufgeregtheit. Das Rauschen der drei Flüsse Inn, Donau und Ilz, die hier zusammenströmen, hallte tagaus tagein in den engen Gassen der Altstadt. Die stattlichen Häuser um die Hochburg des ehemaligen Jesuitenkollegs, in dem sich die Philosophisch-Theologische Hochschule etabliert hatte, ebenso die lange Innpromenade erschienen mir sehr südlich, sehr italienisch, und sie waren es auch. Trat man nämlich in die Innenhöfe dieser kleinen Palazzi, erblickte man Arkadenfronten in reinstem Renaissance-Stil, breite Steintreppen führten in die oberen Stockwerke zu langen Fluren, in denen es kühl und still war. Passau ist einst eine reiche Stadt gewesen, nicht nur durch Salzhandel auf dem „Goldenen Steig" nach Böhmen hinein und durch die Donauschiffahrt, sondern mehr noch durch seine Schmiedekunst. Passauer Klingen und Messer standen im Spätmittelalter und in der frühen Neuzeit in Konkurrenz mit den orientalischen Damaszenersäbeln, und Straßennamen wie Große und Kleine Messerergasse erinnerten noch an diese Zeit des Reichtums durch Waffenexport. Bis in die Kelten- und Römerzeit reichen die Ursprünge dieses flußgeschützten Gemeinwesens auf der Landzunge zwischen Inn und Donau zurück. Schon der heilige Severinus von Noricum, der „Flüchtlingskommissar" der Donaulande in der Völkerwanderungsepoche, hatte in der heutigen Innstadt ein Kloster gegründet. Das war in der zweiten Hälfte des 5. Jahrhunderts, danach zog ein Teil der römischen Bevölkerung mit dem Leichnam des Heiligen nach Süden, und Heruler, Thüringer und Alamannen nahmen das Land an den drei Flüssen in Besitz. Severin hatte mit germanischen Königen und Königinnen verhandelt, sie um Schutz für die im Lande gebliebene christliche Bevölkerung gebeten, meistens mit Erfolg. Aber das wußte ich damals alles nicht; es war das Bild der Stadt selbst, das sich tief einprägte: ihre Treppen und Durchschlupfe, nachhallende Schritte in schmalen Gassen und schwarzgekleidete Priester, die zum Dom eilten.

Auch Passau war vom Krieg gezeichnet, in den letzten Kampftagen hatten unsere Desperados die Brücken gesprengt, an den Hauswänden gab es die bekannten Einschußmuster amerikanischer Jagdbomber. Das mächtige Geviert des Nikola-Klosters, seit der Säkularisation von 1803 Kaserne und heute Teil der neuen Universität, diente damals als Notquartier für die ins Land strömenden Flüchtlingsmassen. Aus allen Fen-

stern ragten qualmende Ofenrohre. Verhärmte Gestalten be-
völkerten den Platz vor dem mächtigen Bau, der an der rechten
Flanke von der scheußlichen, pseudo-modernen Architektur
der Nibelungenhalle begrenzt wurde. Dort fanden jetzt Box-
veranstaltungen und Damenringkämpfe im Schlamm statt,
Happenings, die vom Johlen der Massen skandiert wurden.
Man hielt dies kopfschüttelnd für „typisch amerikanisch" und
kultivierte ein gewisses, leider völlig unbegründetes Überle-
genheitsgefühl gegenüber diesen Begleiterscheinungen der
neuen Freiheit. Unbegründet vor allem deshalb, weil inzwischen die nazistischen Bestialitäten in ganz Europa bekannt
wurden, die von nun ab mit dem deutschen Namen verbunden
waren. Dagegen hielt es schwer, Kulturdünkel zu entwickeln.
Der war um so weniger am Platze, als nur dreißig Schritte vom
Monstrum der Nibelungenhalle ein flacher, eher bescheidener
Pavillon stand, das „Amerika-Haus", Zentrum der „Reeducation" in Passau. Diese „Reeducation", gedacht als begleitende
Maßnahme zur Entnazifizierung, vor allem aber als politische
und kulturelle Information für die Jugend, hat später viel Kritik erfahren, im ganzen zu Unrecht. Das Ausmaß an nazisti-
scher Verseuchung, giftiger Hetze des gestürzten NS-Establis-
hments und verlogener Selbstbemitleidung unter der Bevölkerung war erschreckend groß. Als ein paar Jahre später der
„Kalte Krieg" ausbrach, breitete sich unter den ewig Gestrigen
das Gefühl aus, diesmal endlich auf der richtigen Seite zu stehen und „nicht umsonst gegen den Bolschewismus gekämpft
zu haben".

Das „Amerika-Haus" wurde mir, wie vielen Gleichaltrigen,
bald der liebste Aufenthalt. Erstens war es immer gut geheizt,
und das bedeutete in den ersten Nachkriegsjahren sehr viel.
Zweitens und vor allem aber konnte man dort alle die Bücher
lesen, die unserer Generation vorenthalten geblieben waren:
Thomas Mann, Hermann Hesse, Alfred Döblin, Bert Brecht
und dann auch die große amerikanisch-angelsächsische Literatur, für uns eine völlige terra incognita. Das waren die Romane
und Kurzgeschichten Ernest Hemingways, William Faulkners,
die Komödien Bernard Shaws, Christopher Frys und T.S.

Eliots. Wir lasen, lasen und diskutierten. Dabei ergaben sich zarte, aber deutliche Trennungslinien zur „katholischen Renaissance", wie ich es nennen möchte, die sich und ihre Probleme damals vor allem in Paul Claudels Drama „Der seidene Schuh" wiedererkannte, einem schwerfälligen Werk voll überladener Symbolik und neobarockem Mystizismus, dem ich bis heute nichts abgewinnen kann.

Angesichts des ästhetischen Gehäuses der alten Stadt, das mir wie ein materialisiertes, in sich geschlossenes und imponierendes Weltbild erschien, entwickelte sich in Fragen der Bildung und des Geschmacks bei mir gleichermaßen Sympathie und Kritik, Elemente tieferen Verständnisses wie auch begründeter Dissens. Seltsam genug, daß hierbei das Bekanntwerden mit der geistig-geistlichen Innenstruktur der Bischofsresidenz eine wesentliche Rolle spielte, wie sie im architektonischen Gefüge hervortrat: Ich lebte in einer Stadt der Kirche, die sich hier eine dauerhafte Schale gebaut hatte. Sah man die Altstadt vom Ufer donauabwärts, einige Kilometer unterhalb jener Stelle, wo die drei Flüsse in drei verschiedenen Farben breit ineinanderrauschen, so stieg sie wie Venedig aus den Fluten empor, gleichsam ohne Fundament, ohne Verbindung zum Erdboden, fast schwebend. Über dem Gewimmel gotischschmalbrüstiger oder breit-barocker Häuser, die sich zwischen gelbe, hellfenstrige Paläste drängen, ragt, auf felsigem Kern ruhend, der Hohe Dom. Drei grünspanige Helme bekrönen seine Türme. Fast alle Bauepochen haben an dem gewaltigen Gotteshaus gearbeitet. Auf der romanischen Krypta erhebt sich zart gegliedert ein spätgotischer Ostchor, Renaissance und Barock schufen die prunkvolle, figurenreiche Westfassade – sie erinnert sehr an die Salzburger „Jedermann"-Domkulisse. Festlich zu jeder Zeit der himmelhohe, weiß, farbig und golden schimmernde Innenraum. Der Dom insgesamt vieler Jahrhunderte Werk; und doch stimmt alles zusammen wie in der Natur, wo die Geschöpfe vieler Erdzeitalter miteinander leben, wachsen und sterben. Wenn im Inneren die mächtige Orgel von der Empore dröhnt und klingt – es soll die größte Kirchenorgel der Welt sein –, geht ein leichtes Zittern durch den

Bau, und die biblischen Gestalten und Heiligen der Kirchengeschichte scheinen mit den Engeln herabzuschweben, Kelche,
Lilien und Kreuze in den Händen tragend, betend und sin-
gend. So war das dauerhafte, überzeitliche Bild, aber es wurde
doch von Schatten der Gegenwart eingetrübt. In meiner
Schulklasse saß der Sohn des hochbegabten und weithin berühmten Domorganisten, der als Informant der Gestapo entlassen worden war. Man ließ ihn übrigens unbehelligt: Er
wußte zu viel und wußte sein Wissen richtig einzuschätzen . . .
Auch das gehörte zur Geschichte des Doms, war Gegenwart
und bittere Erbschaft.

Kirchengeschichte mit kräftigem Nachhall war aber auch die
alte bischöfliche Festung jenseits der Donau, eine militante
Zwingburg des wahren Glaubens auf steil aufragender Felsen-
wand, damals grau und eindrucksvoll verwittert, ein Ungetüm
geistlicher, fürstbischöflicher Macht inmitten leuchtender
Herbstfarben, hart und tyrannisch, wie die Bischöfe es oft gewesen sind. Von dieser Festung Oberhaus hatten sie in bewegten Zeiten immer wieder die Stadt und ihre aufmüpfigen Bürger und reichen Klingenschmiede in Schach gehalten. Aber das
war lange vorbei. Seither bedienten sich die Prälaten freundli-
cherer Formen des Herrschens und wohnten in einem Barock-
palais mit einer schönen Freitreppe, gleich hinter dem Dom.
Mit der Säkularisation ging auch dies zu Ende, aber eine Macht
in Stadt und Land war der Bischof noch immer und lenkte
manches auf diskrete Weise.

Das sollte ich spüren, als ich nach dem Abitur an der Philosophisch-Theologischen Hochschule studierte. Hier, im Dom-
bereich, schlug nach wie vor das Herz der Stadt, und gerade im
Widerspruch spürte man seinen Pulsschlag. Als Gesamtkunst-
werk der Jahrhunderte empfand ich Passau besonders am
Morgen, wenn Türme, Kirchen und übriggebliebene Festungs-
werke aus den Frühnebeln auftauchten; es war, als würde ein
Theatervorhang zur Seite gezogen. Wasser, Wärme und Luft
hatten Häuser und Türme bunt, alt und mürbe gemacht;
dennoch leuchtete die Stadt.

Wie anders war die Welt, die mich im Schülerheim empfing.

Schon auf dem Weg dorthin roch es nach Teer, Öl und Rost und dann wiederum süßlich nach Backpulver; was mit dem Zweigwerk eines Süßwarenkonzerns zusammenhing, das in der Nähe lag. Schutthalden und verlassenes Fabrikgelände vollendeten den Eindruck trister Zufälligkeit. Auf mein Schellen öffnete eine ernste Diakonisse, deren sorgfältig gekräuselte Haube an alte niederländische Frauenporträts erinnerte. Das Haus hatte einst einem Ruderclub gehört, jetzt jedoch durchzog ein Geruch von Seife, Demut, Sauerkraut und Armut die Räume. Hier also sollte ich nach Militär, Gefängnis und Flüchtlingslager eine vierte Art von Gemeinschaftsleben kennenlernen, die mir um so weniger behagte, als ich, wie sich bald herausstellte, wegen meiner durch Krieg und Haft verlorenen Jahre der älteste Heimschüler war und mir unter den halbwüchsigen Jungen und Mädchen deplaziert, ja lächerlich vorkam. Mißmutig musterte ich die allzu bekannten einstöckigen Betten aus rohem Fichtenholz und die ebenso bekannten karierten Bettbezüge. Überall lagen schwarzgebundene Liederbücher herum. Schlafsaal, Speisesaal, Arbeitsraum – alles deutete auf Gemeinschaft, nach vorgeschrieben frommer Gemeinschaft sogar, auf deren rituellen Vollzug die zwei szepterführenden Diakonissen großen Wert legten. Das wäre noch zu ertragen gewesen, hätte nicht das innere Getriebe des Heims jeder Vorbildlichkeit Hohn gesprochen. Im Establishment des Evangelischen Hilfswerks, dem das Heim unterstand, schien sich eine merkwürdige Gesellschaft zusammengefunden zu haben. Während wir tagaus tagein dieselbe graupappige Mehlsuppe löffelten, in der sich des öfteren Würmer fanden, gab die Küche im Keller ganz andere Koch- und Backgerüche frei. Es war hier nicht anders als einst im Simbacher Flüchtlingslager, nur daß man jetzt noch geistlichen Dank für die Aufnahme ins Heim einforderte, und vor allem Gehorsam. Aus dem Hilfswerk drangen nach und nach merkwürdige Nachrichten zu uns: Etwa, daß die Paketsendungen mit Kleidung und Lebensmitteln, die damals amerikanische Kirchen nach Deutschland schickten, vor der Verteilung von den Erstempfängern und Verwaltern fremder Wohltätigkeit kräftig geplündert und erst der schäbige Rest an die wirklich Bedürftigen, zu denen wir gehörten, weitergegeben wurde. Der zuständige Pfarrer, der an der Schule auch unser Religionslehrer war, ließ die Dinge zumindest treiben. Er selbst hatte den Krieg als Hofprediger im Odenwald recht gemütlich überdauert; als Pfarrer genoß er den Ruf einer mehr als „legeren" Lebensführung. Auch das hätte noch hingehen und mit der ungenauen, kirchlicherseits so gern herbeizitierten Formel von der „fragilitas humana" halbwegs entschuldigt werden können, wenn es nicht beim Hilfswerk eine fast diabolische Figur gegeben hätte, nämlich den Dr. X. Klein von Figur, straff aufgereckt wie alle ehrgeizigen, aber zu klein geratenen Leute, durch die karitativen Sendungen aus Amerika glattgemästet, hatte er bei der evangelischen Kirche damals Unterschlupf gefunden. Das dürfte nötig gewesen sein. Bis Mai 1945 war er nämlich Militärrichter gewesen, gehörte also zu jener kriminellen Juristenvereinigung, der vermutlich dreißigtausend deutsche Soldaten einen schmählichen Tod zu verdanken hatten, ein in der Armeegeschichte wohl einzigartiges Verbrechen gegenüber den eigenen Soldaten. Auch wenn man davon nichts wußte, erkannte man doch buchstäblich auf den ersten Blick, mit wem man es zu tun hatte. Nie mehr habe ich einen Menschen getroffen, der so eiskalte, bösartige Haifischaugen besaß wie Dr. X.

Kein Wunder also, daß ich dem Heim entfloh, wann immer es möglich war, und eine der besten und „legalsten" Möglichkeiten, die Abende nicht dort verbringen zu müssen, war der Besuch der Passauer Volkshochschule, die neben warmen Räumen vieles bot, was damals noch außergewöhnlich war. Es traf sich gut, daß es Renate, eine andere „Heiminsassin", auch zur Volkshochschule zog, ja sogar zu denselben Veranstaltungen, die ich mir im Programm angestrichen hatte: Ob dies Zufall war oder schon mit dem ersten Beben einer leidenschaftlichen Jugendliebe zusammenhing, bleibe dahingestellt, jedenfalls wanderten wir so oft als möglich abends in die alte Stadt hinab, bald Arm in Arm und später auch Küsse wechselnd. Selbst bei strengster Gewissensprüfung kann ich aber nicht sagen, die Volkshochschule wäre für uns nur ein willkommener

Vorwand gewesen, denn wir waren fleißig und pünktlich, wiß-
begierig und kritisch in Diskussionen und Seminaren. Da gab
es beispielsweise den schmalen, ärmlich gekleideten Dozenten
Dr. Reinhard Raffalt, Schüler des Leipziger Thomaskantors
Günther Ramin, der eine faszinierende Vorlesung über grego-
rianischen Gesang hielt. Er brachte ihn mit griechisch-orienta-
lischer Tempelmusik auf sehr suggestive Weise in Verbindung
und tat dies mit Bildern griechischer Tempel in Athen,
Paestum und Agrigent, um Parallelen zur geometrischen Tek-
tonik dieser Musik zu ziehen. Leider endete mein erster Jung-
fernflug in das Reich der Wissenschaft und Liebe, was letztere
betraf, recht abrupt und prosaisch, als Renate ein Jahr später
einen Brauereibesitzer heiratete, wodurch unser zärtlich-unbe-
holfenes Spiel der Gefühle ein Ende nahm. Immerhin war mir
nun das Heim ohne mein „rehäugiges" Mädchen, das ich in
vielen Gedichten gefeiert hatte, so sehr verleidet, daß ich eine
günstige Gelegenheit wahrnahm, um ein Privatquartier zu beziehen, eine „Schülerbude". Ich sollte es nicht bereuen.

Poesie und Leben
oder
Ikarus auf dem Flug zum Parnaß

In den langen, stickigen Gefängnisnächten hatte ich mich nach der Schule zurückgesehnt, obwohl ich daheim eher ein Faulpelz gewesen war. Aber jetzt war Schule etwas anderes: Rückkehr in eine geordnete Welt, in die Normalität. Das war wohl damals die Grundstimmung aller Menschen in Europa und besonders in Deutschland: Eine leidenschaftliche Sehnsucht nach den Wonnen des Alltäglichen. Auch die vielgeschmähte Mentalität der fünfziger Jahre, eine Neigung, die bis zur Banalität ging, kam aus dem Überdruß an „herrlichen Zeiten". „Keine Experimente!", das war eine Parole, die jeder verstand. Die Freuden der Normalität hatte ich schon vom ersten Tag an bei den Englischen Fräulein in Simbach empfunden und fühlte sie in Passau noch stärker, weil nun noch eine neue Freiheit hinzukam, nämlich die vom Elternhaus. Mit humoristischem Ärger stellte ich fest, daß ich nach Artilleriebeschuß, Gefangenschaft, Kerker und Mißhandlung mich wie eh und je über schlechte Noten ärgerte und daß ich den Mädchen in der Klasse mit dem gestelzten Imponiergehabe eines pubertierenden Knaben begegnete.

Wegen der Kriegsverluste und als Folge der Entnazifizierung waren die Reihen der Lehrer stark gelichtet, und so gab es einige ältere, politisch unbelastete Studienräte, die uns – die Kriegsgeneration – eher erheiterten als belehrten. Unser Englischlehrer beispielsweise, ein kleinwüchsiger aber gewaltiger Okkultist und Astrologe, den wir nur im dunkelvioletten Anzug und donnernden Gesundheitsstiefeln kannten, gehörte in diese Kategorie. Er belebte zu unserem Vergnügen seine mäßigen Englischstunden mit atemberaubenden Prophezeiungen, die mitten in einem englischen Satz – deutsch! – aus ihm herausbrachen. So stürzte er einmal ins Schulzimmer und schrie mit bebender Stimme: „Liebe Schüler! Heute ist ein großer, ein schicksalsschwerer Tag!" Er stockte und blickte uns durchdringend Aug' um Auge an. Dann folgte nach einer atemlosen Stille die Erklärung: „Heute sind Mars und Jupiter in großer Opposition – wie zu Christi Geburt!" Dabei stieß er den Zeigefinger starr in die Luft, jeder Zoll ein Prophet. Unser Geschichtslehrer, der alte „Schnuferl", erheiterte uns hingegen – man schrieb das Jahr 1947! – mit folgender Erkenntnis: „Wir Deutschen sind ein friedliches Volk, aber die Russen und die Franzosen! Schon 1866 hat dies Bismarck gesagt, der gewiß nicht dumm war." Kollektiven Alzheimer gab es damals auch schon . . .

Mit dem Schuljahr 1947/48 bezog ich in der Passauer Neustadt unweit der Kirche St. Anton – Antonius ist der Schutzpatron der Studierenden – mein neues Quartier bei Familie R. und konnte endlich Mehlsuppen, geizige Diakonissen und den kriminellen Dr. X. hinter mir lassen; letzterer sollte bald danach in einem der neu errichteten Bonner Ministerien Karriere machen: Dreck schwimmt eben oben. Ich zog also mit meinen Habseligkeiten in ein kleines graues Haus, von dessen Gärtchen man einen weiten Blick ins Donautal hatte, und zwar zu meinem Schulfreund Klaus Kolisch. Er hatte mich schon auf die besondere Atmosphäre des neuen Domizils vorbereitet, dennoch war ich von dessen Bewohnern und ihrem traditionell bürgerlichen Lebensstil überrascht – angenehm überrascht übrigens nach den unerträglich beengenden Verhältnissen und der provisorischen, gleichsam fichtenhölzernen Zwischenexistenz im Schülerheim.

Seit meiner Militärzeit hatte ich nicht mehr in einem Hause mit eigenem Lebensstil gewohnt. Um so anheimelnder fand ich nun den neuen Zustand. Das Haus bot von außen keinen besonderen Anblick, im Gegenteil. Eine gewisse öde Uniformität, bedingt durch Bauart und Mauerfarbe, die es mit den übrigen Gebäuden der Straße gemein hatte, ließ sich nicht abstreiten. Gleichwohl umfing den Eintretenden eine seltsame, sehr bestimmte Atmosphäre und der Abglanz einstiger feiner Bürgerkultur. An den Wänden hingen Gemälde, alte Holländer zumeist, deren Pracht sich dem Betrachter vor allem bei Sonnenschein offenbarte. Eine heitere, nach Farbe und Gruppierung an Rembrandt erinnernde Anbetung der Hirten ist mir besonders erinnerlich, festlich, gleich weit entfernt von der spiritualistisch-mageren Gedankenmalerei späterer Zeiten wie von der fleischfarbenen Rohheit vieler Barockbilder. Auch gab es englische Stiche im Stile Hogarths, burleske Szenen, und im Wohnzimmer, nicht ohne Stolz plaziert, eine Reihe von Familienporträts, Radierungen, Stiche und Silhouetten, welche die Bewohner des Hauses als traditionsstolze Bürger der alten Reichsstadt Frankfurt und überdies als entfernte Nachfahren Goethes auswiesen.

Überraschungen bargen die Bücherschränke. Dort standen in zierlichem Kleinformat Klassikerausgaben erster und letzter Hand, meist in feinstes Maroquin-Leder gebunden. Wenn uns die Hausfrau diese sorgsam bewahrten Familienschätze zeigte, vergaß sie nie zu erwähnen, daß durch den Luftkrieg mit der Bücherei ihres seligen Vaters manche Originalhandschrift, manch alter Druck und manch wertvoller Nachlaß in Flammen aufgegangen sei; darunter ein Briefwechsel ihres Großvaters mit Theodor Mommsen. Daneben gab es eine Abteilung, die von der Treue des Hausherrn zum angestammten, abgedankten Herrscherhause Hohenzollern zeugte. Diese Literatursparte mied ich, es war meist gefühlvolle Memoirenliteratur, wie sie während der Weimarer Republik von brotlos gewordenen Hofchargen, pensionierten Diplomaten und verkalkten Militärs en gros produziert worden ist. Ein weiterer Teil repräsentierte die Berufsliteratur des Hausherrn, meist Handbücher über Bankwesen, Handel, Börse und verwandte Gegenstände; doch wurde jetzt nur selten davon Notiz genommen. Falls der Hausherr doch ab und zu aus eingefleischter Gewohnheit in solchen Werken blätterte – seine Gattin sah es nicht gern -, schlummerte er meist darüber ein. Allerdings widerfuhr ihm das bei seinen Klassikern ebenso; dafür begeisterte er sich für Frankfurter Mundartdichtung, die er uns gern vorlas.

Die drückenden Zeitverhältnisse hatten in die traditionsstolze Atmosphäre dieses Hauses manche Bresche geschlagen. Aus geldlichen Gründen und aus Angst vor der täglich drohenden Zwangseinquartierung Vertriebener beherbergte man seit Jahren einige Schüler, von denen nun Klaus und ich, einem literarischen Vorbilde folgend, im sogenannten „Kavaliersflügel" hausten. Es war ein freundliches Zimmer mit zartgrünen Tapeten, dem dieselbe leise bröckelnde Bürgerlichkeit eignete wie dem ganzen Haus. Im Eck glänzte schwarz das standesgemäße Piano, Ölbilder zierten die Wände, eine Rokokouhr aus reichvergoldetem Porzellan krönte einen zartfarbenen Damenschreibtisch mit Blumenintarsien, auch er ein Erbstück aus besseren Tagen.

Der Hausherr, rundlich von Statur, die Gutmütigkeit selbst und der rauhen Wirklichkeit ganz offensichtlich nicht gewachsen, verstand seine Zeit einfach nicht mehr und lebte mehr schlecht als recht von einer kümmerlichen Pension der Donau-Dampfschiffahrtsgesellschaft. Seine Ungeschicklichkeit war eher sympathisch als lächerlich, und daß er die Dinge beim Namen nannte – wenn es seine Gattin erlaubte –, war uns angenehm und in diesem Hause auch sehr vonnöten; man ging ansonsten gern über Unangenehmes hinweg. Soweit war mit ihm gut zu reden. Politisch blieb er allerdings ein überzeugter Monarchist, und wenn die Rede auf das abgedankte Herrscherhaus kam, kramte er aus seiner Sammlung alter Ansichtskarten die bekannten posierenden Bilder Wilhelms II. mit dem hochgezwirbelten Schnauzbart hervor; dazu die Konterfeie der übrigen Mitglieder des Hauses Hohenzollern, die er dann, sichtbar angeregt und nicht ohne bedeutende Ehrfurcht, in ihrem herrscherlichen Wesen und genealogischen Zusammenhang erläuterte. Mit den wesentlich menschenfreundlicheren Wittelsbachern hatte er offenbar nichts im Sinn, was ebenso verwunderlich war wie die Tatsache, daß er als gebürtiger Frankfurter preußischer Monarchist sein konnte. Aber im ganzen erregte all das bei uns eher stille Heiterkeit als wirkliches Interesse.

Des Hausherrn ausgedehnte Reisen in Frankreich, Spanien und Südamerika sicherten ihm bei den Gesellschaften seiner

Frau einen bescheidenen Anteil an der Konversation. Immerhin war nicht abzustreiten, daß er noch eine verblüffend genaue Kenntnis der Speisekarten und Hausspezialitäten aller bereisten Hotels besaß; auch wußte er umständlich von Stierkämpfen zu berichten und besaß eine Reihe knallbunter Torerofotos. Den Höhepunkt seiner Mitteilsamkeit erreichte er ein- oder zweimal im Jahr, wenn er mit einer gewissen Feierlichkeit eine Mappe mit Farbbildern der Alhambra hervorholte, die den Betrachter in der Tat in Märchenstimmung versetzen konnten: Ein besonders prächtiges Farbbild einer Säulenhalle dieses islamischen Prachtbaus hing zur Erinnerung in dem winzigen Klosett, wo man sitzenderweise mit den Knien an die Tür stieß; nirgends kam mir der krasse Gegensatz zwischen der räumlichen Beengtheit meiner Lage und der großzügigen Architektur der Mauren schmerzlicher zu Bewußtsein als an diesem Ort.

Daß der Herr des Hauses, einem großen preußischen Beispiele folgend, zugleich dessen erster Diener war, muß um der Wahrheit willen erwähnt werden. Morgens weckte er nicht nur die Schüler und bereitete ihnen mit väterlicher Fürsorge den (Ersatz-)Kaffee, sondern ihm oblag auch Tischdecken, Geschirrspülen, Einheizen. Es könnte freiweg behauptet werden, daß er völlig unter dem Pantoffel von Frau und Tochter stand, aber da nach Schopenhauer die Welt eines jeden in seiner Vorstellung beruht und sich der Hausherr keineswegs als Pantoffelheld fühlte, vielmehr heroisch und freiwillig jede Arbeit auf sich nahm, ehe sie ihm aufgetragen wurde, sei hiermit von jeder Verdächtigung Abstand genommen. Nicht zu bestreiten war allerdings, daß er mit seiner Tochter in ständiger Fehde lebte, doch brach selbige nur selten aus. Die Gattin wußte solche Kontroversen energisch dadurch zu unterbrechen, daß sie sich mit betonter Würde auf die Seite ihrer Tochter stellte und den Gemahl rasch mit einer nützlichen Arbeit hinwegbeorderte.

Die Hausfrau selbst war als Gesellschaftsdame auf den Schlössern des alten, fröhlichen Junkertums großgeworden, hatte dort Schliff und Contenance erworben und wußte ihre Fähigkeiten zu nutzen: Ihre scheinbar zwanglosen aber in

Wahrheit sehr peniblen Umgangsformen, ihren entwickelten Sinn für das Wohlanständige und Geziemende, ihre freundliche Mokanz über Hausbackenheit und ihr Geschick, nach Wunsch Leute auseinander- oder zusammenzubringen, waren bemerkenswert, ebenso ihr sicheres Auge für die Gesellschaftsfähigkeit anderer Menschen. Kurz: Sie war eine Dame und gefiel mir gerade deshalb nach all der erlebten Rohheit. Ihr geselliges Talent zeigte sich besonders in größerem Kreise, bei kleinen Hausfesten, die sie mit Leidenschaft und Geschick aus den geringsten Anlässen zu arrangieren wußte. Dann dirigierte sie unmerklich die Unterhaltung, jeder, sogar ihr Gatte, erhielt die Chance, sein Bestes zur Konversation beizusteuern, und peinliche Situationen, zu denen ihre exzentrische Tochter nicht selten Anlaß gab, vermochte sie meisterhaft zu überspielen. Sie war im Grunde sehr gutmütig. Erkrankte einer der Schüler, dann entwickelte sie eine rührende Geschäftigkeit; sie schleppte Medikamente, Pillen, Tränklein und vor allem mannigfaltige Seelenpflaster herzu, etwa Likör, Süßigkeiten, erheiternde Lektüre oder Bildwerke. Ihre mitfühlenden Rufe durchhallten das Haus, gerade, als sei der Patient kurz vor dem Verscheiden und nicht nur – was oft vorkam – das kurzfristige Opfer einer vorausgegangenen alkoholischen Unmäßigkeit.

Von Gestalt war sie wie in ihrem Temperament das genaue Gegenteil ihres Gatten, nämlich lang und hager, sehr musikalisch – sie spielte im städtischen Liebhaberorchester Geige – und in der klassischen Literatur gut bewandert, wenn auch mit großen, blinden Flecken im modernen Schrifttum. Aber das war eigentlich das Normale; das Normale der Jahre vor dem Krieg jedenfalls, und gerade daran suchte ich – halb unbewußt, wie viele andere auch – damals anzuknüpfen, obwohl ich gleichzeitig der 1933 in Deutschland vernichteten Moderne nachspürte. Letztere gab es nicht im Hause R.: Man könnte von einer selektiven Kultur sprechen, die gerade noch die Sarkasmen Theodor Fontanes zur Kenntnis nahm, aber schon Gerhart Hauptmanns „Ratten" und den gesamten Berliner Naturalismus beiseite ließ, vom Expressionismus ganz zu schweigen.

Dennoch, das Haus und seine Bewohner waren auf ihre Weise stimmig und in einer so eindrucksvollen Weise 19. Jahrhundert, wie man es kaum anderswo erleben konnte. Es kontrastierte dies alles stimulierend zu den Jahren vor der Währungsreform, der Epoche der nüchternen „Kahlschlag-Literatur", die nach dem hohlen Pathos der NS-Zeit einfach richtig und wichtig war. Wolfgang Koeppen, Hans Werner Richter und Walter Kolbenhoff, das wurden unsere Leitsterne, weniger jedoch Heinrich Böll. Inzwischen hat das vielgeschmähte 19. Jahrhundert wieder sehr an Wertschätzung gewonnen. Wir aber, die jungen Leute von 1945, wollten und mußten „modern" sein, obwohl dies damals schon eher Nachholen war als Avantgardismus. Aber hatten wir nicht genug an der Generation unserer Väter zu kritisieren? Freilich, die Rituale unseres „Aufbruchs" waren manchmal eher skurril, doch im Rückblick erscheinen sie als Jahre einer großen Freiheit auf allen Lebensgebieten: Die Baskenmütze, die ich heute noch bei manchen Gleichaltrigen als Symbol der Zeit auf kahlgewordenen Scheiteln voll Rührung prangen sehe, das lang flatternde Haupthaar als Protest gegen den kurzen Kommiß-Haarschnitt der vorausgegangenen Epoche, die Begeisterung für Glenn Millers weichen Jazz und für Louis Armstrongs kehlige Songs als Lethe gegen die alten Marschtritt-Weisen: „In Sanssouci am Mühlenberg..." oder „Die blauen Dragoner sie reiten...", ganz zu schweigen von den markigen Liedern des NS-Barden Hans Baumann. Dies alles hatte seine guten Gründe, und so kam es dazu, daß in Passau der „Club junger Autoren" (CJA) entstand, der zwar nicht, wie die „Gruppe 47", in die Literatur eingehen sollte, sondern nach gut zwei Jahren selbst einging; dennoch war er unser Lebenselixier in dieser kurzen „Zeit zwischen den Zeiten", die nicht mehr Krieg war, aber auch noch kein Frieden.

Zeit zwischen den Zeiten

Es ist kein Zufall, daß die Epoche zwischen dem Kriegsende und der Währungsreform 1948, beziehungsweise der Gründung der Bundesrepublik Deutschland im Jahre 1949, entweder gar nicht oder, wenn überhaupt, meist unzulänglich dargestellt wird. Zugegeben, vier Jahre sind keine lange Zeit, aber daß nach dem schärfsten Bruch in der deutschen Geschichte seit der napoleonischen Ära, in all dem Chaos und unter dem Diktat der Besatzungsmächte, von unten her die Grundlagen einer neuen Gesellschaft geschaffen und verhängnisvolle Traditionen endlich abzubrechen versucht wurden, hätte doch stärkere Beachtung finden müssen. Es war in mehr als einem Sinne eine „Zeit zwischen den Zeiten", die eben nicht nur als Vorgeschichte der Bundesrepublik und der inzwischen ehemaligen DDR verstanden werden sollte, sondern als eine Epoche besonderer Art, einzigartig auf ihre Weise, manchmal eine Art „Programmvorschau" auf das Kommende, dann wieder ein Experimentierfeld zögernd begonnener und rasch wieder abgebrochener Reformen; ein Feld, das bald von den Planierraupen des Kalten Krieges und seiner „Sachzwänge" niedergewalzt wurde. Eine stark dezimierte Heimkehrergeneration, die damals Hörsäle, Büros und Arbeitsstätten bevölkerte, stürzte sich nach 1945 mit Lust in die Arbeit und in die lang entbehrten Freuden der Privatheit. Man wollte vergessen, vielleicht wollte man dies zu gründlich; jedenfalls war dies später einer der Vorwürfe der 68er-Generation gegen ihre Väter und Mütter. Aber konnte man damals wirklich die Vergangenheit „aufarbeiten", die beinahe noch Gegenwart war? Von außen sah dies vielfach wie ein bewußtes Ausweichen und Abschütteln aus, was eher kollektive Betäubung war. Aus derselben Quelle kam ein weit verbreitetes „Wurschtigkeitsgefühl", ein Fatalismus, der wohl aus der Landsermentalität der letzten

Kriegsjahre stammte; man könnte es das „Titanic"-Gefühl nennen. Es entlud sich oft in besonders exzessiven Tanzfesten mit hausgebrannten Schnäpsen, an deren Ende doch wiederum die schrecklichen Erinnerungen durchschlugen: Zu viele Tote tanzten mit, zu viele Ängste brachen durch, die der Fusel freisetzte. Dennoch gingen die Dinge voran, auch wenn dies kaum einer so recht wahrhaben wollte; und das war das eigentlich Bemerkenswerte an der „Zeit zwischen den Zeiten".

Demokratische Strukturen entwickelten sich zuerst auf lokaler Basis, oft auf Landkreisebene. Für die in Bayern maßgebende amerikanische Besatzungsmacht und deren Hochkommissar George Shuster, den ich viele Jahre später als Kollegen an der Katholischen Universität Notre Dame in Indiana kennenlernen sollte, war dieser Aufbau ganz von unten geradezu ein heilendes Prinzip regionaler Selbstverwaltung aus amerikanischer Tradition; es sollte sich auch in Deutschland bewähren. Die Entnazifizierung, die dann seit 1947 sang- und klanglos im Klima des Kalten Krieges einging, hatte zwar ihre bedenklichen Seiten, vor allem, weil sie in weiten Kreisen als Diktat der Sieger empfunden wurde, aber ein Gutes wird man diesem Unternehmen bescheinigen müssen: Für einige Jahre wurden die bankrotten Kader des NS-Systems, die sich als Elite aufgespielt hatten, vom öffentlichen Leben ferngehalten: es wurde Platz für demokratisches Fühlen und Handeln. Ich kann mich nicht erinnern, daß es damals redlich denkende Leute gab, die dies bedauerten. Daß der Krieg diesmal bis „fünf nach zwölf" geführt worden war, verhinderte das Entstehen einer neuen Dolchstoßlegende, desgleichen die grenzenlose Feigheit der Systemträger von gestern. Auch die Verstocktheit und wahrhaft erbärmliche Mittelmäßigkeit der in Nürnberg vor Gericht stehenden Nazigrößen sorgte für heilsame Ernüchterung: Das also sollten die Führer in eine große Zukunft des deutschen Volkes gewesen sein? Der schwammige Morphinist Göring, der Sektvertreter von Ribbentrop, der ordinärgrölende Robert Ley als Repräsentant der Parteibonzokratie und schließlich leider auch der Generalfeldmarschall Keitel als korrumpierter Befehlsempfänger – ruhmlose Endfigur einer soldatischen Tradition, deren Träger – von den Männern des 20. Juli abgesehen – ihr Ethos längst im Vorzimmer skrupelloser Macht abgegeben hatten. Es war für meine Begriffe das beste Zeichen für die Ernüchterung der Bevölkerung, daß auf diesen Prozeß in Nürnberg anfangs mit Spannung, bald jedoch mit Langeweile reagiert wurde. Am Ende gab es nicht einmal mehr Interesse für das Häuflein Banalität auf der Anklagebank, geschweige denn, daß die Hinrichtung der Hauptakteure damals Regungen des Mitleids ausgelöst hätte: Es war zuvor einfach zuviel schuldlos gestorben worden.

Man hatte andere Sorgen, nämlich die ums tägliche Brot und die Sorge, ob Väter, Brüder oder Söhne aus den riesigen Gefangenenlagern in West und Ost heimkehren würden. Auch lag vor allen die gewaltige Aufgabe, siebzehn Millionen Flüchtlinge und Heimatvertriebene in den „Westzonen", der späteren „Bundesrepublik" und „DDR", unterzubringen und möglichst bald eingliedern zu müssen. Es ist damals viel geleistet worden, namenlos und zumeist unbedankt, aber der Erfolg war um so dauerhafter: Es kam nicht zum sozialen Chaos und zur großen Krise, wie sich dies die Weltstrategen im Kreml wohl erhofften. Als ich viele Jahre später mit mehreren Mitarbeitern ein Forschungsprojekt über die wirtschaftliche und soziale Integration der Vertriebenen und Flüchtlinge in Bayern durchführte – es war das erste dieser Art in der Bundesrepublik – tauchten die Einzelheiten dieser Epoche der Improvisation auf: Die Versorgung der Flüchtlingslager, die Anfänge neuer Industrien, die mit den Vertriebenen ins Land kamen, die anfänglichen Schwierigkeiten zwischen Alt- und Neubürgern, da letztere nicht allein die Zeche des verlorenen Krieges berappen wollten. Es lag damals viel mehr sozialer Sprengstoff bereit, als man heute, im eher gemächlichen Rückblick auf die Phase des zögerlichen Wiederaufbaus von Staat und Gesellschaft, sich vorzustellen vermag. Das bayerische Staatskommissariat für Flüchtlinge und Vertriebene mußte in einem Erlaß ausdrücklich darauf hinweisen, daß es verboten sei, Flüchtlinge außerhalb der Friedhöfe zu bestatten. Ohne daß man viel davon sprach, waren viele Deutsche in den westlichen

Besatzungszonen der Meinung, die siebzehn Millionen Flüchtlinge und Vertriebenen sollten einfach an die Stelle der „Ostarbeiter" während des Krieges treten, ansonsten wolle man es sich schon richten. Gleichzeitig suchten die Regierungen der französischen Zone mit dem Einverständnis der Besatzungsmacht, den Einstrom von Ostdeutschen in ihren Bereich zu verhindern. Das alles war höchst unerfreulich, ja gefährlich und für das Ausland ein Eindruck, der die allgemeine Verachtung alles Deutschen nach der Entdeckung der KZ-Greuel nur noch steigern konnte: Dieses Volk, das sich eben noch erdreistet hatte, Europa zu kommandieren, lief jetzt auseinander wie eine Horde Schulbuben nach einem bösen Streich. Welch zähe Arbeit mußte hier geleistet werden, um einem irritierten und oft in Selbstmitleid schwelgenden Haufen Einsicht und Demokratie gleichzeitig beizubringen. Man könnte sogar sagen, daß die Deutschen erst seit 1945 eine Nation geworden sind; gerade das meint der umstrittene Begriff des „Verfassungspatriotismus", der seit Konrad Adenauer zu wachsen begann; wobei dessen ständiges, gleichsam väterliches Mißtrauen gegen den vulkanischen Nationalismus der Deutschen ein wichtiges Vermächtnis für uns sein sollte. Aber das waren die weiterreichenden Perspektiven jener Epoche, die hinter dem Sturzbach der Tagesnöte noch kaum sichtbar wurden. Viel stärker als das, was langsam zu wachsen begann, drückten uns die täglichen Sorgen und Katastrophen, die wir Jungen dennoch bereitwillig verdrängten.

Es gab Lagerrevolten. In Gmund am Tegernsee fand sogar eine riesige Flüchtlingsversammlung statt, in der die Regierung kategorisch aufgefordert wurde, die einheimische Bevölkerung rund um den See auszusiedeln, weil es ohnehin meist Nazibonzen seien, die sich dort eingenistet hätten. Dafür sollte dort ein geschlossenes „Flüchtlingsreservat" eingerichtet werden, eine absurde Idee, zugleich aber auch ein Protest gegen die „Ostarbeiterrolle" der Vertriebenen. Neu geschaffener Wohnraum wurde oft für die Besatzungsmacht beschlagnahmt und die Flüchtlingskommissare, die in Bayern Wohnungen für drei Millionen in einem zerstörten Land beschaffen mußten, waren zeitweise die bestgehaßten Leute – von beiden Seiten, von Flüchtlingen wie Einheimischen. Und dennoch bewegte sich die Gesellschaft innerhalb dieser wenigen Jahre auf eine neue und – wie sich zeigen sollte – dauerhafte Ordnung zu. Bayern hatte das Glück, sich seit den Zeiten des Grafen Montgelas, also seit Beginn des 19. Jahrhunderts, auf eine effiziente Staatsverwaltung stützen zu können, auch nach 1945. Einer der herausragenden Männer war Ministerialdirektor Dr. Otto Barbarino vom bayerischen Finanzministerium, den ich viel später im Zusammenhang mit meinem Forschungsprojekt über die Integration der Flüchtlinge befragen konnte. Er trug den Ehrennamen eines „Vaters der Vertriebenen", da er sich mit Energie, Leidenschaft und großem Erfolg für die Neubürger eingesetzt hatte. Aber als ich von ihm wissen wollte, ob er dies aus Liebe zu diesen Menschen getan habe, gab er mir eine geradezu klassische Antwort, die ihn und seinen Stand trefflich charakterisiert. Er möchte nicht ausschließen – so meinte er nach einigem Zögern –, daß bei ihm auch humanitäre Gründe eine Rolle spielten, aber hauptsächlich sei es ihm darum gegangen, „aus Almosenempfängern brave Steuerzahler zu machen". Treffender und ehrlicher kann man es kaum sagen.

Seltsam genug, wie wenig das kulturelle Leben dieser Epoche von den großen Nöten Kenntnis nahm, obwohl die Themen für klassische Zeitromane gleichsam auf der Straße lagen und die Feuilletonisten dringlich nach einem „Epos der Stunde Null" verlangten. Dafür gab es eine Flut von neuen Zeitschriften, die sich hauptsächlich der Frage nach den Ursachen der deutschen Katastrophe von 1933 widmeten oder die versuchten, durch Übersetzungen die Deutschen wieder mit der Literatur der Gegenwart anderer Länder bekannt zu machen. Es gab flammende Bekenntnisschriften und Rechenschaftsberichte derer, die dem NS-System in den Sattel geholfen hatten und jetzt ihre guten Absichten umständlich darlegten, etwa von Franz von Papen oder Hjalmar Schacht, dem Finanzminister Hitlers. Die literarische Emigration meldete sich wieder zu Wort, aber nur wenige, die zurückkamen, waren wirklich wieder zu Hause; so etwa Carl Zuckmayer, in dessen Mitläuferdrama „Des Teufels General" nur allzu viele ihr eigenes Verhalten geschildert und wohl auch halb entschuldigt sahen. Hingegen öffnete sich dem großen bayerischen Erzähler Oskar Maria Graf, der in Manhattan leben mußte, in seiner Heimatstadt München sehr lange keine Tür. Die bösen Vorwürfe, die sich Thomas Mann bei seiner Rückkehr nach Europa von einer sitzen gebliebenen literarischen Demimonde anhören mußte, signalisierten einen Bewußtseinszustand, der bedenklich war. Dabei hatte der Mentor der deutschen Literatur den einzigen bedeutenden Zeitroman mitgebracht, der für uns junge Leute eine wirkliche „Botschaft" war: Den „Dr. Faustus", ein Buch, dessen Qualität weniger im Literarischen lag, sondern eher in der sorgfältigen Spurensuche nach den Gründen der deutschen Misere. Weniger im Vordergrund, aber dennoch als wirksamer Vermittler wirkte Alfred Döblin, der aus der Emigration nach Deutschland zurückkehrte und in der Kulturabteilung der französischen Militärregierung erfolgreich für den Wiederaufbau des literarischen Lebens arbeitete. Als Autor trat er aber, anders als im Berlin der zwanziger Jahre, kaum noch in Erscheinung.

Viel tiefer jedoch als die deutsche Gegenwartsliteratur prägte uns Frankreich und Amerika: Jean Paul Sartres Dramen und seine Existenzphilosophie, vor allem aber der Lakonismus Ernest Hemingways. Er war die Kultfigur schlechthin, an ihm maß sich Wert oder Unwert zeitgenössischer Literatur und die überzeugende Identität von Leben und Schreiben schien uns bei ihm schlechthin verwirklicht. Waren wir durch ihn völlig einem harten Verismus verfallen, der uns nur zu leicht ins Klischeehafte abtriften ließ? Nahm er uns den Blick für anderes? Wohl kaum, denn – so unbegreiflich mir das heute ist – wir verschlangen mit gleicher Begeisterung Hermann Hesses „Glasperlenspiel", eine Kopfgeburt von bestenfalls kulturgeschichtlichem Interesse. Vielleicht sprach das Buch uns gerade deshalb an, weil es so weit vom Puls der Zeit entfernt war, l'art pour l'art; denn auch wir neigten zum Eskapismus.

Abgesehen von Thomas Mann und Carl Zuckmayer, jeder für sich ein Sonderfall, fand die bedeutende Exilliteratur als legitime Fortsetzung der Kultur der Weimarer Republik nur sehr sporadisch den Weg zurück. Die „Gruppe 47" als Sprachrohr der enttäuschten Kriegsgeneration setzte sich bewußt gegen das Exil, und damit auch gegen „Weimar" ab, doch war dies kaum eine Erklärung für den Bruch der literarischen Tradition im Westen. Einige bedeutende Exilautoren wie Anna Seghers, Stefan Heym, Arnold Zweig und Lion Feuchtwanger sahen in der entstehenden DDR den legitimen Erben Weimars, verstanden sich aber zugleich als Klammer zwischen den seit 1947 immer weiter auseinandertriftenden zwei deutschen Gesellschaften, eine Funktion, die der Kalte Krieg bald zunichte machte. Als Kulturminister spielte in Ostberlin der Münchner Johannes R. Becher eine eher klägliche Rolle; man konnte ihn vergessen.

Aber da gab es noch den aus Amerika zurückkehrenden „armen Bert Brecht", Westemigrant und Kommunist zugleich und ambivalent wie eh und je. Er suchte zuerst in Bayern Fuß zu fassen. Die traditionsreichen Münchner Kammerspiele, die einst seine anarchischen Frühwerke uraufgeführt hatten, wollten ihn mit offenen Armen aufnehmen. Es war eine Chance, die damals vergeben wurde, denn als die amerikanische Besatzungsmacht zu lange zögerte, ihm die Arbeitserlaubnis zu geben, nahm er ein großzügiges Ostberliner Angebot an und baute im Theater am Schiffbauerdamm sein eigenes dramatisches und dramaturgisches Werk auf – als kulturelles Aushängeschild eines Regimes, das mehr und mehr die Säuberung der Kultur von „bürgerlichen Elementen" betrieb. Ist Brecht, den wir hemmungslos bewunderten, der „Elfenbeinturm" am Schiffbauerdamm bekommen oder förderte dieser Sonderstatus seine Entwicklung zum zopfigen Zuchtmeister einer immer steriler werdenden Agitprop-Dramaturgie, die dem Publikum auf der Bühne zugleich die eindeutigen ideologischen Kommentare mitlieferte? Brecht – ein roter Gottsched der deutschen Literatur Ost – oder doch wieder der listig verklausulierende Ausweicher, auf den man heimlich bauen konnte und auf den sich literarische Dissidenten, oft seine Schüler, beriefen? Irgendwie enttäuschte er uns schließlich doch; nicht erst seit dem 17. Juni 1953, als er in zweideutiger Weise für das Ul-bricht-Regime eintrat und gleichzeitig eine allzu sorgfältig do-sierte Kritik am System übte. War das noch der große und dann wieder so kleine Brecht, der einst die wilden Songs vom „Toten Soldaten" und vom „Apfelböck" geschrieben hatte und die „Mutter Courage" und den ideologisch sehr ambivalenten „Herrn Puntila" auf die Bühne gebracht hatte – und dann wiederum maßgeschneiderte Agitprop-Stücke wie die „Maß-nahme"? Wer war nun der wahre B. B.? Vielleicht jener, der die wunderbare Geschichte von der „unwürdigen Greisin" ge-schrieben hatte oder der Verfasser der ostasiatisch verhaltenen „Buckower Elegien" – quietistisch und ideologisch abge-schminkt: Kryptogramme der Resignation, diskrete Abschwö-rung jener „kräftigen Wahnbilder", die nach Nietzsche die ei-gentlichen Beweger der Geschichte waren, und denen sich der Großbürgersohn Brecht allzu eifrig verschrieben hatte.

Irritierende Signale der Zeit, die uns erreichten und leiden-schaftlich diskutiert wurden, ohne daß wir selbst wußten, wo-hin die Reise ging. Am stärksten prägte uns, neben Heming-way, die „Kahlschlagliteratur" der „Gruppe 47", deren Anruf unserem eigenem Erleben entsprach. Das hing wohl mit unse-rem Mißtrauen gegen die Älteren zusammen, die es „so herr-lich weit gebracht" hatten. Paradox auch, daß uns ein Opti-mismus beseelte, der in krassestem Gegensatz zu unserer von Not und Hunger gezeichneten Gegenwart stand. Unter diesen Auspizien trat der „Club junger Autoren" ins Leben, der bis wenige Wochen nach der Währungsreform im Juni 1948 exi-stierte. Er ging mit jener „Stunde der Wahrheit" zu Ende, die einer ebenso notwendigen wie fragwürdigen Literaturblüte ein jähes Ende bereitete: Jahrelang hatte man mit fast wertlosem Geld ins Theater und Konzert gehen, Zeitschriften kaufen, „Dichterlesungen" besuchen und sogar reisen können. Nun aber kam die Zeit, in der jeder mit seinem knapp bemessenen neuen, wertvollen Geld entscheiden mußte, ob er ein Buch kaufen sollte oder doch lieber Schuhe, Hemden und Anzüge. Der vielstimmige Blätter- und Zeitschriftenwald starb dahin. Damals erhob sich ein großes Geschrei über das Ende der

Kultur, über das Ende einer „Zeit der Innerlichkeit", die jetzt in schnödem Materialismus unterginge. War das wirklich so? Zerstörten die Konsum- und Freßwelle, „Bild" und „Quick" eine Renaissance des deutschen Geistes oder war nicht doch alles eher ein „Papierblumenfrühling" gewesen, abseits der Wirklichkeit, Literatur ohne „Sitz im Leben"? Denn welche Art von Kultur konnte das gewesen sein, die nur dem Mangel normaler Güter ihre Existenz verdankte und die ihren irrealen Grund in fast wertlosem Geld hatte? War es eine „Ersatz-Kultur" im banalsten Sinne, dem „Ersatz-Kaffee" vergleichbar? Eine schwierige Frage, deren Aktualität seit der deutschen Wende 1990 wieder zutage tritt. Auch jetzt ist viel vom Verlust der „größeren Innerlichkeit" der DDR-Kultur die Rede. War sie nicht auch das fragwürdige Ersatzprodukt einer Gesellschaftsordnung, die keine freie Kultur gestatten konnte und wollte? Mehr noch: Auch hier war der Mangel an realen Lebensgütern Auslöser einer „innerlichen" Nischenkultur. Konnte sie weiterbestehen, wenn sie nun in Konkurrenz mit materiellen Gütern treten mußte? Der Begriff der „Innerlichkeit", Produkt einer deutschen Biedermeier-Ideologie, ist mir von jeher verdächtig gewesen, es hängen dabei immer irgendwo die „sauren Trauben" herum, wenn nicht gar verborgener Hochmut gegenüber einer „oberflächlichen westlichen Zivilisation" mit im Spiele ist. Wie dem auch sei, als wir, die Clubmitglieder, zu schreiben begannen, war der Höhepunkt einer Literatur im Zeitalter materiellen Mangels fast schon vorüber: Die „Forderung des Tages" trat bald danach in ganz anderer Weise an uns heran und zerstreute uns im Berufsleben oder in der strengen Vorbereitung auf dasselbe.

Der Club junger Autoren (CJA)
oder
ein poetisches Intermezzo

Eines Tages forderte mich der Geschichtslehrer auf, etwas über die italienische Renaissance zu erzählen. Da gerade diese Epoche mir durch Jakob Burckhardts berühmtes Buch sehr lebendig vor Augen stand, vermochte ich mit Schwung darüber zu sprechen, in einem witzig-aphoristischen Ton, den ich vermutlich Heines „Romantischer Schule" abgelauscht hatte. So wurden Cesare Borgia und die makabren Verdienste seines apostolischen Erzeugers boshaft beiläufig erwähnt, Vittoria Colonnas reine Menschlichkeit hymnisch gepriesen und die spanisch-habsburgischen Händel mit Frankreich, welche dieses großartigste Säkulum Italiens schließlich in Grund und Boden stampften, voll Abscheu kommentiert.

Der Lehrer, der mich nicht leiden konnte, aber von meinem feuilletonistischen Vortrag doch angesprochen war, ließ abbrechen, vielleicht störte ihn das amüsierte Gelächter der Klasse. Ich verspürte Ärger. Aus den hinteren Bänken reichte man mir einen Zettel: „Du scheinst mir nicht zu den geistigen Kleinrentnern zu gehören, die dieses Zimmer mit animalischem Lärm und Brodem erfüllen. Jedenfalls schließe ich das aus Deinem Vortrag. Ich möchte wetten, daß Du – mehr oder weniger heimlich! – „schreibst" (Keine Angst, das tue ich auch!) Warte doch, bitte, nach der Schule auf mich. Bis gleich! Volker"

Ich wandte mich erstaunt zurück, um den Absender herauszufinden, und wirklich, ein Paar aufmerksame, braune Augen waren auf mich gerichtet und verrieten den Schreiber. Ich dachte, bei braunen Augen scheinst du Glück zu haben, und so grinsten wir uns beide etwas verlegen an, wie Militärpflichtige, die zum erstenmal in der Kaserne sich nackt beim Duschen sehen. Nach der Schule trafen wir uns. Volker hatte schwarzglänzendes Haar, eine auffällig große gewölbte Stirn und leicht aufgeworfene Lippen. Ärmlich gekleidet wie alle normalen Menschen jener Hungerjahre, verriet er doch in seinem Anzug eine künstlerische Note. Den obersten Mantelknopf vertrat eine große Sicherheitsnadel, die in dieser Funktion für gar nichts anderes als ein Symbol betonter Abneigung gegen bürgerlich-adrette Mittelmäßigkeit gelten konnte.

Das Gespräch nach dem Unterricht entwickelte sich nach zögernden Eingeständnissen wie ein Sturzbach. Wir waren von einander beglückt. Begeistert und gestikulierend wanderten wir zwischen Schule und Heim hin und her, stellten beruhigt und erfreut fest, daß der andere auch . . ., und jeder spürte, daß er endlich einen Freund gewonnen hatte. Wir versprachen uns beim Abschied, möglichst bald, vielleicht schon morgen, wieder zusammenzukommen; dann aber für länger, für sehr lange. Als ich am Abend den Tag überdachte, fühlte ich ganz deutlich, wie sehr mich schon Liebe und Freundschaft an die alte, bunte Stadt banden. Volker empfing mich bei meinem ersten Besuch an der Tür seiner Schülerklause, deren Enge mich lebhaft an meine Gefängniszelle erinnerte. Konfuzianische Weisheit an der Wand und ein kunstvoll geschwungener Nachttopf unterm Bett harmonierten dialektisch mit einer Decke, die eine Wäschetruhe zierte und den Spruch trug: Glück und Glas – wie leicht bricht das. Es ehrte aber den Bewohner, daß er es verstanden hatte, durch eine gefällige Gruppierung einiger in rotes Maroquin-Leder gebundener Bücher der Truhe eine schöngeistige Aura zu geben, die jene traurige Reflexion aus dem Bereich der Glasmanufaktur beinahe verschwinden ließ. Der neue Freund mischte mir aus rohen Eiern, Haferflocken und Zucker eine erstaunlich nahrhafte Willkommensspeise, aber gleich darauf stürzten wir uns mit Lust ins „Literarische", denn wir hatten schon beide mit prallen Manuskripten voller Seeleninhalt auf diesen Augenblick gelauert.

Volker las zuerst – das Vorrecht des Gastgebers voll schamlosen Autorenstolzes nutzend. Ich selbst entledigte mich dann, ohne eine Pause zu dulden, zahlreicher Gedichte, die jeder Stimmung, jeder Tages- und Nachtzeit gerecht wurden, sowie einiger Novellen, aus denen mir ein belesener Mensch die Hauptlektüre der letzten Jahre auf den Kopf hätte zu sagen können. Am bewunderungswürdigsten schien mir Volkers Temperament. Mit großen Schritten, deren dreieinhalb in seinem Zimmer möglich waren, durchmaß er den Raum, redete sich mehr und mehr in Feuer, beschrieb mit den Händen schöngerundete Figuren, ließ seinem lebhaften Mienenspiel freien Raum. Er zeigte mir vor seinem Bett einen kleinen Teppich, worauf er vor dem Schlafengehen kniend über einen Spruch aus dem I-Ging zu meditieren pflegte. Das beeindruckte mich sehr; schon deshalb, weil mir selbst jede zeremoniöse Meditation unmöglich war.

Darüber sprachen wir gerade, als ein recht schmächtiger Jüngling eintrat, dessen mächtiger Gerhart-Hauptmann-Kopf mit der Zierlichkeit seiner Figur eigentümlich kontrastierte. Große, kluge Augen, ein sehr eigenwilliger Mund, dessen starke Oberlippe sich ein gutes Stück über die Unterlippe vorschob, ein kräftiges Kinn und im ganzen Wesen ein spöttischer Zug, eine Ironie, die von der schmalen Nase bis zu den scharfen Mundwinkeln irrlichterte; – das alles ließ den jungen Mann älter erscheinen, als er war. Er zählte in Wahrheit nur fünfzehn Lenze, und Volker stellte ihn als seinen Bruder Dietmar vor, der, wie er sagte, ebenfalls schon unter Musenküssen leide. Dabei sei er jedoch ein übler satirischer Knopf, dem man nicht in die Quere kommen dürfe. Wie recht er damit hatte, zeigte sich sofort, denn der Ankömmling, den vermutlich die wohlwollend herablassende Charakteristik des älteren Bruders fuchste, verbreitete sich sofort in abgerissenen Sätzen und voll gespielten Bedauerns über die Störung, die er Volkers dramatischen Posen bereitet habe. Die Brüder nahmen mich dann zu einem mageren Nachkriegsabendessen in die „Redoute" mit, ein Lokal in barocken Gewölben, wo den beiden schon eine Art Stammtisch freigehalten wurde. Die dicke Wirtin hinterm erhöhten Schanktisch hatte uns kaum erblickt, als sie schon freundlich nickte und mit befehlender Stimme in die Küche schrie: „Drei Portionen für Studenten – mit doppelt soviel Kartoffeln!" Volker lachte: „Und da soll noch einer behaupten, es würde heutzutage nichts für die junge Generation getan."

Bald darauf lernten wir Alex und seinen melancholischen Begleiter Edmund, einen Banater Schwaben, kennen. Wo es genau war, weiß ich nicht mehr, vielleicht in dem schmuddeligen Lokal in der Höllgasse, wo ein Chinese billiges Essen anbot, ohne uns kostbare Essenmarken abzufordern; meine eigenen mußte ich ohnehin im Schülerheim abgeben. Den freundlichen Asiaten konnte man durch nichts aus der Ruhe bringen. Sprach man ihn auf den Schmutz in Küche und Speiseraum an, antwortete er nur ungerührt: „Ist mutzig, aber meckt guuut!"

Alex war das, was man eine schillernde Persönlichkeit nennt, er hatte es auf komplizierte Weise fertiggebracht, zuerst in der deutschen Wehrmacht Soldat zu sein und dann als amerikanischer GI den Krieg zu beenden. Sein Vater war als zaristischer Offizier nach der Oktoberrevolution rechtzeitig nach Skandinavien geflohen, daher hatte Alex eine schwedische Mutter. Er rauchte vom Machorka auf- und abwärts alles Brennbare und zelebrierte einen großen Haß gegen Nachtgeschirre, Rilke, Tolstoi und die Sozialisten. Seine Spezialität waren grusinische Geschichten und Witze, die selbst in Rußland für unanständig galten. Bei alledem hatte er aber keinerlei Neigung für Politik, dazu ließen es die vielen Frauen gar nicht kommen, die ihm zu Füßen lagen, und nicht nur zu Füßen ... Er war schlank und groß, schön konnte man sein Gesicht mit den grauen, scharfblickenden Augen und den hohen Backenknochen nicht nennen; dies umso weniger, als Skorbut den Schmelz der Schneidezähne angefressen hatte. Es war eher seine verwegene Physiognomie, steil und markant im Profil, die den Frauen gefiel. Die Ohren waren bei ihm nicht nur zum Hören da, sondern hatten die Aufgabe, das lange, glatte Haar wie zwei Spangen aus der fliehenden, aber hohen Stirn zu halten. Alex spielte virtuos Gitarre, auf die neue „amerikanische" Weise; das öffnete ihm ebenfalls die Herzen der Frauen, und so hatte er im Gegensatz zu uns nie Probleme, den Hunger verschiedenster Art zu stillen. Sein literarisches Entrée bei der Gründung des „Clubs junger Autoren" waren expressionistische „Suffgedichte", die in doppelter Weise diesen Namen verdienten: Sie waren im Suff geschrieben und man konnte sie in diesem Zustand auch am besten aufnehmen; wozu die Gründungsfeierlichkeit des CJA allen Anlaß gab.

Ganz anders war sein Freund Edmund. Schwarzes, widerborstiges Haar kräuselte sich um eine auffallend niedrige Stirn, unter der pechschwarze Augen freundlich, aber meist melancholisch blickten. Wenige Jahre später beging er Selbstmord. In unserer Runde unterhielt er uns vor allem mit vertrackten Banater Dorfgeschichten im Stil Johann Peter Hebels; daß auch madjarisches Blut in seinen Adern floß, sah man ihm an. Eine zäh sich hinziehende Liebschaft mit einer Kriegerwitwe machte ihn noch stiller als er ohnehin war, aber das änderte nichts daran, daß wir alle „Edi" sehr mochten. Selbstverständlich gehörte mein Freund und Zimmergenosse Klaus ebenfalls zum Club, wenn er darin auch vor allem die Stimme des gesunden Menschenverstandes erhob; und das war oft sehr nötig. Wegen seiner blonden Haare und seiner staunenswerten Wohlgewaschenheit hieß er „der Knabe".

Seltsam genug, obwohl wir alle von der Zeit ein gerütteltes Maß an „Schicksal" mitbekommen und erlitten hatten, waren wir doch völlig apolitisch, ja, wir kapselten uns – gebranntes Kind scheut das Feuer – gegen unsere Gegenwart unbewußt ab, und das ging damals wohl Millionen ebenso; wir waren von dem, was uns zugestoßen war, wie betäubt. Unter meinen Papieren und Briefen dieser Zeit finde ich – abgesehen von der Angst vor einem Atomkrieg – kaum Themen, die auf Politik und die Probleme der Nachkriegsgesellschaft Bezug hatten. Vielleicht gab es damals gar keine Gesellschaft, sondern nur einen Ameisenhaufen voll verstörter Überlebender.

Das Literarische, vor allem das Neue aus Frankreich und den angelsächsischen Ländern verschlangen wir, aber die Flut von Broschüren und Pamphleten über deutsche Schuld und über die Verbrechen in den KZs nahmen wir einfach hin: Nicht unberührt, dazu war dies alles zu grauenhaft; auch überstieg die bürokratisch organisierte, fabrikmäßige Vernichtung von Millionen Menschen jegliche Vorstellungskraft. Aber wir registrierten es eher passiv, wie dumpfe Schläge auf den Kopf. Es löste wohl Schuldgefühle aus, bewirkte aber keine Katharsis, keine grundstürzende Wandlung – keine Metanoia – ein Zustand, der die Deutschen der ersten Nachkriegsjahre mit dem Makel der Unfähigkeit zur Trauer belastete. Schlimm genug, aber ich kann mich nicht eines einzigen Gesprächs unter meinen Freunden erinnern, in dem es um die Schrecken der NS-Herrschaft ging. Wir hatten uns vom „Schuldturm" der kaum vergangenen Jahre einfach abgeseilt. Die tägliche Jagd nach Nahrung und einer warmen Behausung ist dafür – ich weiß es – eine sehr fadenscheinige Entschuldigung; sie kam uns auch gar nicht in den Sinn. Vielmehr hatten wir in unserem neuen, überströmenden Freiheitsgefühl – der Freiheit von Kommiß, Zwang, Todesfurcht – nur wenig Raum für Reue und Schuld. Nach dem selbst Erlebten fragten wir uns auch, wo wir die Schuldgefühle denn hernehmen sollten, die uns kollektiv abgefordert wurden. Mit einem Wort: Wir machten die „Schotten dicht" und flüchteten ins Ästhetische: Frönten wir damit unbewußt einem deutschen Erbübel, dem kollektiven Selbstmitleid?

Die Zusammenkünfte unseres Clubs verlegten wir aus Volkers winziger Wohnkoje bald in Alexens geräumigeres Zimmer. Es nahm die ganze Breite eines bröckeligen Vorstadthauses ein und konnte nur durch die Küche der Hauswirtin, die ein dickes Wesen unfeststellbaren Geschlechtes war, erreicht werden. Vier kleine, vergitterte Fenster gaben dem Gemach nur wenig Licht und die ungewaschenen Gardinen siebten auch noch diese spärliche Helligkeit. Die massiven Fenstergitter stellten wohl einen oft umgangenen Schutz gegen die Herrschaft Amors dar, dem man in Altbayern noch in ungenierterer Weise huldigte als anderswo. „Fensterln" heißt es hierzulande oder, wissenschaftlich ausgedrückt, handelt es sich um „Nachtfreierei". Mehrere Stühle mit teilweise ungerader Beinzahl, zwei wacklige Tische, die vergeblich eine barocke Vergangenheit vortäuschten, dafür aber mit Büchern, Heften, Tabak und zerkauten Bleistiften, – malerische Häufchen von Zigarettenasche nicht zu vergessen! – bedeckt waren, dienten der

Bequemlichkeit des Untermieters, wenn auch nur mangelhaft. Ferner gab es einen lahmen Schrank, ein amerikanisches Feldbett an der einen Wand und an der anderen eine braungebeizte Liegestatt, ebenfalls wie die Tische barock gedrechselt – so reich war dies Gemach möbliert. Bei kaltem Wetter verkrochen sich die Clubmitglieder klappernd unter die Bettdecken, der Vorlesende aber mußte „im Freien bleiben", denn schließlich durfte der sich ja, wie Dietmar hämisch zu bemerken pflegte, produzieren. An der Wand neben der Tür, die durch Feuchtigkeit einer Landkarte täuschend ähnlich geworden war, hing eine Photographie, den verblichenen Hausherrn darstellend, schnauzbärtig und grimmig.

Im dunkelsten Winkel des Zimmers stand ein Aquarium, das in unfreundlichen, kühlen Nächten kleineren menschlichen Bedürfnissen geweiht war, denn der Abtritt lag außerhalb des Hauses, nur auf glitschigem Wege erreichbar. Dicht neben diesem scharf riechenden Behältnis ruhte ein geheimnisvoller, abgeschabter Koffer, der noch weitaus geheimnisvollere, steinharte Knollen von grauer Färbung enthielt. Alex ließ sie sich regelmäßig aus dem Bayerischen Wald schicken, wo seine Eltern Unterschlupf gefunden hatten. Seinem Beteuern nach waren es gedörrte Knödel, die ihm seine Hauswirtin nach Bedarf aufkochte. Wir nannten sie nur „Museneier", eine mythologisch völlig abwegige Bezeichnung, da die Musen bekanntlich keine Eier legen; nicht einmal die Muse für literarisches Federvieh. Besagte Museneier sollten unerhört sättigen. Alex ließ durchblicken, daß sie auch den Geschlechtstrieb anregten. Dietmar allerdings, der es wissen mußte, verwies diese Andeutung entschieden ins Reich der Fabel und versicherte, sie verklebten nur den Verdauungstrakt und erzeugten Melancholie und Hämorrhoiden.

Decke und Fußboden der Künstlerklause waren bröcklig und angefault. Es roch nach Geist, Moder und Eigenbautabaken, und knurrte den Bohemiens auch oft der Magen – selbst die obengenannten Museneier vermochten den Eintritt dieses Zustandes nicht immer zu verhüten – so lebten sie dafür um so freier und unbehelligt von jenen oft unausstehlichen Rücksichten, die Klaus und bald auch mir das schönste Zimmer verleiden sollten. – „Ein Hoch den proletarischen Hauswirtinnen!" Mit diesem Ruf wurde mancher Literaturtreff eröffnet und geschlossen. Ferner bot das Zimmer für Alex den unschätzbaren Vorteil, daß er, dank der Harthörigkeit oder Toleranz der Hausfrau und wohl auch wegen ihres gesegneten Schlafes ungestört seine nächtlichen Eroberungen ins Zimmer nehmen konnte.

Unsere literarischen „Konvente" fanden auch manchmal in Volkers und Dietmars Elternhaus statt. Das lag tief im Bayerischen Wald bei Untergriesbach und man fuhr mit einem altersschwachen Omnibus dorthin. Ein schlichter Bau im ländlichen Stil, mit umlaufenden Holzbalkonen und von drei Seiten mit hohen Fichten umringt. Statt elektrischem Licht gab es Petroleumlampen und im heimelig-dunklen Wohnzimmer einen knisternden, offenen Kamin; das alles umfing uns mit einem Zauber ganz eigener Art. Es war aber auch ein problematisches Haus. Die Mutter, eine gebürtige Hamburgerin, zart gebaut, belesen, aber ewig darüber jammernd, daß sie hier im Walde versauern müsse; der Vater, Westfale, ein bärbeißiger, militärischer Typ mit einer sehr bewegten Biographie, der gern mit dröhnender Stimme alte Geschichten auspackte, die jeder im Hause wohl schon hundertmal gehört hatte. Ein ungleiches aber gastfreundliches Paar. Ab und zu erfüllten das Haus weithin hallende Familienkräche, die Volker und Dietmar voller Ironie zu schildern wußten. Aber man war auf dem Lande, es gab kräftiges Essen, von dem wir in Passau nur träumen konnten. Beim matten Schimmer der blakenden Funzeln lasen wir dann unsere neuesten Texte, tranken schwarz gebrannte Kartoffelschnäpse – was der Seriosität der Veranstaltungen oft Abbruch tat – und streiften tagsüber durch die endlosen Wälder bis nahe an die wieder erstandene österreichische Grenze. Eine karge Gegend, in der die weiß gekalkten Häuser mit den dunkelbraunen, hölzernen Oberstöcken in rührender Verlorenheit standen, so, als hätte sie jemand ins Land gestreut und dann vergessen: Stifterlandschaft, still und herb.

Es war bei einem dieser Besuche im Waldhaus Ficht, daß wir eine Auswahl unserer Texte zusammenstellen mußten, denn inzwischen war unser Treiben andernorts ruchbar geworden. Volker verkündete am Beginn des „Konvents" triumphierend, er habe ein Schreiben des Bayerischen Rundfunks erhalten. Eine hohe Programmdirektion bat uns – den „Club junger Autoren" –, für eine literarische Gemeinschaftssendung unseres Kreises Gedichte, Kurzgeschichten, Skizzen und Novellen einzuschicken. Punktum. „Fünf Minuten Dostojewskij" waren die Reaktion: das hieß wildes Geschrei, sich in die Arme fallen und gegenseitig bis zum Umfallen die Hände schütteln.

Die Einladung des Rundfunks hatte folgende Vorgeschichte: In einem seriösen Blatt war Volker vor längerer Zeit ein Artikel über die jungen Schriftsteller ärgerlich aufgefallen. Der Verfasser, der sich noch hartnäckig zur jungen Generation rechnete, obwohl er der midlife-crisis schon bedenklich nahe sein mußte, dieser ewigjunge Literat also jammerte in bewegten Worten über die völlige Unfähigkeit der jungen Schriftsteller, mit dem Erlebnis des Krieges künstlerisch fertig zu werden. Der Stil lasse allgemein zu wünschen übrig, es fehle an Originalität und überhaupt sehe es in der Kunst recht düster aus.

Volker schrieb eine Erwiderung und verglich die Lage eines jungen Schriftstellers mit der eines Mannes, den man nach einem Erdbeben unter den Trümmern seines Hauses hervorgezogen und geradewegs aufgefordert habe, sofort in wohlgesetzter Rede einen Vortrag über Ursache, Auswirkung und ästhetische Qualität der Katastrophe zu halten. Nur senile Kritikaster, nur geistige Mumien könnten ein derartiges Ansinnen stellen und im übrigen sei man durchaus bereit zu beweisen . . .!

Die gepfefferte Epistel sandte Volker an das Konkurrenzblatt jener seriösen Zeitung, wo sie bald darauf im Feuilletonteil erschien. Unsere Befriedigung war groß, aber noch größer unsere Überraschung, daß sich der Rundfunk jetzt unserer annahm und zwar auf Grund dieses Artikels. Man wolle unserem Club – so schrieb der Leiter der literarischen Abteilung – mit dieser Gemeinschaftssendung eine Chance geben, wir sollten beweisen, daß junge Schriftsteller da seien! Unser Jubel war verständlich, Volker wurde für die nächsten hundert Jahre in seinem Amt als Clubpräsident bestätigt, wir schwelgten in Zukunft. Nach der Rückkehr in unsere Passauer Quartiere wurden die für den Rundfunk ausgewählten Stücke fein säuberlich durch ein Schreibbüro zusammengefaßt, das Manuskript ging mit einem Begleitschreiben des Clubpräsidenten ab und nach einiger Zeit erhielten wir die Mitteilung, wann unsere Beiträge ins Programm kommen würden. Da inzwischen die Währungsreform stattgefunden hatte, zahlte man die Honorare schon in D-Mark aus, ein guter Anfang!

Es ging dann allerdings nicht so gut weiter, denn am vorgesehenen Tag der Sendung hielt Thomas Mann anläßlich seiner Rückkehr aus Amerika seine berühmte Rede, die anstelle unseres „Club-Porträts" – so hieß dies im Vorspann – ausgestrahlt wurde. Als wir dann Wochen später wieder ins Programm kamen, verständigte man uns nicht rechtzeitig, so daß keiner von uns je diesen Beitrag gehört hat. Das war kein gutes Omen, wenn es mich auch kaum schmerzte, denn ich war damals schon mit der Ausarbeitung eines Romans mit dem Titel „Der Diktator" beschäftigt und ließ andere Dinge gar nicht mehr an mich herankommen. Ich hatte mir vorgenommen, meine Jugendgeschichte mit dem fiktiven Aufstieg eines Diktators, der ein wenig Mussolini ähnelte, zusammenzufügen. Das war zweifellos ein in jeder Hinsicht fragwürdiges Unterfangen, aber es absorbierte mich völlig; ich lebte gleichsam abgehoben, eingesponnen in die Welt meines eigenen Textes, ein merkwürdiges, fast somnambules Gefühl. Gedruckt wurde mein Opus zwar nicht, aber immerhin überlegte sich der Verlag Kiepenheuer und Witsch dessen Aufnahme in sein Programm. Das schließlich doch eintrudelnde mehrseitige Ablehnungsschreiben ließ jedenfalls erkennen, daß man im Lektorat den Text ernst genommen und sorgfältig geprüft hatte. Damals hatte ich allerdings schon kräftig aus dem Kelch der Freuden wissenschaftlicher Arbeit getrunken, so daß mich die Absage nur kurze Zeit schmerzte. Viele Jahre später erzählte ich aber

Hans Werner Richter, dem Gründer der „Gruppe 47", vom Schicksal meines Romans. Er lachte und meinte, ich hätte zu früh aufgegeben, denn genau in diesen Jahren wäre Heinrich Böll mit seinen Manuskripten erfolglos von Verlag zu Verlag gelaufen, bis man endlich sein erstes Bändchen früher Erzählungen „Der Zug war pünktlich" druckte. Was ich damals zur Auswahl an den Bayerischen Rundfunk eingesandt hatte, sei als Nachhall jener „Zeit zwischen den Zeiten" hier eingefügt; kommentarlos, denn der Autor ist zumeist der schlechteste Interpret seiner selbst.

Fragmente

Atomzeit

Geräusch der Zeit aus hunderttausend Rädern,
Die qual- und zweckvoll ineinandergreifen,
Millionenschrei aus angstgewürgten Kehlen
Und Todesnot der dumpfen Diesseitsseelen,
Die nimmermehr in Gottes Hände reifen.

Nur stumpfe Fron an dröhnenden Maschinen,
Die tückisch dienend uns zerreißen;
Rauchpilze stehn auf Wüsten und Atollen,
Der Wind trägt Tod. Wir kriechen tief in Stollen
Vorm eignen Werk: Niemand will Mörder heißen!

O Fluch der Zeit, o Fluch den Menschenwerken,
Die tötend unsrer Frevlerhand entgleiten.
Wir stehn auf selbstentzündeten Vulkanen,
Wir folgen der Verführung und den Fahnen
Der Zeit, die uns den Rattentod bereiten.

Großstadtbummel

Abends – in der bleichen Tagesneige
Schlendr' ich durch die Stadt zum Zeitvertreib.
Drüben spielt ein blasses Mädchen Geige –
Grimmig plättet nebenan ein Weib.

Ein Betrunkner spricht mit der Laterne
Von der Liebe und von Krieg und Tod;
Leuchtreklamen überschrein die Sterne
Und ein dürrer Hund beschnuppert Brot.

Lachen klingelt auf – und dann auch Weinen,
Kinder stolpern glücklich müd' nach Haus.
Tageswärme strömt noch aus den Steinen
Und die Huren und die Katzen gehen aus ...

Irgendwo – ein unrasierter Dichter
Pfeift Chopin in seinem Dachidyll,
Aber ich, ich treibe durch die Lichter
Wie ein Luftballon und schweige still.

Akustisches Bild

Im Garten schreit ein roter Stuhl.
Die gelben Tulpen wimmern in den Zwangsrabatten.
Gemächlich rülpst ein brauner Pfuhl,
Verbissen stehn im Zaun die bleichen Latten.

Der blaue Himmel wäscht sich grad
Mit weißem Wolkenschaum die überlangen Beine.
Ein grüner Junge pfeift auf seinem Rad, -
Ich buntes, längst vergeßnes Schaukelpferdchen
steh und weine.

Advent

Eine kleine, dummvertrauliche Musik
Macht mich traurig.
Es strahlen die Kerzen ...
Die Augen der Toten
Glühn gierig zum Fenster herein.
Jetzt möchten sie leben!
Aber der Wind und ein nächtliches Auto
Treibt sie klappernd davon ...

Variation I
Feldfeuer – rauchblau –
Verbrennen das faulende
Jahr zu Asche.
Schon lichtet sich
Der flammende Laubwald
Zum schwarzen Gerippe.
Bleicher Tod,
Kalte Nacht -
Wirf dein Herz
Von der Brücke.

Variation II
Wirf dein Herz fort,
Den zuckenden Unhold
Und überpinsle mit Sagrotan
Die graue Gehirnsubstanz,
Wo das Gedächtnis
Lauert; die Rinde,
Die alles grau macht
Mit Denken und Wissen -
Betäub' with the joky
Phrases of advertising:
Zukunft! Das ist
Die herrliche Fata Morgana
Für totes Gestern und Heute.
Ich trinke
Den Saft vieler Herbstzeitlosen.

Variation III
Erster Schnee:
Barmherziger Zudecker
Und erbarmungsloser
Eisiger Abdecker,
Laubräuber,

Kahlmacher, Kaltmacher.
Kristallschnee
Über der Saat -
Aufatmend pressen
Still gewordene Menschen
Die heiße Stirn
In den Flaum
Und streicheln
Die seidigen Stämme
Gelichteter Buchen:
Nun kommt er ...

Pelops und Charikleia

Eine unhomerische Geschiche über ein homerisches Thema.
„Was bleibt, stiften die Dichter"

Ihr Name steht in keiner Historie verzeichnet, denn Glück
und Unglück kleiner Leute verdienen, wenn überhaupt, nur
summarische Erwähnung; nennen wir sie also Charikleia, die
schöne Charikleia.

Ihr Vater war ein Bauer auf der Insel Ithaka mit zwanzig
Morgen Land, ärmlichen, ängstlich gegen den Nachbar abgegrenzten Feldern und Weiden. Es hatte seinen Grund, dieses
besorgte Abgrenzen gegen den Nachbarn, denn das war der
göttliche Odysseus, der Großgrundbesitzer, ein schlauer Fuchs
und Meister im Arrondieren und Bauernlegen. Er tat dies gewissermaßen aus Langeweile, so wie er, der stolze, übermütige
Herr, manchmal eigenhändig im Schweiße seines Angesichts
ein paar Furchen bis zum Horizont seiner schier endlosen Felder pflügte oder wie er ein andermal höchstselbst mit fröhlichen Zurufen bei viel Bier und noch mehr Wein ein Schiff
zimmerte, ein wirkliches, schlankes Kriegsschiff. Zwar hatte
der Zimmermann hinterher manche Spante auszuwechseln und
nachzuschnitzen, aber im Ganzen brachte Odysseus doch ein
stattliches Schiff zustande und feierte hinterher mit Knechten

und Mägden ein wildes Gelage. Penelopeia, seine Gemahlin, erfuhr natürlich das Ende solcher Zechereien haargenau, und dann hatten ihre Mägde in Kammer, Hof und Küche nichts zu lachen...

Charikleias Vater bewirtschaftete also ein kleines Anwesen dicht beim Besitz des Odysseus, und er hatte alle Jahre Mühe, die übermütigen Sklaven des Herrn davon abzuhalten, seine schmalen Felderchen so nebenbei mit anzupflügen, denn diese thrakischen Lümmel haßten den kleinen ruhigen Mann, der noch frei war: Nichts haßt ein Sklave mehr als die kleine Freiheit des andern. Als dann Helena den Menelaos, einen der größten Taugenichtse auf Fürstenthronen, zum Hahnrei machte und mit Paris nach dem sündig-eleganten Troja floh, war es auch auf Ithaka mit der Langeweile vorbei, und die lustige Zeit des Krieges und der Freiheit aller Sinne brach an. Charikleias Vater ward aufgeboten. Er zog noch vor der Frühjahrsbestellung mit seinen sehr altmodischen Waffen davon und hinterließ eine schwangere Frau, einen verkrüppelten Schwager und seine sechsjährige Tochter. Wie sollte das wohl weitergehen? Es ging weiter. Sogar recht rasch. Charikleias Vater kam bei einem unbedeutenden Gemetzel vor Troja an der Seite seines strahlenden Kriegsherrn Odysseus um. Es ward ihm noch die Ehre zuteil, daß Hektors Streitwagen über seinen Bauch fuhr, ehe er es aufgab. Auf Ithaka hatte inzwischen die schöngesichtige Penelopeia auf Ratschlag des weisen Mentor die alleingebliebenen Frauen ihrer Gegend zusammengerufen. Sie müßten jetzt zusammenstehen, solange die Männer fürs Vaterland kämpften, so sagte sie, und dann ließ sie die Weiber in ihrem Hause und auf ihren Feldern gemeinsam arbeiten, weil es so am ergiebigsten für die Wirtschaft der Insel war - nach Mentors Meinung. Charikleias Mutter hatte durch die schwere Arbeit auf fremden Feldern eine unglückliche Geburt und starb, ohne ein Wort zu sagen. Charikleias verkrüppelter Onkel verfiel der Trunksucht, die Felder blieben unbestellt und im vierten Jahr, als kein Brot, kein Öl und kein Fleisch mehr im Hause und das gehütete Saatgetreide aufgezehrt war, nahm die edle Penelopeia die kleine Chariklea aus übergroßer Güte als Magd in ihr Haus und arrondierte das kleine Anwesen mit den ängstlich gegen den Nachbarn abgegrenzten Feldern dem Besitze ihres immer noch in der Ferne kämpfenden Gatten; dann brachte sie der herdbehütenden Hera ein kleines, aber inniges Opfer dar.

Charikleias verkrüppelter Onkel verscholl, ihr selbst ging es leidlich gut als Magd im stattlichen Hause der Herrin, da sie fleißig war und geschickte Hände zum Weben, Flechten und Spinnen hatte. Nur wenn Penelopeia, vollblütig und stolz, von der Einsamkeit ohne Mann geplagt wurde, gab es für das schlanke Mädchen böse Zeit; für sie wie für alle Mägde. Doch sie trug es geduldig.

Die Jahre gingen dahin, und ab und zu hörte man, daß Griechen aus Troja zurückkamen, zwar nicht so gewaltig prahlend, wie sie davongegangen, sondern eher verwahrlost, aber immerhin als Sieger. Troja lag leer und vernichtet, Geier umkreisten die Mauern, jedenfalls hieß es so im offiziellen griechischen Heeresbericht. Vom Großgrundbesitzer Odysseus hörte man nichts. Er hatte zwar noch den Triumph der gerechten Sache erlebt, ja sogar durch seine übermenschliche Schlauheit herbeigeführt, aber sonst wußte man nichts. Sein Schiff war verschollen.

Telemach übernahm nun mehr und mehr auf Drängen des Mentor das Erbe des Vaters. Er war zwar nicht so gewitzt und genialisch wie der Vater, aber sein Lehrer hatte ihn immerhin die Kniffe und Rechte des Herrschens gelehrt; mehr war nicht vonnöten. Es konnte nicht fehlen, daß das Verhältnis zur Mutter sich spannte. Penelopeia war eine Frau, die zu befehlen verstand wie keine im Lande. Mentor suchte zwar, diese Differenzen durch milde Sprüche aus dem unaufhaltsam sprudelnden Born seiner Altersweisheit zu besänftigen, aber er wurde von beiden schweigend zur Seite geschoben und zog sich seufzend auf theoretische Studien – Astrologie, Mineralogie und Staatslehre – zurück.

Von diesem Zeitpunkt an kam es zu jenem merkwürdigen Zudrang der Freier auf Penelopeias Haus, von dem der offiziöse Bericht behauptet, er wäre ohne Zutun der hehren Frau, nur durch die Gier nach herrenlosem Besitztum entstanden. Andere Versionen, die vermutlich aus der Spinnstube der geplagten Mägde stammten, behaupten wiederum, Penelope sei ihres mannlosen Standes herzlich überdrüssig gewesen und hätte es – rundheraus gesagt – auf einen gutsituierten Grundherrn vom anderen Ende der Insel abgesehen. Der sei ihr aber stets ferngeblieben, war nur dem Waidwerk ergeben und auch ohne waltende Hausfrau mit seinen Mägden sehr glücklich. Penelopeia – so meinten die in der Spinnstube – habe die übermütige Schar der Freier herangereizt, um jenen Herrn, Kreon mit Namen, so deutlich als möglich auf den freien Platz an ihrer Seite aufmerksam zu machen, ein Unterfangen, das freilich ohne Erfolg bleib, denn Kreon, der seinerzeit dem trojanischen Krieg mit der ungehobelten Bemerkung ferngeblieben war, er lasse sich nicht durch ein läufiges Weibstück aus der Ruhe bringen, dieser Kreon fuhr ungerührt fort zu jagen, zu segeln und zu trinken, und er schlief weiterhin bei seinen fleißig gebärenden Mägden.

Solche und ähnliche Gerüchte drangen, wie gesagt, aus der Spinnstube, und es verdient immerhin bemerkt zu werden, daß Penelopeia sich gegen den Zudrang der Freier nur gerade so deutlich wehrte, als sie ihrem Sohn Telemach schuldig war. Doch gab sie insgeheim Befehl, die Freier gastlich zu bewirten. Sie wies ihre triefäugige, treue Amme Eurykleia an, zwölf passende Mägde für den Dienst an den Freiern auszuwählen. Eurykleia, die außer ihrem Amt als Säugamme des hehren Odysseus nur ein sehr verkümmertes Gefühlsleben hatte, glaubte die Weisung ihrer Herrin recht zu verstehen, wenn sie die zwölf schönsten, zierlichsten Mädchen, die sie ohnehin haßte, zu dem zweifelhaften, schweren Dienst wählte. Penelopeia sah die zwölf mit wunderlichen, ja widerstreitenden Gefühlen zu der Schar der geschmückten, jungen, fröhlichen Freier entschreiten, aber da sie nicht umsonst die Gattin des Listenreichen, Schlauen war, schwieg sie und warf nur einen kurzen prüfenden Blick auf ihr unsicheres, stirnrunzelndes Söhnlein...

So kam es nun zu jenem mit Recht berühmten Herdenschlachten und Weinschlauchleeren, das den duckmäuserischen Telemach mit verständlichem Grimm erfüllte. Was übrigens die Geschichte mit dem Teppich anbetrifft, dessen Fertigstellung Penelopeias Wahl unter den Freiern besiegeln sollte, so wußte man darüber in der Mägdekammer zu erzählen, daß die Herrin zwar wirklich in der Nacht das tagsüber Gewebte wieder löste, doch schwuren die vertrautesten Mägde, daß dabei nie so viel aufgetrennt wurde, als am Tag an Gewebe dazugekommen war. Der Teppich wuchs also langsam aber sicher, und kurz vor Odysseus Heimkehr soll er sogar ziemlich rasch gewachsen sein.

Charikleia gehörte sehr widerwillig zu jenen Mägden, die den Freiern Speise und Trank zubereiteten, und da Penelopeia als züchtige Strohwitwe sich nicht gut unter der prassenden Schar sehen lassen konnte, hub mit jedem neuen Tag ein wilderes Treiben an; denn die Freier waren in keinem Sinne Kostverächter. Anfangs ließen sich nur einige der Mägde auf das lockende, lustige Leben im Saal und in den Zelten der Männer ein, aber diese wenigen stachelten bald ihre Liebhaber zu weiteren Verführungen auf, denn es gibt bekanntlich für die Lasterhaftigkeit nichts Schlimmeres, als in der Minderheit zu sein. Telemachs Sklaven, die dabei sehr ins Hintertreffen gerieten, registrierten aus der Ferne sorgfältig jeden Sündenfall und schlichen düster und gepreßten Gemütes um das lärmende Lager der Freier. Zwischen Penelopeia und ihrem Sohn kam es immer häufiger zu heftigen Worten über die Ursachen des Freierzulaufes. Es fielen häßliche Reden, die keines Versmaßes fähig und daher in keiner Epopöe überliefert sind. Das half aber nichts, denn der duckmäuserische Telemach zog aus seiner peinlichen Lage keinerlei Konsequenzen, und Mentor, der allgemach um seine gutbezahlte Stellung bangte, riet immer wieder zur Mäßigung. „Zuwarten! Nur ruhig Blut, kleiner Telemach," murmelte er dann hastig mit ausgebreiteten Händen und enteilte zu seinen wissenschaftlichen Studien.

Charikleia war die letzte der Mägde, die noch bei keinem Freier geschlafen hatte. Schönfüßig, auf rosigen Sohlen klapperte sie mit ihren Sandalen durch die schäkernde, zwickende

Horde, ihre zierlichen Brüste hoben und senkten sich ruhig, regelmäßig, und das ovale, gebräunte, schmallippige Antlitz blickte unberührt vor sich nieder. Gerade das aber reizte die angetrunkenen Freier. Der Spott der willfährigen wie der halb und halb vergewaltigten Genossinnen tat ein Übriges. So kam es, daß Charikleia eines Abends auf Verabredung von einigen aufgereizten Freiern in einer dunklen Ecke des Hofes überfallen wurde. Sie wollte gerade neue Speise aus dem Keller herauftragen, denn die anderen Mägde ließen sie schon lange fast allein arbeiten, „weil die dumme Gans ja sonst nichts zu tun hat". Charikleia schrie gellend auf, als sie spürte, was die Freier wollten, sie kratzte und biß. Telemach guckte schlaftrunken aus einem Fenster und rührte sich nicht. So wäre es um das hilflose Mädchen rasch geschehen gewesen, wenn, ja wenn nicht – und hier beginnt unserer Geschichte leider das beliebte vulgär-marxistische Unterfutter auszugehen, denn:

Plötzlich stürmte jemand heran, warf sich wütend auf die zerrenden, ächzenden Bedroher und schlug sie mit einem schweren Eichenknüppel auf die weinschweren Köpfe. Die Meute brüllte auf, und da sie der cyprische Wein plump und schwankend gemacht hatte, trollten sie sich fluchend und heulend davon. Charikleia war gerettet, neben ihr stand mit niedergeschlagenen Augen Pelops, der jüngste im Kreise der Freier. Es entstand ein längeres Verlegenheitsschweigen, das wir flugs zu einigen Personalangaben benutzen wollen: Pelops war ein blonder, lustiger, schüchterner Junge, der nur widerwillig unter den Bewerbern saß. Seine Familie, geil vor Besitzgier und lüstern nach Vergrößerung ihres Grundbesitzes, hatte ihn einfach in das Haus des Odysseus abkommandiert. Schließlich war ein Gut wie das des Listenreichen, Leidenerduldenden eine Ehe von ungleichen Jahren wert. – Soweit die Sippschaft, aber der junge Pelops fühlte sich sehr unwohl im Kreise der Prahler, Säufer und Hurer, und da er es schlecht verbergen konnte, behandelte man ihn auch danach. Charikleia hatte es oft bemerkt, wie er mißmutig und einsam unter den Trinkern saß, kaum gefragt und kaum das Wort nehmend, eben ein etwas linkischer junger Mensch, der unter dem Kommando der

Verwandtschaft groß geworden. Wenn die schöne Charikleia schweigend cyprischen Wein zu den Tischen der prassenden Meute trug, hatte sie Pelops immer stumm und verzückt, mit halboffenem Munde angestarrt, und ihr war das nicht entgangen. Sie gab ihm stets das schönste der silbergetriebenen Trinkgefäße, und er hatte es dann immer sehr verwirrt auf einen Zug geleert; was Charikleia mit einiger Betrübnis sah, denn sie mußte ihn nun für einen ausgepichten Säufer halten. Doch gefiel es ihr immerhin, daß Pelops sich nie an den grölenden Reden der anderen beteiligte, die meist von der trojanischen Affäre handelten oder von den vermuteten Reizen Helenas . . .

Pelops hatte nie die Stimme der kleinen Charikleia gehört; sie bediente stumm und kreischte nie auf, wenn sie von einem Freier gezwickt oder plump getätschelt wurde. Als er aber – um den Faden der Geschichte hier wieder aufzunehmen – einige Augenblicke zuvor einen hellen angstvollen Mädchenschrei im dunklen Innenhof gehört hatte, war es ihm plötzlich klar, daß dies nur die stumme Charikleia sein konnte. Er war herbeigestürmt, hatte den zufällig aufgehobenen Prügel unter die Bedränger des Mädchens geschlagen und stand nun recht verlegen vor der Schönen, die sich nicht minder verwirrt Haar und Gewand ordnete. Schließlich fragte er sie, wie sie heiße, und der Name Charikleia flog ihr leicht und zart wie eine Seelenschwalbe von den Lippen. Sie dankte ihm für die Errettung. Worauf wiederum eine längere Pause entstand. Danach fragte Pelops, woher sie stamme, und das Mädchen erwiderte niedergeschlagenen Auges, sie wolle es ihm zeigen, wenn er morgen beim ersten Hahnenschrei, bevor die Arbeit beginne, am hinteren Pförtchen sei, wo Eumaios die Schweine und Schafe immer durchtreibe. Dann lief sie schnell davon, und er wußte gar nicht, ob sie nun sein Ja gehört hatte. Pelops kehrte nicht mehr zum Gelage zurück. Er wollte schlafen, verfiel auch einige Zeit in einen unruhigen Halbschlummer, erhielt von seinen Schlafgefährten Püffe und Scheltreden, weil er träumend um sich schlug, und so stand er schließlich lange vor Hahnenkraht auf. Er strich um die Gebäude, Stallungen und Pferche, wachsame

Hunde fuhren ihm an die Beine und kläfften, aber er prügelte sie mit seinem Eichenknüppel, den er wie aus Versehen immer noch mit sich trug, in ihre Hütten zurück. Dann war es wieder still. Die Sternbilder wollten immer noch nicht bleichen – die unglückliche Cassiopeia, der wildleuchtende Jäger Orion, die flimmernden Pleijaden ...

Dann entdeckte Pelops den Hühnerverschlag des göttlichen Odysseus. Er rüttelte kräftig am Gestänge, aber der Hahn schwieg stille, und die Hennen duckten nur ganz leise und ängstlich vor sich hin. Ob der stolze, federglänzende Morgenverkünder aus Furcht vor einem Fuchs schwieg oder ob er aus beleidigter Pedanterie den Tag nicht bekrähen wollte, der sich nun mit malvenfarbener Helle und Taufall von selbst ankündigte, – er kam Pelops Wünschen nicht nach, sondern schwieg unerschütterlich. Pelops ging fröstelnd und mit Mordgelüsten gegen den Hahn an das Schweinepförtchen – und da stand sie schon.

Auch sie hatte nicht schlafen können und wollte ihn hier erwarten. Es war ganz natürlich, daß sich beide aneinander wärmten, daß sie sich küßten und umschlangen... Dann fiel der Tau auf ihr Haar. Sie gingen aufs freie Feld. Das Meer begann zu schimmern, zuerst trübe, dann breit und hell, wie blankes Kupfer. Die rosenfingrige Eos erwachte. Nebel rollte über die Wiesen, und dann krähte doch der Hahn. Beide mußten lachen, weshalb, das wußten sie kaum. Charikleia ging voran. Sie war lange nicht mehr den Weg zum Hause ihres Vaters gegangen, aber die Füße trugen sie die vertrauten Feldpfade, vorbei an den niedrigen Steinmäuerchen, die ihr Vater noch geschichtet hatte, nun von Efeu und Silberdisteln überwachsen; vorbei am grüngrauen Blattwerk der krummen Olivenbäume, am bizarren Gestänge des Feigenbaumes, in dem sie oft gesessen ... Die Tauperlen rannen ihnen erquickend kühl über die Füße – über ein paar kleine, zierliche mit rosigen Sohlen und über ein paar kräftige, sehnige, die behutsam und etwas tapsig hinter den kleinen Füßen einherschritten. Auf den Weiden, die links vom Wege zum Meer hinab lagen, hatte Eumaios, der Schäfer des Herrenhauses, ein Feuer entfacht; er schien sie nicht zu bemerken. Die Herde bewegte sich wie ein grauer, wandernder Wollteppich die Wiesen hinunter. Charikleia blieb stehen, und Pelops stolperte beinahe über ihre Füße. Das Meer war jetzt ganz hell, und in der Stille hörte man die Brandung.

Pelops stellte sich vor das Mädchen und verwehrte ihr die Sicht aufs fremd gewordene Vaterhaus, denn ihre Wimpern zuckten. Sie hob den Arm nach dem Hause, aber er fiel ihr wieder herab, ohne daß sie etwas sagte. Sie wußte es: Sie war vertrieben, in ihrer Heimat saßen Fremde mit gutem Gewissen, und keiner fragte nach ihr. Sie schlang plötzlich den Arm um seinen Hals, der so hoch über ihr war, daß sie an ihm hing wie an einem Baum. Die salzige Kühle des Morgens floß um sie, und sie standen ganz allein in einer Welt, die nur Befehl und Gehorsam, Gier und Betrunkenheit, Krieg und Gewalt kannte. Es drängte sie zueinander, und so erblickten sie beide zugleich die halbleere Heumiete hinter den Olivenbäumen am Hang. Es riß sie dorthin, und ihre flammende, stammelnde, ihre begehrende und gierig spendende Zärtlichkeit füllte die kalte, rollende Welt bis zum schimmernden Meer mit Liebe und schamhafter, wilder Beglückung. Die Welt war eine feurige schwebende Kugel, in deren Mittelpunkt sie lagen, muschelhaft geborgen, nackt und glühend, und Meer, Land, Haus und Menschen waren nur noch ferngerückte, stummgewordene Zeichen jenseits der Kugel, jenseits der Welt ...

Die Tage verrannen. Es wurde eine Liebesgeschichte, von der nur die warmen Nächte und die frühesten Taustunden wußten... So meinten die beiden, aber Eumaios, der Schäfer, hatte sie schon am ersten Morgen gesehen. Er war mit Leidenschaft und Hingabe ein Sklave des Odysseus, und er erzählte der zahnlosen treuen Amme Eurykleia, was er gesehen. Und dann wußten es bald die Mägde Penelopeias und schließlich auch Telemachos, der schon lange begehrlich Charikleias Lager umkreist hatte ...

Pelops drängte; er wollte mit der schönen Geliebten nach Hause, fort aus der betrunkenen Gesellschaft. Er sprach von ihrem künftigen Leben auf seinem Hofe, von der Quelle unter den schattenspendenden Eichen und vom warmen, dunkelbrauen Hause, das er bewohnte. Aber seine Schöne bettelte dann immer wieder: „Bleib noch, ich will erst erfahren, was aus meinem Vater geworden ist, ehe ich weggehe ..."

Sie erfuhr es natürlich nie, denn Leben und Sterben der Armen – der „Mühseligen und Beladenen", von deren Gottnähe später einmal einer predigen sollte – waren damals (wir sagten es schon!) noch keines Berichtes würdig. Dafür kehrte der hehre, leidenerduldende Odysseus zurück und tötete, wie man weiß, alle Freier mit Hilfe seiner Beschützerin Pallas Athene. Auch der junge Pelops fiel, durchbohrt vom siebenten Pfeil, den der Götterliebling im hochaufragenden Saale verschoß. Als die Freier getötet waren, rannte die alte hysterische Eurykleia jubelkreischend in den Saal und verklagte die zwölf Mägde, die bei den werbenden Männern geschlafen. Da der späte Heimkehrer gerade in der gründlich-lustvollen Bereinigung seiner häuslichen Verhältnisse begriffen war und obwohl ihn seine leidenschaftliche Affäre mit der schönen Nausikaa hätte nachsichtiger stimmen sollen, befahl er, die zwölf hurenden Mägde zusammenzutreiben und dann im Hofe niederzuhauen. Eurykleia enteilte freudig mit diesem Befehl.

Mit ihren elf Genossinnen mußte die schöne Charikleia noch die Leichen der Freier aus dem Saale tragen, Tische und Bänke mit feuchten Schwämmen reinigen und Geschirr und Speisereste beiseite tragen. Sie küßte ihrem Geliebten die schwarzblutende Pfeilwunde und erhielt dafür von Odysseus und darauf von der triefäugigen Amme Eurykleia einen Schlag ins Gesicht. Aber sie spürte es kaum. Sie war nicht mehr bei Sinnen. Sie fühlte nur noch die starre, kalte Hand des Geliebten, die sie einst vor Schmach und Vergewaltigung gerettet. Sie sah den siegreichen, blutbesudelten Odysseus stehen und keuchen wie ein wildes Tier. Dann begegnete sie noch dem häßlichen, gelben Blick des besonnenen Telemach.

Sie wollte an den Vater denken, als es mit ihr geschah. Aber sie dachte nur noch zu Ende, daß er tot sein mußte und daß es jetzt nur noch den Tod in der Welt gab: schwarzen, saugenden, grölenden, bleckenden, triumphierenden Tod ...

Wir lassen – mit einigen Vorbehalten, wie sich versteht – die nobel-distanzierte, offiziöse Version dieser Vorgänge folgen. Natürlich ist dabei die schöne, schlanke Charikleia nicht genannt. Sie verendete, wie Millionen vor und nach ihr verendeten: namenlos und stumm durch die Jahrtausende, das ungenannte Opfer einer Epopöe, die nicht die ihre war ...

Wir zitieren also und beginnen mit des göttlichen Odysseus

Befehl an die Knechte:

„Führt die Mägde hinaus aus dem schönerrichteten Hause
Zwischen den Rundbau und die feste Umfriedung des Hofes,
Und dort haut sie nieder mit langen Schwertern, bis daß sie
Alle ihr Leben verhaucht und ihre Wollust vergessen,
Die in die Arme der Freier sie trieb zu heimlicher Liebe.

So befahl er. Und schon erschien der Weiber Gedränge;
Alle heulten gar bang und schwammen jammernd in Tränen.
Und sie trugen zuerst die toten Leiber von dannen,
Legten sie unter die Halle des wohlumfriedeten Hofes
Dicht aneinander gebettet; es trieb Odysseus sie selber
Gar gebieterisch an und zwang sie, die Toten zu tragen.
Dann aber säuberten sie die schönen Sessel und Tische
Alle mit Wasser und wuschen sie mit durchlöcherten
Schwämmen.

Aber Telemachos, der Rinderhirt und der Sauhirt
Schabten mit eisernen Rechen den Boden des ragenden Saales
Rein, und die Mägde trugen dann all den Unrat ins Freie.
Aber nachdem die Männer so alles im Saale geordnet
Führten sie die Mägde hinaus aus dem herrlichen Hause
Zwischen den Rundbau und die feste Umfriedung des Hofes,
Drängten sie dort in die Enge, wo jedes Entkommen unmöglich.
Doch dann sprach zu seinen Gefährten Telemachos also:
„Nein, ich gönne diesen nicht, ehrlichen Todes zu sterben,
Die da mit Schmach mein eigenes Haupt und das meiner
Mutter
Überhäuft und mit den Freiern Buhlschaft gepflogen.

Also sprach er und zog das Seil eines dunklen Meerschiffs
Um eine ragende Säule und um die Spitze des Rundbaus
Hochgespannt, daß nicht die Füße den Boden berührten.
Und wie ein flüchtiger Schwarm von Drosseln oder auch
Tauben
Auf dem Wege ins Nest in eine im Buschwerk verborgene
Schlinge gerät und so erlangt eine traurige Ruhstatt:
Also streckten auch sie in langer Reihe die Köpfe
Mit dem Hals in die Schlinge und starben schmählichen Todes;
Mit den Füßen zuckten sie etwas, aber nicht lange . . .

Aphorismen

Die Wurzel der Selbstbeherrschung ist oft nur Feigheit. Viele
Leute bringen nur aus Phantasielosigkeit keine Lüge zustande.
Soll man das auch als moralisches Verdienst werten?

Gute Vorsätze beruhigen oft genauso wie gute Werke. Auch
sind sie weniger kostspielig.

Angeborene Fähigkeiten, die man an uns lobt, rechnen wir
uns als sittliche Verdienste zu.

Kultur – ein geistreiches Versteckspiel vor den Schrecken
des Todes.

Unsere Fehler bereuen wir erst, wenn sie uns Schaden bringen.

Pantheismus ist bei vielen nur eine Halbheit; wenn sie nämlich aufgehört heben, an einen persönlichen Gott zu glauben,
ohne den konsequenten Mut zum Atheismus zu besitzen.

Der Glaube an den Zufall ist bereits Atheismus.
Der Fall Marat: Gemeine Rachsucht kann ein Talent zum
Genie steigern.

Durch unsere Literatur spukt überall die Gestalt des weich-herzigen Grobians (Kennwort: rauhe Schale, weicher Kern!). Wie erstaunt man dann, im wirklichen Leben grobianische Rohlinge mit hartem Herzen zu finden.

Glaube und Wissenschaft sind wie Feuer und Wasser. Bringt man beide zusammen, gibt es Nebel; den Nebel der Metaphysik.

Dreiviertel aller Privatbriefe würden nie geschrieben, hätten die Absender nur Phantasie genug, sich vorzustellen, wie der Empfänger die Zeilen nur nach Komplimenten an seine Adresse durchfliegt.

Er war ein so feinnerviger Stilist, daß er die plumpe Interpunktation mit Komma, Semikolon und Punkt durch die differenzierten Pausenzeichen der Notenschrift ersetzt zu sehen wünschte.

Herrn Kant ins Stammbuch: Divinität ohne Humanität wird auch zur Bestialität; wie das Beispiel der Inquisition beweist, die ein „Sanctum Officium" war.

Man kann ein sehr unordentliches Leben führen und dennoch ein großer Spießer sein.

Hellsichtigkeit der Sprache: die Stammverwandschaft von Zweifel und Verzweiflung.

Dialektischer Dreischritt:
1. Die Geschichtslosigkeit als ursprünglicher, als Naturzustand der Völker.
2. Geschichte als Durchgangsstadium aller Völker und Gruppen.
3. Das Ziel: eine neue begrenzte Geschichtslosigkeit der Individuen im Weltstaat, deren nationale Geschichte zwar politisch bedeutungslos wird, aber doch als kulturzeugender Sauerteig des Geistes in ihrem Bewußtsein erhalten – aufgehoben bleibt.

Jedes gute philosophische Aperçu kriegt hierzulande die metaphysische Elephantiasis und bald darauf, in Form eines „Standardwerkes", ein systematisches Staatsbegräbnis erster Klasse.

Das Telefon – eine Stoffwerdung moderner Zudringlichkeit.

Nachtgedanken: „Auferstehung des Fleisches" – Der heimliche Triumph des Sensualismus in der Zitadelle des Spiritualismus.

Wahrheiten, die auf der Straße liegen, kommen erst im Munde großer Männer zu Ehren. Wieviel Banalitäten hat Goethe geadelt!

Bedürfnis nach Luxus entspringt oft einem Mangel an Phantasie.

Hegel negativ:
Dreifacher Begriff des „Abnehmens" einer Kultur.
1. *Abnehmen* einer Kultur als Rückgang ihrer Lebenskräfte, also im Sinne von Geringerwerden.
2. Eine Kultur *Abnehmen* wie eine lästig gewordene Maske. Es ist das Wiederauftauchen ursprünglicher Triebe und Elemente, die von der normativen Hochkultur überbaut, übertüncht und zivilisiert worden waren und deren Kraft plötzlich hinter der zerbröckelnden Maske der Hochform als barbarisches Urgesicht wieder auftaucht. Desintegration des Kosmos der Hochkultur.
3. *Abnehmen* der Kultur, wie man das Gut eines anderen an sich nimmt. So nehmen junge Völker die Formen und Inhalte zerfallender Hochkulturen an sich, um sie ihrem Wesen anzuverwandeln und ihrem „Gesichtstypus" anzupassen.
Alle drei Formen des Abnehmens der Kultur sind ursächlich miteinander verflochten, sie treten gleichzeitig auf, sind nur ein einziger komplexer Vorgang.

Wird ein Mensch alt und hilflos, redet er bei jeder Gelegenheit von seiner kraftvollen Vergangenheit. Im Geistesleben der Völker nennt man das Historismus.

Man soll Leuten nichts glauben, die falsche Zähne im Munde haben. Vorsicht vor Altersweisheit!

Wer nicht glücklich ist, will zumindest Macht besitzen; so kann er immerhin über das Glück anderer entscheiden. Das ist sein Surrogatglück.

Abschied von der Boheme

Der Freundeskreis zerstob aus sehr verschiedenen Gründen. Volker und Dietmar hatten die Schule schon vor dem Abitur verlassen, letzterer „mit einem der schlechtesten Zeugnisse Bayerns", wie er voll Stolz bemerkte. Klaus und ich kamen heil durch die Reifeprüfung, und so stand meiner Immatrikulation im Wintersemester 1949/50 an der Philosophisch-Theologischen Hochschule Passau für die Fächer Germanistik, Geschichte und Anglistik nichts mehr im Wege.

Wie uns der Wind des Zufalls zusammengeweht hatte, so trieb er uns auch wieder auseinander. Wenige Wochen nach unserem „Rundfunkdebut" teilte Alex lakonisch mit, daß er heiraten und im nächsten Monat in Neapel das Schiff besteigen würde, um nach Australien auszuwandern. Bald darauf beging Edmund Selbstmord, zerstört von dem hartnäckigen Verhältnis mit seiner Kriegerwitwe, von dem sich zu lösen ihm nicht gelungen war.

Was ich eigentlich tun wollte, war mir noch unklar, ich wußte nur, daß ich vorerst in der schönen alten Stadt bleiben würde. Nun war ich wieder Bewohner des „Kavaliersflügels" im Hause R. und starrte stundenlang aus dem Fenster ins Donautal; es leuchtete in der Herbstsonne wie eh und je: Oktober 1949. Zwar schrieb ich an meinem Roman weiter, aber bald drängte sich anderes in mein Bewußtsein, nämlich die Narkotika und kulturellen Erkenntnis-Drogen des Historismus, die uns in den Vorlesungen verabreicht wurden und mit denen jede feste Werteskala ins Wanken kam. Es war eine neue, fesselnde Erfahrung, daß anstelle klar erkennbarer Wahrheit nur noch Aspekte für eine Annäherung an dieselbe traten. Aber wie kann man einer Wahrheit näherkommen, deren Ort und Art man nicht kennt? Dies ähnelt dem Alptraum eines Schwimmers, der trotz kräftiger Schwimmbewegungen immer weiter rückwärts getrieben wird, dorthin, wo – wie man uns sagte – die „Wurzeln der Wahrheit" und deren Anfänge lägen. Geschichte ist sicherlich eine dauernde Wallfahrt zu den Reichtümern wie den Heil- und Irrtümern vergangener Zeiten und schenkt uns neue Dimensionen des Bewußtseins, aber sie relativiert zugleich Religionen und Werte. Ein eher nihilistischer Zug, der durch einen hartnäckig proklamierten, nichtsdestoweniger fragwürdigen Entwicklungsgedanken der Geschichtswissenschaft nur mühsam verborgen wird. Der Historismus setzt sich allen traditionellen Verhaltensweisen schon dadurch entgegen, daß er sie als geschichtlich geworden ins Bewußtsein erhebt, sie ihrer Selbstverständlichkeit und Absolutheit beraubt und dadurch einen Graben zur Vergangenheit aufreißt. Weit davon entfernt, eine gemütvolle Ideologie der Kontinuität, der Tradition zu sein, produziert er fortlaufend Diskontinuität zur Vergangenheit, Relativierung des Gegebenen, aber auch die Lust an der Vielfalt und dem Reichtum menschlicher Lebensmöglichkeiten: Ästhetischer Voyeurismus stellt sich nicht selten ein, „Glasperlenspielertum" bei der Zusammenschau vieler Zeiten und Gegebenheiten, die nie etwas miteinander zu tun hatten. Man tritt dabei aus dem festen Gehäuse der Tradition ins Freie hinaus, aber auch ins Ungeschützte.

In den Vorlesungen traf ich jene Schar schwarzgekleideter Salesianer wieder, von denen man flüsterte, sie hätten zuvor die schwarzen Uniformen mit dem Totenkopfzeichen getragen. Vom ersten Semester blieb mir vor allem ein Kolleg über die „Germania" des Tacitus in Erinnerung, das Professor Mayer-Pfannholz hielt, ein fast blinder Altbayer von stupender Gelehrsamkeit. Ich war so begeistert, daß ich seine Vorlesung zu Hause sorgfältig ausarbeitete; am Semesterschluß hatte ich ein stattliches Konvolut beisammen. Die klare Darstellung kontroverser Forschungsfragen war seine Stärke. Man wurde, ohne daß dies ausdrücklich gesagt werden mußte, in wissenschaftliches Denken und Überprüfen eingeführt, ja hineingenommen. Ethnologie und Archäologie kamen zur Bewertung des lateinischen Textes hinzu, kurz, es war eine Lust mitzudenken und zugleich eine wohltuende Ernüchterung nach meinen vorausgegangenen essayistischen Annäherungen an Welt und Geschichte, deren schriftlichen Niederschlag ich nun zur Beheizung unseres kalten „Kavaliersflügels" verwendete. Der andere Dozent, Gerhard Eis, kam von der Prager Deutschen Universität und galt als Spezialist für technisch-wissenschaftliche Literatur des Mittelalters, ein Gebiet, das damals wenig beachtet wurde, aber in den nächsten Jahrzehnten für die kulturgeschichtliche Forschung wichtig werden sollte. Trug Mayer-Pfannholz sein Kolleg mit altbayerisch-barocker Ausdruckskraft vor, leierte Eis seine Lektionen hastig herunter; dennoch faszinierte er durch die Fülle des Neuen. Statt „Minnesangs Frühling" und „Parzival" lernten wir das Mittelhochdeutsche als Wissenschaftssprache, als Medium philosophischer Ideen kennen, aber auch als Sprache des Handwerkers, Kriegers, Künstlers, des Fischers und Bauern: Eine sehr reale Welt ohne romantisierende Nebel tat sich auf, reich und vielstimmig. Wir merkten, daß wir am Entstehen einer philologischen Disziplin teilnahmen und am Entwurf eines sehr konkreten Mittelalterbildes.

Das Fach Philosophie vertrat Paul Wilpert, dessen Vorlesungen zwar rhetorisch ausgezeichnet waren, sich aber allzusehr an große Umrisse hielten. Anders habe ich sein Hauptseminar in Erinnerung, in dem es um Nikolaus von Kues ging, jenem Fischersohn von der Mosel, der es im 15. Jahrhundert bis zum Kardinal gebracht hatte, aber vor allem als Philosoph an der Schwelle der Neuzeit berühmt ist. Er war ein erstaunlicher Mathematiker und ging als Theologe schon so weit, das Idealbild einer Weltreligion zu entwerfen, in der die einzelnen Religionen unter Bewahrung ihrer konkreten Inhalte in ihrem wesentlichen Kern doch zusammenkommen sollten, Ideen, wie sie viel später bei Leibniz auftauchten. Wir diskutierten leidenschaftlich und meist weit über die Seminarstunden hinaus, unter anderem über seine berühmte Formel, daß in Gott alle Gegensätze zusammenfallen; auch Gut und Böse? Um diesen Punkt ging es in unseren Rededuellen. Auch das war ein ganz anderes Mittelalter, als es die traditionelle Mediävistik mit Kai-

serherrlichkeit, Papsttum, Adel und den verstaubten Versatz-
stücken einer antiquierten Kulturgeschichte damals anbot.
Kein Wunder, daß die poetische Welt des „Clubs junger Autoren" so rasch hinter mir versank oder bewußt weggesteckt
wurde; sehr zu Unrecht übrigens, denn in den zwei verflosse-
nen Jahren hatte ich schreiben gelernt, die wechselseitige Kritik im Club dürfte viel dazu beigetragen haben; in jedem Fall
schärfte sie das Urteil über Texte.

Die Bibliothek der Hochschule war in einem Gebäudetrakt
des ehemaligen Jesuitenkollegs untergebracht. In den hohen
gewölbten Räumen waltete als Bibliothekarin Fräulein Wacht-
feichtl, eine freundliche, hilfsbereite Person, die es mit uns
Studenten gut meinte. Man durfte bei ihr auch köstliche Wie-
gendrucke aus den alten Beständen der Societas Jesu ansehen;
so saß ich oft in den stillen, gut geheizten Räumen und blätterte in alten Cosmographien, Reisebeschreibungen und Ge-
schichtswerken, desgleichen in frühen deutschen Übersetzungen von Livius, Sueton und anderen antiken Historikern, die
im 16. Jahrhundert Humanisten in Straßburg, Basel oder
Nürnberg geschrieben hatten. Bücherfreuden, von denen ich
meinem Vater begeistert erzählte. Es stimmte ihn aber eher
melancholisch, da mancher Band dabei war, der auch in seiner
Bibliothek gestanden hatte.

So freute ich mich schon auf das Sommersemester 1949,
doch es sollte ganz anders kommen. In den Ferien mußte ich
mit den anderen Kommilitonen – ein Ausdruck, der mich bis
heute mit seiner militanten Umständlichkeit erheitert – zu einer Reihenuntersuchung. Der Röntgenschirm zeigte auf meiner Lunge kleine Herde von Tuberkulose. Die Monate in der
Gefängniszelle hatten mich wieder eingeholt, und statt wieder
in die Hochschule zog ich für mehrere Monate in das Lungensanatorium Kohlbruck bei Passau ein, eine Anstalt, die nur
wenig mit jenem eleganten Etablissement des „Zauberbergs" zu
tun hatte, in dem Hans Castorp durch Krankheit zum geistigen Leben erwachte. Das Haus lag mitten im Walde, doch gab
es in der Nähe eine Lichtung, von der aus man die Türme Passaus sehen konnte. Dort stand ich viele Stunden und schaute

sehnsüchtig hinab wie auf ein vergangenes, nunmehr abgeschlossenes Leben. Südlich, jenseits des Inn im Österreichischen, lag auf einer Anhöhe Zwickledt, der Wohnsitz des alten Magiers Alfred Kubin, dessen dämonische Graphik ich liebte; aber alles war jetzt so weit weg, ich war ein kranker Vogel im Käfig.

Nur selten durften wir den Wald um das Sanatorium verlassen, und solche Stunden benutzte ich zu Fahrten in die alte Stadt, die mir ohne die Freunde wieder fremd war wie am Anfang, aber auch wieder schön – als Gefäß der Erinnerung. Die meiste Zeit des Tages verbrachte ich mit den anderen Patienten in den Liegehallen, wo wir unter Dach im Freien gleichsam aufgebahrt und in Decken gehüllt wurden. In diesen Stunden, wo man zumeist vom Krieg, vom Essen, von „den Weibern" redete und Zoten riß, waren wieder Bücher meine Zuflucht. Nur ab und zu hörte ich auf das Gerede. So beklagte man sich bitter darüber, daß auf Anweisung der Leiterin der Heilanstalt, einer Nonne, „etwas ins Essen hineingetan" würde, um den Geschlechtstrieb zu bremsen. Das kam der resoluten Person zu Ohren. Beim Abendessen trat sie auf die erhöhte Bühne des Speisesaals und verwahrte sich – halb zornig, halb belustigt – gegen einen solchen Verdacht. „Schließlich", so schloß sie ihre Ansprache in prachtvollem Bayerisch, „seh' ich ja jeden Tag, wie Mannerleit' und Weiberleit' miteinand im Wald verschwinden!" Donnernder Applaus für die herzhaft-offene Zölibatärin.

Es gab zu dieser Zeit, als der Kalte Krieg seinem ersten Höhepunkt entgegenging und in Ostasien bereits die Stellvertreterkriege zwischen West und Ost entbrannten, auch ganz andere und ernsthaftere Gerüchte, die uns alarmierten. Sowjetische Panzer sollten bereits an der tschechischen Grenze stehen oder dieselbe schon überschritten haben; Verwandte von Patienten wollten dies mit eigenen Augen gesehen haben, es brach eine Massenhysterie aus, von der nur die freundlichen Nonnen unberührt schienen. Wie groß der Schrecken vor einem Dritten Weltkrieg auch außerhalb von Kohlbruck war, merkte ich daran, daß mein Vater damals ein Motorrad kaufte, um im

Notfall „beweglich zu sein", eine Panikreaktion, die mich befremdete, denn er mußte sich doch, ebenso wie ich, der Tetschner Zellennächte erinnern, in denen wir dem angeblich bevorstehenden Einmarsch der Amerikaner entgegengefiebert hatten. Wortlos und sichtlich beschämt, verkaufte er einige Zeit später das Vehikel, wenn auch mit beträchtlichem Verlust.

Richtiger reagierte er hingegen, als mir nach drei Monaten der leitende Arzt mitteilte, daß sich die kleinen tuberkulösen Herde in der Lunge überraschend schnell geschlossen hätten und es mir freistünde, die Kur zu beenden oder zur Absicherung noch ein weiteres Vierteljahr fortzusetzen. Er selbst war für letztere Lösung, ebenso meine Mutter, da mich nach den Hungerjahren die gute Verpflegung in Kohlbruck wieder gekräftigt hatte und dies auch weiterhin tun sollte. Der Vater setzte jedoch meine Entlassung durch, denn „Krankenhaus macht krank, und du neigst ohnehin zu Selbstmitleid und behaglicher Kontemplation" – so sein sarkastischer Kommentar. Es sprach noch anderes für seinen Standpunkt. Meine Schwester heiratete in diesen Wochen und zog bald darauf nach Bad Godesberg. Dort konnte ich bei meinem Schwager billiges Quartier beziehen und mein Studium an der Universität Bonn fortsetzen. „Du mußt endlich heraus aus dem Passauer Weihrauchdunst, der dich sonst völlig benebelt!" Das war Vaters antiklerikales Diktum, dem ich mich um so williger fügte, da der Freundeskreis zerstoben war. Auch Klaus verließ die Passauer Hochschule, und ich wurde meines Aufenthalts im Hause Rumpf überdrüssig. Überdies bedrängte mich die Haustochter immer heftiger mit den Problemen ihrer unfreiwilligen Ehelosigkeit; mir war sehr nach „Aufbruch" zumute. Mein Roman blieb halbfertig liegen, seine Passauer Atmosphäre schien mir mit einem Mal entwirklicht; doch nahm ich ihn nach Bad Godesberg mit. Dort sollte ich ihn zwei Jahre später zu Ende schreiben, immer noch in der Hoffnung, Schriftsteller zu werden. Offenbar merkte ich in den ersten rheinischen Jahren nicht, wie sehr mich bereits die Wissenschaft in ihren Bann gezogen hatte. Der Vater unterstützte die Ablösung vom Literarischen; nicht zufällig tauchte in seinen

Briefen an mich immer wieder sein warnendes Goethe-Zitat auf: „Verachte nur Vernunft und Wissenschaft, des Menschen allerhöchste Kraft!"

Am Tor der Zukunft

So zog ich im Oktober 1950 mit meinen Siebensachen an den Rhein und in die noch bescheidene neue „provisorische Hauptstadt", in der man auf den Straßen ebenfalls bescheiden gekleideten Bundestagsabgeordneten und sogar Ministern begegnen konnte. Das Bundeshaus – eine notdürftig umgebaute Sportakademie –, wo man als normaler Bürger noch ungehindert ein- und ausgehen konnte. Dicht daneben die Villa Hammerschmidt, in der Theodor Heuss als erster Bundespräsident und als Symbol eines friedfertigen neuen Deutschland residierte, und ebenso nah das Palais Schaumburg, wo Konrad Adenauer als erster Bundeskanzler seine schwere Arbeit begann, ein Mann, von dem man damals im allgemeinen nicht viel mehr wußte, als daß er 1933 als Kölner Oberbürgermeister gehen mußte und einen Berg von städtischen Schulden hinterlassen hatte. Auch gab es Böswillige, die von seiner Zeit als französisch orientierter, rheinischer Separatist wissen wollten. Eine neue Welt für mich: Holland, Belgien, Luxemburg; vor allem Frankreich lagen nicht weit, jenes Frankreich, das die Rheinländer immer besser beurteilt hatten als die Deutschnationalen seit 1870/71. Ein Studienfreund, der aus Schlesien stammte, erzählte mir, daß seine Bonner Hauswirtin ihn mit folgenden Worten ins Rheinische eingeführt hatte: „Wissen Se wat, die Franzosen, dat sin unsere Feinde, aber wat die Preußen sind, dat sin unsere Erzfeinde!"

Es dauerte lange, bis ich mich in diesem Milieu zurechtfand, eine Welt, in der ich meine große Liebe, die Herausforderung meines Lebens, – meine Frau – traf und wo meine zwei ältesten Kinder, Karl und Andrea geboren wurden; eine Stadt, in der ich an einer berühmten Universität unter bedeutenden Lehrern meine akademische Laufbahn beginnen durfte und mich endlich auch ins politische Leben mischte – zehn volle Jahre. Aber dies zu erzählen, wäre wirklich „ein zu weites Feld" und allzuweit entfernt von meiner Jugend in Böhmen und Bayern, jenen Ländern, an denen ich bis heute mit dem Herzen hänge.

Die Passauer Jahre lagen nun zurück, ebenso das beklemmende Ritardando in der Lungenheilstätte Kohlbruck. Der erste Entwurf meines Romans war selbstkritisch beiseite gelegt worden: Wo das Autobiographische überschritten war, begann die Kopfgeburt oder, wie Heimito von Doderer es nennen würde, ein Text ohne Apperzeption der Wirklichkeit.

Bald forderte etwas sein Recht, was man ungenau „das Leben" nennt. Dazu gehörte das Studium mit seinen Freuden und Bewährungsproben, die Lust am eigenen Forschen und vor allem die große Liebe, die bald zur Ehe führte; eine Familie entstand, und Jutta, meine Frau, brachte ein für mich völlig neues Element in mein Leben. Nicht nur unsere fünf Kinder als Kernbereich des Daseins, sondern auch die ganz andere Welt ihres Elternhauses: Hannöversche Superintendenten und Offiziere, gelebter Protestantismus, der in starkem Gegensatz zu der Welt stand, aus der ich kam. Aus beiden Elementen entwickelte sich ein Drittes: Das „dialektische Getriebe" der engeren Familie, oft spannungsreich, doch stets Quelle der Selbstfindung am anderen und durch ihn – bis heute. Wichtig wurde, daß mit einem Mal die Welt der vergangenen Jahre hinter mir versank, sie war wie ausgelöscht und blieb es für Jahrzehnte. Es sind fast zwei Leben, die ich nacheinander geführt habe und erst jetzt, im höheren Alter, taucht das erste wieder deutlicher auf – als abgeschlossene Epoche: Archäologie des Bewußtseins. Ich begegne mir, halb belustigt, halb melancholisch fast als fremder Mensch. Hinter dem Schutt und Bauwerk des Getanen suche ich wieder die Welt des Erstrebten und Erhofften, eine Schimäre hinter Glas. Kann man sie wieder zum Leben erwecken, zum Sprechen bringen? Ich weiß es nicht, aber vielleicht sagt dieser Rückblick auf eine Jugend, deren Grunderlebnis der schmerzhafte Übergang und erzwungene „Szenenwechsel" von einer verlorenen Heimat in eine neue gewesen ist, auch anderen etwas: Für alle, die Ähnliches erlebten, oder für Jüngere, denen diese Jahre nur geschichtliches Wissen sein können. Nach dem Präludium einer Kindheit, die behütet begann, dann immer tiefer in die Schatten der Kriegszeit rückte und nach 1946 für ein paar Jahre in ein kurzes, freies Spiel der Neigungen überging, zog mich ein anderes Leben in seinen Bann – bis heute: Pflicht, Wissenschaft und Notwendigkeit sind seine Determinanten, begleitet von Liebe, Freundschaft und Zweifel, aber auch von neuen Hoffnungen. Ein Kaleidoskop ständig wechselnder Konstellationen, mögen auch die Grundfiguren unseres Daseins letztlich einfacher sein, als man selbst meint: Der Beruf, das erste eigene Buch, vor allem der Wandel der Kinder zu Erwachsenen durch Liebe und Erfahrung, kurz, das tausendgliedrige Integral unserer Existenz und seine Widerspiegelung in der nächsten Generation, ein Rätsel, dessen Auflösung nie gelingen wird, solange es uns das Schicksal verwehrt, Marionette und Spieler in einem zu sein. Woher der Text kommt, der uns in den Mund gelegt wird, bleibt ungewiß, aber jeder erhält zur rechten Zeit das Seine oder – wie der Prediger Salomon als gottesfürchtiger Pessimist und Beinahe-Agnostiker sagt:

„Ein jegliches hat seine Zeit, und alles Vornehmen unter dem Himmel hat seine Stunde: Geboren werden und sterben, pflanzen und ausrotten, was gepflanzt ist, würgen und heilen, brechen und bauen, weinen und lachen, klagen und tanzen, Steine zerstreuen und Steine sammeln, herzen und ferne sein von Herzen, suchen und verlieren, behalten und wegwerfen, zerreißen und zunähen, schweigen und reden, lieben und hassen, Streit und Friede hat seine Zeit."

Buchanzeigen

Lebenszeugnisse aus dem 20. Jahrhundert

Günther Anders
Tagebücher und Gedichte
1985. VIII, 394 Seiten. Broschiert

Christabel Bielenberg
Als ich Deutsche war 1934–1945
Eine Engländerin erzählt
Autorisierte deutsche Fassung von Christian Spiel
Nachdruck der 5., unveränderten Auflage. 1994. 320 Seiten.
Paperback
Beck'sche Reihe Band 326

Ruth-Alice von Bismarck/Ulrich Kabitz (Hrsg.)
Brautbriefe Zelle 92
Dietrich Bonhoeffer – Maria von Wedemeyer 1943–1945
Mit einem Nachwort von Eberhard Bethge
35. Tausend. 1994. XIV, 308 Seiten mit 28 Abbildungen
und 2 Faksimiles im Text. Leinen

John M. Hull
Im Dunkeln sehen
Erfahrungen eines Blinden
Aus dem Englischen von Silvia Morawetz
2. Auflage. 1992. 242 Seiten. Gebunden

Ursula von Kardorff
Berliner Aufzeichnungen 1942–1945
Unter Verwendung der Original-Tagebücher
Herausgegeben und kommentiert von Peter Hartl
1992. 413 Seiten mit 21 Abbildungen auf Tafeln. Gebunden

Verlag C. H. Beck München

Lebenszeugnisse aus dem 20. Jahrhundert

Hans Graf von Lehndorff
Ostpreußisches Tagebuch
Aufzeichnungen eines Arztes aus den Jahren 1945–1947
274. Tausend. 1990. 308 Seiten. Leinen

Helmuth James von Moltke
Briefe an Freya 1939–1945
Herausgegeben von Beate Ruhm von Oppen
2., durchgesehene und erweiterte Auflage. 1991.
683 Seiten mit 10 Abbildungen und 1 Faksimile. Leinen

Iris Origo
Toskanisches Tagebuch 1943/1944
Kriegsjahre im Val d'Orcia
1991. 274 Seiten mit 12 Abbildungen und 1 Karte. Gebunden

Betty Scholem/Gershom Scholem
Mutter und Sohn im Briefwechsel 1917–1946
Herausgegeben von Itta Shedletzky in Verbindung mit
Thomas Sparr.
1989. 579 Seiten mit 13 Abbildungen und 6 Faksimiles. Leinen

Rhena Schweitzer Miller/Gustav Woytt (Hrsg.)
Albert Schweitzer – Helene Bresslau
Die Jahre vor Lambarene. Briefe 1902–1912
1992. 406 Seiten mit 19 Abbildungen. Leinen

Verlag C. H. Beck München